于培杰　著

最後的王朝

大清帝國的崛起

楔子

一、草創歲月

明崇禎九年，大明王朝這片廣袤的土地上，忽然誕生了一位新皇帝——皇太極。

皇太極是誰？就讓我們從他的祖宗說起。

在黑龍江、松花江流域，居住著一群歷史悠久的民族，喚做「女真」。宋代，他們曾建立金國，並侵入中原，後為蒙古人所滅。到明初，形成建州女真、海西女真和野人女真三部分，明朝在建州（長白山北部、牡丹江和綏芬河流域）設立了建州衛，任命斡朵里部落的首領猛哥帖木兒為左衛指揮使。他，是後來清朝皇族可以追溯得到的最早始祖。

皇太極稱帝后，皇族們似乎覺得這位祖宗不夠風光，便另外杜撰了一個祖宗，並給了他一個神聖的身世。一天，天宮裡的三位仙女下凡到人間，大姐恩古倫，二姐正古倫，小妹佛庫倫，她們為長白山上晶瑩清澈的池水所傾倒，便一起跳入水中，沐浴嬉戲。這時天上有神鵲飛來，嘴裡叼著一顆殷紅的果子，投落在小妹佛庫倫身上。佛庫倫喜愛它，就放進嘴裡，卻不慎吞下，她頓時感到身體沉重起來，原來已經有孕在身了。兩個姐姐依依不捨地回返天宮，而佛庫倫則只能留在人間。後來，她生下一男，取姓愛新覺羅（「愛新」是「金」的意思，「覺羅」是「姓」的意思），取名布庫里雍順，他便是後來滿洲人的始祖。

這則神話無疑使清朝皇室顯得絢麗輝煌，光彩照人。

回到猛哥帖木兒身上，他的七世孫名叫努爾哈赤，朝鮮文獻寫作「老乙可赤」，其意為豬皮。學界有人認為此名源於回紇語，「努爾」意謂光明，「哈赤」意謂聖裔。努爾哈赤十歲喪母，受繼母歧視，分家後，便挖人參、摘木耳、撿松子，拿到撫順馬市上去賣，以維持生計，艱難的生活歷練了他的性格，使他成長為一個堅強而剛毅的人。後來他投身到明朝遼東總兵李成梁麾下，李成梁對他關懷備至，二人情同父子。在李成梁身邊，努爾哈赤不但受漢族文化很深的影響，而且在軍事技能方面也有迅速的長進。他體格健壯，精明能幹，酷愛武術，尤善騎射。

不過，一次偶然事件使他對明朝產生了刻骨銘心的仇恨，那就是祖父覺昌安和父親塔克世被明朝誤殺。塔克世的舊部、圖倫城城主尼堪外蘭因與古勒城城主阿太不和，便引明軍攻打古勒城，可巧阿太的妻子是覺昌安的孫女，也是塔克世的姪女，於是父子二人便前往救援，入城之後，明軍破城，尼堪外蘭殺降屠城，覺昌安與塔克世均遭殺害。事後明軍為了安撫努爾哈赤，便將覺昌安和塔克世的屍體送還給他，又賜予他敕書三十道，戰馬三十匹，讓他襲任祖父之職，做了建州左衛都督。

本來糾紛到此已經告一段落，但誰也沒有想到，三十六年後，這件事竟成了努爾哈赤向明朝宣戰的藉口。

為了替祖父、父親報仇，努爾哈赤以祖父留下的十三副盔甲起兵，前往圖倫城攻打尼堪外蘭，這年他二十五歲。那以後，他東征西討，南征北戰，風餐露宿，攻城掠地。鞍馬奔波伴隨著歲月的流逝，漸漸地，努爾哈赤統一了女真各部，繼而統一了東北大部分地區……

努爾哈赤何以能夠取得如此可觀的業績？

從外在條件看，歷史給努爾哈赤留了一條寬闊的縫隙。當時俄國尚未東越烏拉爾山，日本侵略朝鮮兵敗，蒙古處於四分五裂的狀態，朝鮮政局混亂，而明朝由於宮廷和官場腐敗而導致財政困窘，軍力衰微……這正好給努爾哈赤的發展提供了良好的時機。

從個人素質看，努爾哈赤的確是一名出色的領袖人物。他作戰勇敢果斷，身先士卒，有一次，他與哲陳部（建州女真諸部之一）的八百名將士在渾河北岸忽然遭遇，他毫不膽怯，斷然率領弟弟舒爾哈齊和兩個侍衛奮不顧身地衝入敵陣，連殺二十餘人，數百名敵軍竟膽戰心驚，落荒而逃。

努爾哈赤又是一個胸懷寬廣的人。在攻打翁科洛城時，被敵軍將領鄂爾果尼一箭射中，血流至腳；敵將洛克射中他的脖子，他當即將箭拔出，因流血過多而當場昏厥。後來翁科洛城攻破了，鄂爾果尼和洛克都做了俘虜，部下強烈要求對他們施以亂箭穿胸之酷刑，努爾哈赤卻說，兩軍對壘，各為其主，何罪之有？竟親自給二人鬆綁，並授官重用，屬下莫不敬服。

至於宏觀方略，努爾哈赤更是智謀深遠。

在內部組織上，他設立了八旗制度：每三百人為一牛錄，首領為牛錄額真（額真即長之意）；五牛錄為一甲喇，首領為甲喇額真；五甲喇為一固山，首領為固山額真。固山是最大的組織單位，每個固山都有特定的旗幟，因此漢語便將固山譯為「旗」。努爾哈赤原擁有四個固山，旗幟分別為黃、白、紅、藍，後增設四固山，旗幟為鑲黃、鑲白、鑲藍、鑲紅，是謂八旗。八旗制以旗統軍，以旗統民，平時耕田打獵，戰時披甲上陣，構成一個嚴密而靈活的社會機體，這一組織體系對後來平定中原起了重要作用。

在文化建設上，努爾哈赤命巴克什額爾德尼和紮爾固齊葛蓋用蒙古字拼寫金人語言，創造了金人自己的文字（史稱「舊滿文」）。

在對外關係上，他區別對待蒙古與明朝。對待蒙古，他通過封賞、賑濟、會盟、聯姻等等方式安撫籠絡；對明朝，則採取韜光養晦之計，一直臣服於明朝，頻頻向明朝進貢，他本人就親自赴京進貢多次。明朝以他保衛邊塞有功，封他為建州衛都督僉事，又授正二品龍虎將軍。

在努爾哈赤建功立業的過程中，他的弟弟舒爾哈齊始終是最得力的幫手，因此被明朝授予副都督的軍銜，部下稱之為「二都督」。然而，就在後金軍統一各部女真，顯示出龍興之勢的時候，舒爾哈齊卻突然遇害，殺死他的正是他的哥哥努爾哈赤。那原因是不言自明的，努爾哈赤感到舒爾哈齊已經對他的權力形成了威脅。努爾哈赤的後人撰寫清史的時候，對這段故事諱莫如深，既不詳述舒爾哈齊的功績，也不交代其死因。倒是明人黃道周向世人揭露出真相：努爾哈赤以其弟謀圖自立為由，借置酒會飲之機殺死了他。舒爾哈齊的兩個執掌兵權的兒子阿爾通阿、紮薩克圖也被殺死，另外兩個兒子阿敏和濟爾哈朗因年幼才僥倖留得性命。

二、羽翼漸豐

到明萬曆四十四年，努爾哈赤覺得自己羽翼豐滿了，便在赫圖阿拉（今遼寧新賓，當時稱興京）建都，成立金國（史稱「後金」），定年號為天命，他本人則自封「奉天覆育列國英明汗」。

這無疑是一聲響亮的信號，世人被告知，在華夏的東北地段，出現了一支與大明王朝平起平坐的政治勢力；它更是一次悄然的歷史轉折，許多人沒有意識到，初露鋒芒的東北虎已經將自己的後方清理完畢，正轉身向明朝這塊肥美的龐然大物露出尖利的獠牙。

果然，兩年後，天命汗努爾哈赤突然向明朝大舉進攻，克撫順，陷清河，血洗堡、台、莊達五百多處。

大明朝廷上下震驚，萬曆皇帝命楊鎬為遼東經略，率兵十二萬（號稱四十七萬），兵分四路前往赫圖阿拉討逆，其戰術是分兵合擊。萬曆皇帝是中國歷代帝王中罕見的昏君，如此大規模的軍事行動，他卻只調撥所需軍費的十分之一，楊鎬年邁無能卻剛愎自用；而後金方面，則採取了集中優勢兵力、各個擊破的巧妙戰術，用努爾哈赤的話說，是「任你幾路來，我只一路去」。

戰前，楊鎬昏頭昏腦地讓後金逃兵給努爾哈赤送去一封信，將征討計畫告知對方，企圖震懾敵軍，但其效果是：仗還沒打，後金對明軍的軍事部署已經瞭若指掌。

雙方在薩爾滸（撫順東）展開了一場激戰。明西路總兵杜松因孤軍深入，抵擋不住後金軍的猛烈衝擊，自己矢盡力竭，落馬而死，部眾大潰，後金軍趁勢掩殺，明軍屍骸遍野。次日，明北路總兵馬林與後金軍接戰，他把軍陣擺成「品」字形，以成犄角之勢，努爾哈赤卻沒有兵分三路，而是集中全部騎兵，將明軍三陣逐個擊破。這時明東路總兵劉綎率軍趕到，努爾哈赤派人扮做杜松的部下，謊報明軍已到赫圖阿拉，讓劉綎軍趕緊前往會合。劉綎信以為真，急令火速進軍，努爾哈赤卻在險峰深谷之處設伏，結果明軍陷入重圍。劉綎身中流矢，傷左臂，複傷右臂，猶鏖戰不已。自巳至酉，內外斷絕。劉綎面中一刀，截去半頰，猶左右衝突，手殲數十人而死。南路總兵李如柏聞知三路兵敗，急忙撤軍，卻遭後金軍攔截，好歹僥倖逃得性命。此一戰，後金軍大獲全勝，明軍文武官員死亡三百餘人，士卒陣亡四萬五千八百餘人，馬騾亡失二萬八千多匹。

這是明朝與後金第一次大規模的軍事較量，雙方盛衰跡象已顯，從此，明朝從攻勢轉為守勢，而後金則從守勢轉為攻勢。

薩爾滸兵敗，明廷惶恐不已，急忙派熊廷弼取代楊鎬為遼東經略。熊廷弼深諳兵法，富有遠見，他到任後，採取以守為攻的方略，修城牆，挖壕溝，儲兵器，設卡哨，訓練士卒，嚴明軍紀，此後一年多的時間裡，努爾哈赤竟然毫無作為。

但好景不長，熊廷弼被閹黨誣陷而免職，接替他的是對軍事懵懂無知的袁應泰。明天啟元年，努爾哈赤率後金兵至瀋陽城下，明朝守將是總兵賀世賢，其人嗜酒如命，且貪功寡謀，他將熊廷弼修築的城池壕溝棄之不用，偏要出城作戰，結果，身中數十箭，墜馬而死，後金軍蜂擁入城，大肆屠掠，城中八萬多兵民遇難。接著，努爾哈赤進軍遼陽，袁應泰像賀世賢一樣，放棄城濠有利的防禦條件，出城五里列陣以待。一經交鋒，明軍就招架不住，陣勢由整而亂，由亂而潰，袁應泰領殘軍退入城內。後金軍乘勝攻城，城樓起火，明軍大亂，袁應泰知敗局已定，遂自縊。努爾哈赤攻克瀋陽和遼陽，只花了九天時間。

之後，後金軍一鼓作氣，接連攻陷七十多個城堡……

其時，雖然已經有了大炮，但仍處於冷兵器時代，主要武器是干戈劍戟，因此，平地作戰，騎兵就顯示出無比的威力。騎兵運動速度快，殺傷力強，是步兵所不能及的；但在攻城戰中，騎兵的長處就無從發揮了。熊廷弼深諳此理，故致力於修城牆，挖壕溝，從而使後金的騎兵無用武之地；可惜袁應泰和他的部下不懂得這個道理，偏要出城作戰，其結果，是揚敵之長，露己之短，終致慘敗。

明朝連連失地，朝廷惶然無狀，只得再次啟用熊廷弼，卻又任命狂妄自大的王化貞做遼東巡撫，讓他執掌軍權，進軍廣寧。王化貞「素不習兵，輕視大敵，好漫語」，有職無權的熊廷弼只好自己訓練了五千將士把守山海關。不久，廣寧一戰，明朝的十幾萬軍隊土崩瓦解，接著便是一路潰敗，幸虧熊廷弼領兵抵擋，敗軍才安全撤進了山海關。在閹黨魏忠賢的操縱下，熊廷弼竟論罪下獄，三年後遇害。

明廷撤了王化貞，換了王在晉，不久又換了孫承宗，如此頻繁地更換邊界將領，見出昏庸君臣的思維是何等混亂。不過，這孫承宗是個頗識兵略的人，他上任後，積極屯田練兵，收復失地，將國土向東推進了四百里。孫承宗很欣賞一個叫袁崇煥的部下，派他率五千將士駐守山海關以東兩百里的寧遠。

袁崇煥，字元素，號自如，廣東東莞人，時任山東按察使。

此時努爾哈赤氣焰益盛，將首都從赫圖阿拉遷往遼陽（稱為東京），又遷往瀋陽（改名為盛京）。

明天啟六年正月，不可一世的天命汗努爾哈赤率軍攻打寧遠，他做夢也沒想到，自己會在這裡碰上一顆堅硬的釘子，這顆釘子居然要了他的命。

這顆釘子是寧遠道——袁崇煥。

雙方對比：其一，努爾哈赤，六十八歲，鞍馬馳騁四十四年，身經百戰，沒有失敗的記錄；袁崇煥，四十二歲，進士出身的一介書生，從來沒有指揮過作戰。其二，後金軍，十三萬精銳（號稱二十萬）；明軍，城中萬餘兵民。其三，後金方面已控制寧遠周邊大部分地區；明朝軍隊則接受新任遼東經略、閹黨分子高第的命令全部撤退到山海關內，致使拒不從命的袁崇煥陷入孤軍作戰的困境。

努爾哈赤在城外五里處紮營，先是勸降，被袁崇煥斷然拒絕，之後發動凌厲的攻勢。後金軍身披雙重鎧甲，冒死以進，架雲梯，攀城牆；袁崇煥指揮明軍放箭矢，拋石雷火球。城垛口間，伸出許多長大的木櫃，一半在城裡，一半探出城外，裡面藏有士兵，垂直地向下投擲石塊，投完了，木櫃拉回，裝滿石塊再推出去繼續投擲。袁崇煥又命部下將十一門荷蘭「紅夷大炮」（當時中國人稱荷蘭人為紅夷，後來清王朝避諱「夷」字，改寫成「紅衣大炮」）布列於城牆之上。這種大炮殺傷力極大，發出霰彈，一炮即能炸死百餘人。城上眾炮輪番轟鳴，後金軍死傷狼藉，損失慘重；後金軍以蒙上鐵皮的牌車做掩護，繼續攻城，但炮彈落處，牌車即被粉碎。努爾哈赤親自督陣，對後退者格殺勿論，後金軍攻勢益猛，許多牌車達到城牆腳下，後金兵挖牆不止，城牆有七十多處被挖出洞穴，其中三四個洞穴高達兩丈餘。城腳處大炮無從施展，袁崇煥親自跟將士一起把炸藥裹在棉被裡，用鐵繩縋於城下，然後拋擲火球，點燃炸藥，挖城敵軍頓時血肉橫飛。戰鬥中，袁崇煥肩臂受傷，血流如注，他自裂戰袍，包紮傷口，繼續指揮作戰，明軍士氣大振。後金軍終於支撐不住，開始潰退，明軍開紅夷炮作遠端射擊，炮彈直投後金軍營寨，後金軍亂作一團。

慘烈的戰鬥進行了三天三夜，努爾哈赤不得不領敗軍撤回瀋陽。史載，激戰過程中，大炮擊中黃龍幕，傷一大頭目，官兵抬去，放聲大哭。有學者認為，傷者正是努爾哈赤。

明金交鋒以來，明朝方面，這是第一次勝利；後金方面，則是第一次失敗，而且是一次大慘敗。對努爾哈赤來說，不但身受重傷，而且戎馬多年換取的戰無不勝、所向披靡的神話被無情地粉碎了，因此精神上遭到沉重的打擊。他曾經頹喪地慨歎：「朕用兵以來，未有抗顏行者，袁崇煥何人，乃能爾耶？」

這年八月，垂垂老矣的努爾哈赤便在靉雞堡鬱憤而死。

三、巧奪汗位

後金的汗位繼承沒有嫡長制，努爾哈赤活著的時候，曾想選拔繼承人，那就是他的長子褚英。褚英在隨父征戰中屢立戰功，努爾哈赤賜他「洪巴圖魯」（兇猛的勇士）的稱號，又賜號「阿爾哈圖門」（廣具韜略），並讓他參與政事。但褚英權慾較重，且心情急躁，因而結怨不少。他的四個弟弟代善、阿敏、莽古爾泰、皇太極（稱四大貝勒，貝勒為貴族稱號）聯絡大臣不斷向努爾哈赤告狀，努爾哈赤因此而疏遠褚英。褚英祭告上天，訴說冤屈，卻被皇太極等人誣告，說他詛咒其父努爾哈赤速死。努爾哈赤大怒，將其囚禁，隨後處死。

此後，努爾哈赤把目光轉向次子代善。代善性格寬厚，在群臣中頗有威信，因戰功顯赫被賜號「古英巴圖魯」（無畏的勇士），努爾哈赤曾說，自己百年之後，幼子和大福晉（貴族的妻子稱福晉）交給代善收養。這實際上是傳位的暗示。於是，代善便成了諸弟攻擊的第二個目標。

代善的兒子碩托想投降明軍，代善聽信後妻讒言，要殺死他，結果逼得他叛逃，莽古爾泰、皇太極等人借此大做文章，在努爾哈赤面前誇大說，代善受妻子唆使要殺親子與諸弟，諸弟都怕兄嫂。

更陰險的一招，是製造代善與努爾哈赤的大福晉阿巴亥有私情的輿論。

阿巴亥原是努爾哈赤的三福晉，後升為大福晉，深得丈夫的寵愛，她所生的三個兒子阿濟格、多爾袞、多鐸也受到努爾哈赤的賞識，阿濟格為正白旗的旗主，多鐸為鑲白旗旗主，努爾哈赤多次表示要把自己所領的兩黃旗撥給多爾袞，這種情勢使皇太極等人感到惶恐不安。因為倘若把這一母三子的力量加在一起，對皇太極等人來說，是一個莫大的威脅。並非出於偶然地，努爾哈赤的庶妃阿濟根、塔因查向努爾哈赤告發阿巴亥與代善關係曖昧。起初，努爾哈赤不以為意，因為女真族有父死子娶庶母、兄死弟娶嫂的習俗，況且自己也說過要將阿巴亥託付給代善的話。然而，皇太極、莽古爾泰、阿敏卻不依不饒，硬說阿巴亥每次參加筵會時都盛裝打扮，以獻媚於大貝勒代善。此類誣陷雖無證據，卻一箭雙雕，使阿巴亥和代善同時成了緋聞的主角，因而在群臣心目中的地位大大動搖了。

努爾哈赤似乎並未因此而疏遠阿巴亥，他臨死時，派人去瀋陽將阿巴亥接到身邊，足見夫妻感情的篤深。

努爾哈赤死後，阿巴亥護送丈夫的遺體急行四十里趕回瀋陽。在同一時間，有望繼位的四大貝勒代善、阿敏、莽古爾泰、皇太極的一項陰謀醞釀成功了：他們決定除掉共同的絆腳石，那就是阿巴亥。次日清早，阿巴亥向諸位皇子宣佈了努爾哈赤的遺詔：立多爾袞嗣位，大貝勒代善輔政。但這個遺詔遭到四大貝勒的一致否定，並公佈了另一份內容完全相反的遺詔：讓阿巴亥殉葬。

顯然，兩份遺詔不可能都是真的，其中至少有一份是假的，甚至可能都是假的。努爾哈赤臨死時，只有阿巴亥在身邊，那麼她的遺詔很有可能是真的，因為努爾哈赤很寵愛阿巴亥，也喜歡她的兒子多爾袞，曾經表示要把自己所轄的兩黃旗傳給多爾袞，而代善又是持重穩健的人，具有輔政能力。但這僅僅是我們的估計，問題在於，努爾哈赤是否真有這樣的遺詔？也就是說，阿巴亥是否會偽造讓自己的兒子多爾袞繼位的遺詔？很難排除這種可能。另一方面，努爾哈赤臨死時，四大貝勒根本不在他身邊，他們手中那份讓阿巴亥殉葬的遺詔是從哪裡來的呢？

其實，遺詔的真與假已經不重要了，決定事態發展的不是真與偽，情與理，而是勢。阿巴亥的三個兒子阿濟格、多爾袞和多鐸當時分別是二十一歲、十五歲和十三歲，絲毫沒有與四大貝勒抗衡的能力，為了自己的兒子不至於遭受不測，也是迫於無奈，阿巴亥囑咐四大貝勒善待阿濟格三兄弟，得到他們的許諾之後，便默默地走上權力鬥爭的祭壇，她死的時候，離努爾哈赤去世，只有十八個小時。

奇怪的是，與她一起殉葬的，還有阿濟根、塔因查，正是她們倆誣陷阿巴亥與代善有私情，這就不能不引起人們的懷疑，後人完全有理由作出不容反駁的判斷：兩人的誣告是皇太極等人唆使的，而殉葬則是為了滅口。

有人認為，努爾哈赤有可能留下讓阿巴亥殉葬的遺詔。其一，是《清太祖武皇帝實錄》載：「后（指阿巴亥）饒風姿，然心懷嫉妒。每致帝不悅，雖有機變，終為帝之明所制。留之恐後為國亂，預遺言於諸王曰：『俟吾終，必令殉之。』」其二，皇太極當時沒有左右局勢的力量；其三，皇太極不會主動去背害母的惡名；其四，皇太極登基後，十分重用阿巴亥的兒子多爾袞，說明他沒有血債，心胸是坦蕩的。

實際上，這四條理由都站不住。其一，早就有人指出，清代的「實錄」有許多不實之處，例如寫到高皇后時說：「後莊敬聰慧，詞氣婉順，得譽不喜，聞惡言，愉悅不改其常，不好諂諛，耳無妄聽，口無妄言。」溢美之詞，已經到了無以復加的程度，為什麼？無非因為她是皇太極的生母罷了。而關於阿巴亥的記載，顯然是與實際情況有出入的，努爾哈赤與她的感情篤深，上文已經提到，此不贅。其二，說皇太極沒有左右局勢的力量，有道理，但他與另外三大貝勒聯合起來，就有了這種力量。其三，阿巴亥的殉葬，是打了努爾哈赤的旗號，害母的罪名無須由皇太極來背，即使要背，也是四大貝勒一起背。最後，皇太極與多爾袞的關係，並不那麼簡單，皇太極死後，多爾袞攝政，對皇太極的兒子豪格進行打擊，實際上就是一種報復行為。

阿巴亥既死，剩下的就是四大貝勒之間的角逐。大貝勒代善已被緋聞弄得灰溜溜的，無心也無力參與競爭；二貝勒阿敏曾經犯下大過，也無力競爭汗位；三貝勒莽古爾泰生性魯莽寡謀，其生母富察氏曾因轉移財產而獲罪，他為了討好父親，竟殺死了她，乃至名聲大壞。因此，角逐的結果，竟是四貝勒中年齡最小、資格最低的皇太極勝出。

皇太極是努爾哈赤的第八子。這個名字有點奇怪，努爾哈赤不可能給兒子起這樣的名字，連他自己都沒做皇帝，給兒子起名時怎麼會選用「皇」字而且加上「太」字、「極」字呢？其實它的讀音出自蒙古語，漢字譯作「黃台吉」、「洪太時」、「紅歹是」等，因他後來做了皇帝，寫清史的漢人便搜索肚腸，找出了煌煌然的「皇太極」三個字。

皇太極的生母是高皇后葉赫那拉氏，名孟古姐姐。皇太極自幼聰穎機敏，因父兄常出外打仗，他七歲就開始主持家務，又愛學習，所讀之書，過目不忘。在努爾哈赤的諸多將領中，他是唯一識字的。

皇太極十二時，母親因失寵鬱悶而死。複雜的家庭和宮廷環境培養了皇太極忍耐、堅韌和獨立的性格，少年隨父出征，二十歲即帶兵打仗，因屢立戰功，故能躋身於四大貝勒之列。努爾哈赤在世時，皇太極就已經與代善的兒子岳托、薩哈廉打得火熱，推舉新汗時，兩人便向父親代善推薦皇太極，代善順水推舟，在會上首先發言，擁戴皇太極，阿敏與莽古爾泰也只得隨聲附和，事情便這樣定了下來。皇太極當場向三位兄長行了三拜禮，以示感激。

四、野心與魄力

皇太極於後金天命十一年九月一日登基，改明年為「天聰」元年。

起初，天聰汗皇太極與另外三大貝勒並肩而坐，處理朝政，日常事務，也是按月輪值。為了把更多的權力抓在手中，皇太極把自己的親信派到各旗擔任總旗務大臣、佐管旗務大臣和調遣大臣，這樣就大大削弱了諸貝勒的權力。不久，皇太極又藉口照顧大貝勒們的身體，讓小貝勒們（多是大貝勒們的兒子）出面處理日常政務，這一舉措可謂一箭雙雕，既解除了大貝勒們的權力，又籠絡了他們的兒子。

但大貝勒們的聲望和實際分量仍然存在，這是皇太極放心不下的。天聰二年他率軍攻打北京，撤軍時留下二貝勒阿敏鎮守灤州等四座孤城，明軍四面攻打，阿敏只得撤回瀋陽，皇太極便找到了藉口，將他治罪入獄，阿敏在獄中鬱憤致死。兩年後，三貝勒莽古爾泰攻打大凌河城，遭明軍炮擊，損失慘重，要求皇太極增援，皇太極不肯，莽古爾泰與之發生口角，憤怒之下拔刀相向，皇太極將他降為普通貝勒，罰金萬兩，次年，莽古爾泰竟「以暴疾卒」。大貝勒代善見此情形，明哲自保，急流勇退，主動提出讓皇太極「南面獨坐」，皇太極欣然接受，時間是天聰六年正月。

至此，原來的軍事民主制被君主集權制取代了，這在後金的政治、軍事體制上，是一個非常重要的變化，這一變化是皇太極師法漢民族政治體制的結果。

然而，代善的退讓未能保身，不久，皇太極便藉口他對大汗不敬，革去了他的貝勒名號。

對阿濟格、多爾袞、多鐸三兄弟，皇太極也是存有戒心的。他找藉口剝奪了阿濟格的正白旗，交給多爾袞，其目的是挑撥他們兄弟之間的關係，後來二人果然有了隔閡。

不過，儘管後金權力層像漢民族歷代宮廷鬥爭一樣，充滿了權術和陰謀，血腥和殘忍，但此時正值創業之初，群英薈萃，因此，不論皇太極是正常繼位還是奪位，都沒有對後金政權產生負面影響，相反，他以自己的才幹和努力，繼承並光大了努爾哈赤的事業。

在治國方略上，皇太極奉行「以武功戡亂，以文教佐太平」的原則。特別是在民族關係上，他做了一項重大改革，即強調金漢一體。在努爾哈赤時代，後金對漢人的手段是大規模屠殺或強迫他們做金人的奴隸，結果激化了民族矛盾，破壞了社會生產力，而皇太極則提出「治國之要，莫先安民」的思想，規定女真貴族不許殺戮漢人，漢人也不再是奴隸，這一措施大大緩和了民族矛盾，促進了社會的安定。

另一方面，通過考試，選拔和啟用漢族知識份子，此舉取得了「仁聲遠播」的良好回響。在重用漢儒方面，皇太極做得很出色。以漢人范文程為例，他在努爾哈赤手下任章京之職，僅僅是做一些文字工作，而皇太極繼位之後，對他格外重用，讓他參加軍政大計，每議事，必問：范章京知道嗎？臣下奏事如有不當，便指責說：為何不跟范章京商量？後來范文程做了內秘書院的大學士，成為清朝第一個任相的漢人。

在文化建設上，皇太極命巴克什達海改進文字，創制「新滿文」，加上了圈點，表達意思更加全面和準確了。皇太極又規定，凡貝勒大臣子弟，十五歲以下，八歲以上，一律要讀書。

與此同時，皇太極致力於完善八旗制度和政府機構。他在金人八旗之外，又設立蒙古八旗和漢軍八旗，總共二十四旗；又效仿明制設立六部（吏、戶、禮、兵、刑、工）和內三院（內國史院、內秘書院、內弘文院），後又增設都察院和理藩院。

這期間，皇太極不斷擴張領土。天聰元年，皇太極稱汗伊始，就東征朝鮮，朝鮮國王李倧逃往江華島，委託其弟與後金簽訂了「江都之盟」，兩國結為兄弟。這樣，皇太極就解除了後顧之憂，可以全力對付明朝了。

緊接著，皇太極於這年五月大舉征討明朝。這時寧遠巡撫袁崇煥已經築起一道寧錦防線，皇太極先打錦州，戰術是圍城打援，錦州守將趙率教（平遼總兵）是袁崇煥的部下，率領明軍頑強戰鬥，結果打了十幾天，金兵死傷慘重，錦州卻穩如泰山；皇太極又分兵打寧遠，袁崇煥一方面以紅衣大炮轟擊，一方面出城接戰，皇太極損兵折將。皇太極又返回去再攻錦州，仍舊一無所獲。時值暑期，金兵中暑者甚多，皇太極不得不下令退兵。

寧錦之戰是皇太極征戰史上的一大敗筆。這一仗打得很笨拙，在戰術上走了努爾哈赤一年前寧遠大戰的老路，皇太極參加過那次戰役，卻沒有從中吸取教訓，因此仍然是張己之短（騎兵不善於打攻城戰），揚彼之長（明軍據城以待，炮械不易挪動，卻宜於防守）。從戰役的過程看，也顯露出皇太極胸無成竹，先打錦州，不成；再打寧遠，不成；又轉過來打錦州，思路混亂而全無章法，其結果只能是損兵折將，鎩羽而歸。

不過，寧錦之敗，使皇太極認識到，想清除袁崇煥這個巨大的障礙然後進入山海關是不可能的，然而，入主中原的慾望之火在卻他的胸腔中熊熊地燃燒著……

經歷了一番愁腸百結之苦，皇太極產生了一個大膽而離奇的念頭：繞道蒙古，從長城口入邊，直取北京。

為此，皇太極於天聰二年出兵征討與明朝友好的蒙古察哈爾部林丹汗，大勝，從而為進犯明朝國境掃清了道路。

天聰三年十月，皇太極把大膽的設想變成了實際行動，他親率大軍繞道蒙古進攻北京，此一舉，他雖然未能拿下北京，卻除掉了令後金軍膽顫心怯的勁敵——袁崇煥。

當時袁崇煥任兵部尚書、薊遼督師，正在山海關巡視，皇太極襲擊北京，袁崇煥得報，急率九千騎兵，日夜兼馳，趕在皇太極前面，來到北京廣渠門外。

當時正值隆冬，天寒地裂，軍無糧草，人饑馬餓，明軍立足未穩，後金已經大兵壓境，雙方在廣渠門、左安門展開兩次激戰，袁崇煥身先士卒，左衝右突，甲衣上掛滿了箭矢，如同刺蝟一般，在他的鼓舞下，明軍士氣大振，擊退了後金軍，使京師轉危為安。

皇太極再一次領教了袁崇煥的威力，他知道戰場上不能取勝，於是使用了十分毒辣的「反間計」。

反間計是從《三國演義》周瑜對付蔣幹的情節中抄襲來的。皇太極將捉獲的明朝太監楊春、王成德帶到營中，夜裡安排親信在他們的隔壁祕密談話，內容是袁崇煥與皇太極已經訂下了城下之盟，合力襲取北京。然後，放鬆了崗哨，讓楊、王二太監順利地逃走。二太監回到明宮，將偷聽來的談話奏報給崇禎皇帝。

崇禎全然不念袁崇煥的赫赫戰功，絲毫不察他對國家的赤膽忠心，也沒有懷疑兩個被俘虜的太監何以能夠探知如此重大的機密，更沒考慮到二人何以能夠輕易地從敵軍手中逃逸，總之，在閹黨的慫恿下，他完全相信了袁崇煥背叛朝廷，於是以「議軍餉」的藉口召見袁崇煥，將其逮捕，並處以磔刑。這是一種極端殘酷的刑罰，方法是寸割，將身上的肉一片一片地割下，最後致死。袁崇煥死後，崇禎還將他的頭顱傳視九邊。

應當說，皇太極的反間計雖然毒辣，卻並不高明，稍有智商者，即能識破，至少會發現其中的若干疑點。然而，愚蠢透頂的崇禎卻毫不猶豫地跳進了皇太極草草布下的陷阱，落得個自毀長城、後人嗤笑的惡果。

歷史上冤死的忠臣可謂多矣，比干、岳飛、于謙、熊廷弼等等，但最不幸的要算是袁崇煥了，因為他是背著罵名而死的。據《明季北略》記載，他在北京西市受刑的時候，圍觀的百姓為他「賣國通敵」的行徑恨得咬牙切齒，紛紛從劊子手那裡買他身上割下的肉，喝一口酒，吃一口肉，罵一聲賊，可憐這位戰功赫赫、威震敵膽的愛國名臣，死後連靈魂都不得安寧。

具有諷刺意味的是，清朝統治者入主中原以後，將這一段富有戲劇性的故事公之於眾了，那動機無非是顯示自己的才智，同時也嘲弄明朝君臣的愚鈍。更加令人啼笑皆非的是，一百多年後，清朝的乾隆皇帝居然給冤死的袁崇煥平反昭雪，那明帝崇禎若有在天之靈，真不知會作何感想。

目次

第一章　血腥與混亂

一、鐵蹄征伐

天聰十年四月十一日，對皇太極來說，是一生中最為榮耀的日子：這一天，他在文武群臣的簇擁下，祭告天地，正式登上皇帝的寶座，受「寬溫仁聖皇帝」的尊號，建國號大清，改年號為崇德。為什麼定國號為清呢？原來皇太極崇信漢族古代的五行說，五行相克，明為火，清為水，以「清」朝代替「明」朝，正蘊含著以水克火的的意思。以崇德為年號，取尊崇道德之意。

皇太極完成了從大汗到皇帝的跨越，人們常說清代是十二帝十三朝，就是因為皇太極佔有了兩朝，他既是天聰汗，又是崇德帝，而這一年，也就有了天聰、崇德兩個年號。其實，這也是華夏歷史上的一件大事，一個後來統治中國近三百年的朝代宣告誕生了！

既然稱了帝，就要有萬象更新的氣氛。皇太極諱言「女真」，諱言「建州」，在稱帝的前一年就頒佈了族名改稱滿洲的命令。滿洲原為「滿珠」、「曼珠」，語出西藏，是美妙吉祥的意思。後來漢人書寫訛傳，成了滿洲，聽起來不像民族的名字，而像地名。

不過，皇太極不是個專做表面文章的人，他沒有忘記在富國強兵方面投入旺盛的精力。他說：「自古至今，懈于治國者，國必敗；勤于治國者，國恒存。」此話是否影射明朝萬曆皇帝的怠政姑且不論，卻不愧是一切國君的座右銘，也是皇太極自己帝王事業的寫照。

當代清史專家閻崇年認為：「清朝皇帝不同於明朝皇帝，沒有昏君，沒有頑君，也沒有暴君。」他的見解是十分中肯的。清朝皇帝之所以能夠如此，在相當大的程度上應當歸功於皇太極，是他的思想給後代提供了治國的依據，是他的品格給後代做出了行動的榜樣。

皇太極稱帝后，注意發展生產。他制訂了保護土地和牲畜的法規，嚴禁偷損莊稼，不准擅殺牲畜，鼓勵農耕和畜牧，這些政策都取得了較好的成效。同時，手工業也有較大的進步，瓷器、冶煉等方面的技術都有長足的發展。商業貿易也相對繁榮。

治軍方面，皇太極進一步完善八旗體制，同時強化武器裝備，大量製造紅衣大炮，提高了軍隊的戰鬥力。他說：「我國出則為兵，入則為民，耕戰二事，未嘗偏廢。」

征戰仍然是皇太極行動的主要內容。

皇太極稱帝時，朝鮮使臣參加了慶典，卻拒絕行跪拜之禮，皇太極大怒，認為朝鮮效忠於明朝而蔑視大清，當年的十二月，他就親自掛帥出兵朝鮮。朝鮮國王李倧逃到南漢山城，皇太極也追到這裡。次年正月，李倧請降，表示奉清國為正朔，向清帝朝貢，於是雙方簽訂了君臣之盟。皇太極的這次軍事行動，對清朝來說具有很重要的意義：它改變了清朝與明朝的力量對比，把本來是明朝的屬國劃歸自己的名下；同時，為日後對明朝作戰解除了後顧之憂。

皇太極的矛頭主要對準了明朝，進取路線有二，一是繞道蒙古從北方侵入中原，共三次，有人稱之為「入口之戰」；二是在關外作戰，目的是爭取從山海關進入中原。

三次入口之戰打得很順利。崇德元年五月，皇太極命多羅郡王阿濟格和貝勒阿巴泰直入長城，連克保定、安州等十六城，先後五十六戰，俘獲人畜十七萬有餘，返回時，「豔服乘騎，奏樂凱歸」，還書寫「各官免送」於大木之上，來戲弄明朝君臣……

崇德三年八月，皇太極任多爾袞為奉命大將軍、岳托為揚武大將軍，兵分兩路，越過長城，在通州會合，然後向西攻掠，直達山西地界；之後東進，破山東濟南省城及三州五十多縣。時間長達半年，一路轉戰兩千餘里，俘虜人口二十五萬餘，黃金四千餘兩，白銀九十七萬兩……

崇德七年皇太極派阿巴泰侵擾山東一帶，掠人口三十六萬餘，牲畜三十二萬餘頭，獲黃金兩千兩百兩，白銀兩百二十萬兩……

加上皇太極稱帝前的兩次入口之戰，總共是五次，每一次，皇太極的軍隊都能攻城掠地，奪關斬將，縱橫馳騁，肆意擄掠，如入無人之境，之後從容不迫，滿載而歸；而大明朝廷，則惶恐萬狀，調度失措，六神無主，任人宰割……

清興明亡的徵兆已經暴露無遺！

二、祖、洪降清

再說關外之戰。歷時三年的松錦大戰，可以說是皇太極征戰史上的得意之筆。

皇太極的目的是攻佔錦州，錦州守將是總兵祖大壽。這個祖大壽，早在十三年前，就與皇太極打過交道。後金天命十一年努爾哈赤攻打寧遠的時候，祖大壽就在袁崇煥的指揮下參加守城戰，而皇太極則參加了攻城戰。次年皇太極又一次攻寧遠，祖大壽帶了四千精兵繞到皇太極後方，將清兵擊敗。後金天命十四年，皇太極使用反間計，崇禎將袁崇煥逮捕，當時祖大壽也在場，袁崇煥的遭遇給了他極大的刺激，出於義憤，他帶了一萬五千將士離開北京，想衝出山海關，袁崇煥在獄中給他寫了一封信，將他招回；在母親的勸說下，他曾想殺敵立功贖出袁崇煥，但袁崇煥仍然慘遭殺害。後金天命十六年八月，皇太極攻大凌河，守城的就是總兵祖大壽。皇太極創造了一種新的戰術：圍而不戰。他環繞大凌河城外挖掘寬一丈、深一丈的長壕，壕外再壘高牆，牆外再挖長壕。到十月，城中糧盡，士兵只好殺馬充饑，再後來，就出現了人相食的情況。這時，皇太極勸降，祖大壽要求他作出不殺城中兵民的承諾，皇太極應允，祖大壽開城投降。皇太極十分高興，不但兌現了不殺降的諾言，而且將自己的狐皮帽、貂皮袍、白馬、雕鞍都賞賜給他。

祖大壽向皇太極獻計，自己先進錦州城，作為內應，以便奪取此城，皇太極欣然同意。

誰知這祖大壽一進錦州，便沒有了下文，原來他變了卦，率領明軍將士死守錦州城。這時皇太極手下的大臣們議論紛紛，都說皇太極上了一個大當。皇太極一連給祖大壽送去好幾封信，均無回音，皇太極無可奈何。

大約崇禎聽到了祖大壽投降的風聲，曾三次召他回京，他害怕落得跟袁崇煥同樣的下場，便找藉口拒不應召。

此後皇太極不斷率兵攻打錦州，祖大壽堅守城池，皇太極破城不得，便又多次寫信，約祖大壽會面敘舊，祖大壽一概不予理睬。

轉眼到了崇德四年四月，皇太極下了必克錦州的決心。他首先攻打錦州的屏障松山，遇到明軍的強烈反擊，傷亡慘重；又勸降，遭守將金國鳳的拒絕，皇太極無奈，只好罷兵，返回瀋陽。

次年三月，皇太極在錦州城北九十里處修築義州城，作為進攻錦州的據點，並在周圍四十里的地盤屯田，以供應軍隊糧草。義州城像一個楔子，釘在了明清兩國的交界處，嚴重地威脅著錦州。同時，用圍困大凌河的老辦法，在錦州城外挖壕壘牆，圍而不戰。這樣一來，祖大壽就只能坐以待援了，他不得不向朝廷告急。

崇禎得報，急忙任洪承疇為薊遼總督，調總兵八名，率兵十三萬，配置戰馬四萬匹，火速馳援。洪承疇是有作戰經驗的，曾經多次挫敗過李自成。這一次，他採取穩打穩紮，步步為營的戰術，將大軍駐紮在寧遠，然後逐漸推進。但這時朝廷出現了爭論，有人指責洪承疇不肯賣力，行動如此遲緩，白白耗費軍餉，崇禎毫無主見，便派職方郎中張若騏前往寧遠監軍，催促洪承疇速戰。

洪承疇無奈，只好將隊伍開往錦州城南十八里的松山。結果首戰失利，總兵楊國柱中箭身亡。但此時明軍損失並不大，第二戰，明軍有小勝，清軍多有傷亡，退兵六十里。皇太極聞之，「憂憤嘔血」，急忙親自率兵馳援。

這一次，皇太極放棄了以前圍城打援的辦法，改成了集中力量打援的戰術，將松山包圍起來，於是，錦州、松山、寧遠就被割斷了，成了三座無法互相照應的孤城。

這種格局使洪承疇大懼，恰恰在此時，明軍囤積在筆架山上的糧食為清軍所奪……洪承疇想決戰解圍，但眾將反對，而崇禎派來的監軍的張若騏主張南逃。洪承疇一時亂了方寸，同意逃往寧遠。至此，明軍軍心動搖，敗局已定。

皇太極得到明軍即將逃遁的情報，便派兵阻擊截殺，明軍亂成一團，盔甲盡棄，慌不擇路，盲目奔突，相踐以死。總兵吳三桂、王樸逃入杏山，後來又逃到寧遠，總兵馬科、李輔明奔竄塔山，監軍張若騏從海上逃往寧遠，洪承疇本人逃遁未遂，被清軍堵在松山城內，幾次突圍，均失敗……

松山一戰，清軍大勝，斬殺明軍五萬多人，繳獲戰馬七千餘匹，鎧甲近萬件。

之後的松山、錦州之戰，是圍困大凌河場景鏡頭的重播：清軍只圍不戰，依然是挖壕，依然是壘牆，只是封鎖更加嚴密了：挖地為壕，壕上有樁，樁上有繩，繩上有鈴，鈴邊有犬。松山、錦州城中糧食吃盡了，殺馬，然後人相食……

在明軍走投無路的當口，松山副將夏承德叛變，迎清軍入城，並生擒洪承疇獻給了皇太極。皇太極又派人遊說祖大壽，祖大壽獻錦州城，再次投降皇太極。

至此，松錦大戰落下帷幕。

松錦大戰標誌著皇太極掃清了東北地區的最後障礙，奏響了清軍入主中原的序曲。但皇太極的精彩節目仍未表演完畢，更奇妙的情節是招降洪承疇。

洪承疇做了俘虜以後，被押送到盛京。

《清史稿‧洪承疇傳》中記載了皇太極勸洪承疇投降的經過：皇太極派范文程前去勸降。洪承疇痛罵范文程，但范文程不惱火，與他談論古今大事。偶然間，屋樑上掉下一片塵土，落在洪承疇衣服上，洪承疇用手將塵土輕輕拂去。范文程將這一細節報告了皇太極，說洪承疇肯定不想死，他能愛惜自己的衣裳，怎麼能不愛惜自己的生命呢？

於是，皇太極便親自去看望洪承疇，一見面，就把自己的貂裘脫下來，披在洪承疇身上，關切地問：「老先生不覺得冷嗎？」洪承疇大為感動，稱皇太極為明君，叩頭請降。皇太極大喜，賞賜他許多禮品，並設酒宴款待他。

部下有人問：皇上為何對洪承疇如此優厚？皇太極問：我們奮鬥了數十年，是為了什麼？部下答道：為得中原。皇太極說：這如同走路，我們都是瞎子，現在得到了一個嚮導。

皇太極招降洪承疇，眼光是長遠的，手段是高明的。需要提及的是，世傳招降洪承疇的過程中，皇太極的莊妃起了關鍵的作用，而且還演繹出「美人計」，「以身相許」的故事。關於這一點，許多文章已經做了有力的反駁，理由：一，正史無記載；二，違反清朝的後宮制度，皇帝不可能派自己的後妃去做這等事；三，雙方語言不通，如果要勸降，就須帶著翻譯，而有翻譯在場，美人計如何施展？編造故事的人有些粗心，忘記了這一重要的環節。因此，所謂「莊妃勸降」，純屬子虛烏有。

三、帝位之爭

崇德八年八月初九日夜，皇太極突然撒手人寰。白天他還在處理政務，沒有任何病恙的跡象。

由於死因不明，有人便懷疑是他的異母弟弟多爾袞害死的。理由一，當年皇太極等四大貝勒逼迫多爾袞的生母阿巴亥殉葬，在多爾袞的心裡埋下了仇恨的種子，最終進行了報復；理由二，從後來事態的發展看，多爾袞把持了朝中大權，是最大的獲益者。但懷疑僅僅是一種邏輯推斷，不能作為證據，多爾袞有無暗殺皇太極的機會？他是通過何種方式作案的？有無同謀？我們找不到任何可靠的文字記載。

有人認為皇太極死於過度疲勞和喪親之痛，這種說法是有道理的。皇太極一生戎馬倥傯，奔波勞頓，稱帝以後勵精圖治，宵衣旰食，可謂日理萬機，這使他的健康狀況逐漸下降。五十歲的時候，他最寵愛的宸妃病逝，當時松錦大戰正激烈地進行著，皇太極得報，竟當即離開戰場，驅馬火速趕回盛京，但回到皇宮時，宸妃已經死去，皇太極大慟，號哭不止。此後數天，朝夕涕泣，心神恍惚，語言錯亂，竟至昏迷。皇太極死時是五十二歲，離宸妃去世只有兩年，這與他的悲切心境是分不開的。

宸妃是蒙古科爾沁貝勒寨桑之女，名叫海蘭珠，她嫁給皇太極時已經二十六歲了，皇太極封她為「關雎宮宸妃」，「關雎」一詞見於《詩經》的首篇：「關關雎鳩，在河之洲。窈窕淑女，君子好逑。」，是一首愛情詩，足見皇太極與她恩愛之深。

對於皇太極一生的功績，《清史稿・太宗本紀》作了如下評價：「允文允武，內修政事，外勤討伐，用兵如神，所向有功。」這段文字較為恰切，沒有誇張粉飾的成分。

皇太極死前沒有指定皇位繼承人，大概是覺得自己正值盛年，不必過早考慮這件事，而他死得突然，來不及部署後事。不過，皇太極在世時，已經顯露出某些傾向，那就是對長子豪格的器重和偏愛。努爾哈赤死後，皇太極對八旗做了許多調整，到晚年，他與豪格加起來，擁有一百一十七個牛錄，成為八旗中實力最大的一支；多爾袞三兄弟是九十八牛錄，數第二；代善和濟爾哈朗有九十六牛錄，而他們兩人又是倒向豪格一邊的。造成這種格局恐怕不會是偶然的，而是有意為之，我們有理由說，皇太極有立豪格為繼承人的意向，儘管這種意向還沒有變成決心和行動。

現在，擁有王位的是七個舉足輕重的人物：禮親王代善、鄭親王濟爾哈朗、睿親王多爾衮、肅親王豪格、英郡王阿濟格、豫郡王多鐸、穎郡王阿達禮，他們當中，豪格、濟爾哈朗、阿濟格、多爾衮更為重要。因為在前一年十月，皇太極將裁決庶政的大權交給他們四人。而在四人之中，最有希望入選的是豪格和多爾衮。

豪格是皇太極的長子，三十五歲，文韜武略兼備，戰功赫赫，封和碩肅親王兼掌戶部事，有上三旗（兩黃旗和正藍旗）的擁戴，同時也取得了鑲藍旗旗主鄭親王濟爾哈朗的支持。

多爾衮是努爾哈赤的第十四子，是「倡謀出奇，攻城必克，野戰必勝」的名將，封和碩睿親王，他本人是正白旗的旗主，兩個親兄弟阿濟格和多鐸當然地站在他這一邊，而多鐸又是鑲白旗的旗主。

串聯、遊說、拉攏、勸進、盟誓，在兩個派系之間緊張地進行著……

兩派勢不兩立，以致到了劍拔弩張的地步。八月十四日，也就是皇太極死後的第六天，一場皇位爭奪戰便打響了。這天黎明，兩黃旗大臣在大清門盟誓，堅決擁護豪格繼承皇位，一面命令兩黃旗禁軍持戈張弓，環衛崇政殿。會議就在此殿舉行，由年紀最長的代善主持。

最沉不住氣的是黃旗大臣索尼，他搶先表態說：「先帝有皇子在，必立其一。」多爾衮當即以他的資歷不夠為由，令他退下。接著，多鐸和阿濟格發言，擁立多爾衮繼位。多爾衮顧及包圍會場的兩黃旗，稍作矜持。多鐸見他不表態，生怕豪格占了上風，便提出論年齡和輩分當立代善。代善卻自稱年邁體衰，說道：「先帝長子，當承大統。」

豪格原以為自己是穩操勝券的，見代善如此說，便例行公事般地假意謙虛了一句：「福少德薄，非所堪當。」其本意是想讓眾人「堅請不已」，然後順勢登基。誰知兩白旗不買他的賬，堅決主張立多爾衮。豪格一氣之下，離開了會場。代善見狀，不願再在這個是非窩裡糾纏，也嘿然退出。

此後，是兩黃旗與兩白旗的激烈爭吵，雙方寸步不讓，皇位的問題陷入了僵局。

這時，貌似憨厚卻老謀深算的鄭親王濟爾哈朗提出了一個出人意料的方案：讓年僅六歲的皇子福臨繼位。

對於這個提議，多爾衮作出了明智的選擇，他接受下來，因為他考慮到，如果自己強行登基，勢必遭到豪格和兩黃旗的激烈反對，甚至可能引起火拼，剛剛發展起來的清王朝基業便有毀於一旦的危險；現在濟爾哈朗提出讓福臨登基，便不失時機地提出，福臨年幼，可由自己和濟爾哈朗共同輔政，等福臨年長，便「當即歸政」。他心裡很清楚，這樣一來，自己雖然未能稱帝，卻是實際上的皇帝。

再說豪格這一面，他本人已經當眾說過「非所堪當」的話，自然不好改口，現在見入選的是自己的弟弟而不是多爾衮，也就同意了。

索尼和兩黃旗本來堅決反對立多爾衮，主張立皇子，而福臨就是皇子，登基後他們仍是天子的親兵，地位不變，也就不再堅持立豪格了。

對權力圈中的人來說，這是個都能接受的，也是不得不接受的方案，無論是誰，再糾纏下去，都是自討沒趣。

六歲的福臨萬萬不會想到，鷸蚌相爭的結果，利益竟降落到他的身上。

就這樣，愛新覺羅・福臨在群臣的隆重禮拜下，於崇德八年八月二十六日登上了帝王的寶座，由鄭親王濟爾哈朗和睿親王多爾袞攝政，以明年為順治元年。順治，取順民意，求大治之意。

在這場權力的明爭暗鬥中，有兩個人物做了犧牲品。那就是代善的次子碩托和孫子阿達禮（代善第三子的兒子）。兩人在皇太極死後，曾向多爾袞表示，擁戴他登基，他們也把這個想法對代善說了。事後，多爾袞和代善竟揭發了這件事，碩托和阿達禮以「擾亂國政」之罪被判處死刑。

這件事，多爾袞在群臣中樹立起公正無私、無稱帝之心的形象，而代善，則贏得了大義滅親的名聲。

然而，事情不會那麼簡單。這裡面暗藏著不大不小的謎團，因為多爾袞和代善的表現都有些違反常態。當時擁戴多爾袞的不只碩托和阿達禮，還有許多人，多爾袞為什麼偏把此二人掀出來？其實，在討論立新君的時候，代善「先帝長子，當承大統」的話是很讓多爾袞惱火的，他覺得因為這句話使自己喪失了稱帝的機會，於是便以揭發代善的子、孫作為報復。代善呢？心情肯定是十分複雜的，一方面，他對碩托和阿達禮擁戴多爾袞極度不滿，另一方面，處死二人，也能表明自己反對多爾袞稱帝的態度，讓多爾袞斷了今後奪位的念頭。

四、定鼎燕京

明崇禎十七年三月十八日，李自成率領大順軍攻陷北京，崇禎皇帝在景山後山自縊。歷時兩百七十六年的大明王朝在戰火中覆滅了。

此時明朝總兵吳三桂正駐守在山海關，他手中掌握著五萬兵力，李自成急忙派人招降他，並送去四萬兩白銀作為犒賞。吳三桂失去了皇帝主子，無所歸依，便答應歸順李自成。但不久，就得到了驚人的消息：李自成的大順軍囚禁並鞭打了他的父親吳襄，而他的愛妾陳圓圓又被大順軍的領袖之一劉宗敏搶走了。吳三桂怒不可遏，當即改變了主意，要堅決與大順軍為敵。但他知道自己的軍力不足以與李自成抗衡，便派人前往盛京乞降，並請求滿清出兵入關，一起平息李自成之亂。

李自成的部下鞭打吳三桂的父親、搶走他的愛妾，導致了吳三桂「衝冠一怒為紅顏」，看來是個偶然事件，但正是這個偶然事件，改變了三方軍事勢力的命運。

李自成喪失了吳三桂這支本來想投靠他的隊伍，從而加速了他的失敗；

吳三桂轉而投靠清軍，決定了他以後扶搖直上的人生旅途，也決定他後來在平三藩之亂中被鎮壓的下場；

對滿清方面來說，這卻是上天賜予的、千載難逢的大好機會，努爾哈赤、皇太極多年征戰都沒能打開的山海關通道，如今竟有人主動為滿洲人敞開。

滿洲人是最大的贏家！

不過，這一偶然事件中，卻暗含著必然的因素。李自成方面，陳圓圓被搶走，正是起義軍紀律渙散、領袖人物腐敗的結果；吳三桂方面，崇禎皇帝已死，投靠李自成實屬不得已，轉身再投靠新的主子，也在意料之中，因為從品質上看，他是個朝秦暮楚、見風使舵、毫無氣節的人；滿清方面，覬覦中原已久，即使吳三桂不投降，他們也會尋找到別的機會……

這時順治繼位不久，多爾袞大權在握，見吳三桂來投，大喜過望。他果斷地答應下來，之後便緊鑼密鼓，秣馬厲兵，調集了十四萬大軍，浩浩蕩蕩直奔山海關而來……

關內，李自成得知吳三桂降清，親自率領六萬大順軍趕赴山海關征討叛軍，兩軍展開了一場激烈的廝殺，鏖戰結果，吳三桂兵敗，主力瀕臨瓦解……

但這時清軍趕到了，大順軍猝不及防，戰局陡轉，清軍與吳三桂聯手作戰，大順軍很快敗下陣來，退回北京。

清軍的首腦們在長期與明朝的交鋒中，變得聰明起來，這一次進關後，多爾袞就及時地頒佈了〈攝政王諭故明官吏軍民人等令旨〉，大意是：我軍進關是為明朝皇帝復仇的，要消滅闖賊而不傷害百姓，只要歸順我們，官吏復原職，百姓操舊業。這就是說，清軍完全是站在明王朝的立場上，來鎮壓闖賊作亂、維持社會秩序的。

這道令旨具有極大的欺騙性和誘惑性，也獲得了近乎神奇的效果，當清軍以吳三桂為先鋒向北京進發的時候，一路上，明朝官兵紛紛獻城投降，上表稱臣。

且說李自成山海關兵敗之後，領殘軍返回北京，於四月三十日在紫禁城武英殿匆匆舉行典禮，登基稱帝，定國號「大順」，建元「永昌」。其實這是多此一舉，李自成在西安已經稱過一回帝了，大概覺得北京才是個正兒八經的地方，索性在龍椅上稍坐片刻，再過一把皇帝癮。癮過完了，便在紫禁城放了一把火，倉皇離京西奔……

清軍於五月初一順利地開進了北京城。

進京後，多爾袞導演了一幕為崇禎發喪的大型戲劇，追認崇禎為「懷安端皇帝」，他生怕此舉知道的人不多，便命人擎著崇禎的牌位在北京繞了一個大圈，以達到廣示於眾的效果。這麼一弄，明朝的遺臣們就更加摸不透滿清人的底細了。

此為何等戲劇？悲劇哉？喜劇哉？都是。

對曾經享受過明朝俸祿的官僚來說，真是個莫大的悲劇，國難當頭之際，投降的投降，南逃的南逃，還有擁君自立的，又有割據一方的，哪一個顧得上為崇禎帝發喪？到頭來竟是異國統治者想得周到，對崇禎灑下了憐憫的眼淚。我們禁不住要猜想，在多爾袞舉行葬禮儀式的時候，洪承疇、吳三桂之輩是何等感想，何等表情？

這又是一場特大的喜劇，絕頂聰明的多爾袞愚弄了所有的人，就像狼咬死了羊之後對羊表示哀悼一樣，儀式肯定是隆重而肅穆的，主持者的心裡卻在竊笑不止。

再說崇禎皇帝死後，鳳陽總督馬士英勾結閹黨阮大鋮擁戴崇禎的從兄福王朱由崧為帝，建立了南明小朝廷，定年號弘光，自任東閣大學士，把持朝政。此時南明弘光君臣被滿人的手段蒙得暈頭轉向，他相信清軍是為了替他報「君父之仇」，便立即封吳三桂為薊國公，賜銀五萬兩，大米十萬石，以嘉獎其功。不久又得到滿人為崇禎發喪的消息，弘光帝更是感激涕零，急忙派遣使者，給清軍送去黃金三千兩，白銀十萬兩，錦絹一萬匹，作為酬勞。

在這個關口，攝政王多爾袞做出了一項正確的重大決策，這個決策決定了清王朝的命運走向，也決定了整個中國的命運走向，那就是定都北京。開始他的主張遭到反對，英郡王阿濟格說：當初我們得遼東時沒有進行殺戮，結果我們有很多人被遼民所殺，現在我們應當大肆屠殺，然後留兵鎮守，而大軍或退守盛京，或退守山海關，才能沒有後患。多爾袞反駁道：「先皇帝（指皇太極）嘗言，若得北京，當即徙都，以圖進取，況今人心未定，不可棄而東還。」

多爾袞的這個決定，是富有戰略眼光的，這在後來的歷史中得到了進一步的證明。

八月，順治皇帝在文武百官的護送下，離開了盛京，千里迢迢地來到北京。順治元年十月初一，在皇極門舉行儀式，宣告「定鼎燕京」。

在短短一年的時間裡，福臨這個懵懂無知的幼童就碰上了兩件特大喜事，一是做了大清帝國的皇帝，一是登上了華夏這個泱泱大國的帝王寶座。

真是應了「天上掉餡兒餅」這句俗話！

五、疑不斷，理還亂

然而，這塊餡兒餅卻不是那麼好吃的。

大權在握的睿親王多爾袞首先對自己的政敵豪格下手，他利用親信控告豪格背後辱罵多爾袞，將豪格囚禁下獄。

接著便是排擠濟爾哈朗。多爾袞是有條件做皇帝也很想做皇帝卻因未能做皇帝而耿耿於懷的人，加上卓越顯赫的功勞與咄咄逼人的性格，使得濟爾哈朗一開始就退讓三分。濟爾哈朗召集群臣，叮囑說：今後處理大小事務，要先向睿親王報告，案卷上寫名字，要先寫睿親王之名。即使如此，多爾袞也不買他的賬，因為濟爾哈朗過去曾依附過豪格，推舉新君時也沒有擁戴多爾袞，這段宿怨多爾袞是不會忘記的，不久，多爾袞就將他罷職，之後又降為郡王。於是，朝廷大權便落於多爾袞一人之手。

與此同時，多爾袞籠絡代善為首的正紅旗，安撫鑲紅旗，分化兩黃旗，一面提拔自己的親信……不多久，多爾袞便權傾朝野，如日中天。

順治，只不過是多爾袞手裡的一尊玩偶，他的處境，可以說是危如累卵，只要多爾袞願意，並且感到時機成熟，隨時都可以將這尊玩偶踢到一邊，自己取而代之。如果是那樣，中國的歷史從這一頁開始，就會寫成另外的樣子了。

但多爾袞始終沒有這樣做。甚至臣下有人勸他廢順治而自立時，他也果斷地回答：

「本朝自有家法，非爾等所知。」

這是為什麼呢？

是他不想做皇帝嗎？絕不是！皇太極一死，他就與豪格鬧得劍拔弩張，不就是為了爭奪皇位嗎？他之所以同意讓福臨繼位，是出於不得已。他曾在病中發牢騷說：「若以我為君，以今上居儲位，何以有此病症？」意思是：如果我做皇帝，而指定現在的順治皇帝為我的繼承人，我哪能得這場大病呢？

是他不具備做皇帝的時機和條件嗎？也不是，上文說過，只要他願意，就能奪取皇位。定鼎燕京之後，多爾袞將豪格釋放，恢復了他的親王名號，派他西征，豪格平定了陝西，殺死了張獻忠，立大功而回，到盧溝橋時，多爾袞將他殺死，時間是順治五年。到此，多爾袞已經完全清除了一切政敵，但他仍然沒有奪位。

多爾袞想做皇帝，也有奪位的條件，卻沒有這樣做，最穩妥的解釋應當是，他能夠顧全大局，他把整個清王朝的命運看得比個人的命運更重要，他心裡很清楚，滿洲人剛剛進入中原，立足未穩，甚至是危機四伏，他不想為個人的功利而使大清的事業遭受挫折甚至毀於一旦。我們可以這樣說，觀其大節，他是無私的，也是有遠見的。在皇太極死後擁立新君的環節上，他所做出的讓步已經顯示出這一品格，後來他始終沒有奪位，則使這種品格得到了進一步的證明。多爾袞這個人，毛病不少，權慾很重，飛揚跋扈，報復心強，但在處理個人與國家的關係上，他是清醒的，理智的。

多爾袞之所以沒有奪位，恐怕還有另一方面的因素，那就是孝莊皇太后的精心運作。

孝莊皇太后，就是皇太極的妃子博爾濟吉特氏，叫木布泰，是蒙古科爾沁貝勒寨桑之女，她的姑姑（名叫哲哲）先嫁給了皇太極，她十三歲時也嫁了過來（實際上是嫁給了自己的姑父），被封為莊妃。後來她的姐姐也嫁給了皇太極，這就是我們前面已經談到過的宸妃。宸妃生下一子，被皇太極立為皇儲，可惜他一年後就夭折了。這時莊妃也生下一子，就是福臨。皇太極的突然去世，給了木布泰以沉重的打擊，她清楚地知道自己和福臨孤立無援的處境，知道他們母子二人已經進入了如履薄冰的日子。

做了孝莊皇太后的木布泰唯一能夠做的，就是千方百計地籠絡多爾袞。她小心地步步退讓，委曲求全，最大程度地滿足多爾袞的慾望，抬高他的地位和榮譽，為的是不讓他萌生奪位之念。順治元年十月，加封多爾袞為「叔父攝政王」，並建碑紀其功；第二年又封他為「皇叔父攝政王」；到順治五年，又封「皇父攝政王」，並停止御前跪拜之禮。遇到節日慶典，就讓多爾袞與順治皇帝一起，接受文武百官的禮拜。

在孝莊皇太后苦心操作這些事的時候，與多爾袞有過何種來往？二人的關係密切到什麼程度？史無詳載，但清人蔣良騏在《東華錄》中的一句話引起了世人的注意：多爾袞「自稱皇父攝政王，又親到皇宮內院」。這裡說的「內院」，是指皇帝後妃居住之地。按說，多爾袞是不能去的。他既然去了，就說不清楚了。而明末抗清英雄張煌言的《建夷宮詞》則說得更為直白：「上壽觴為合卺尊，慈寧宮裡爛迎門。春官昨進新儀注，大禮恭逢太后婚。」於是，多爾袞與孝莊的關係便引起了人們若干猜測，竟至於演化出「太后下嫁」的故事。多少年來，人們為這則故事的真偽爭論不休。在這裡，我們不得不花費一點筆墨。

第一種意見，我稱之為立論，認為「太后下嫁」實有其事，有以下根據：

其一，多爾袞是順治的叔父，封他為「皇叔父攝政王」是對的，但後來又封「皇父攝政王」，這就說明二人的關係改變了，變成了父子關係。

其二，兄死娶其嫂，原是滿洲人祖傳的習俗，其時滿清進入中原不久，漢化程度不深，孝莊完全有可能下嫁給多爾袞。

其三，張煌言在他的《建夷宮詞》中透露了這件事。詩中所說的「慈寧宮」正是孝莊的住處，而「太后」指孝莊無疑。

其四，清人蔣良騏《東華錄》中的記載，上文已經提到。

其五，孝莊病重時，曾遺命不與丈夫皇太極合葬，說明她心裡有愧，覺得自己有負於皇太極。

其六，劉文興在《皇父攝政王起居注》一書的跋文中寫道：清朝宣統初年，內閣庫牆壁倒塌，父親劉啟瑞正任閣讀（清朝官名，即內閣侍讀學士），奉命檢點庫藏，得到了順治年間太后下嫁皇父攝政王的詔書，於是事情就在朝廷中傳開了。

第二種意見，我稱之為駁論，認為「太后下嫁」絕無其事，作出了如下反駁：

其一，「皇父」是一種極高的尊稱，就像中國古代的「尚父」（周武王對姜子牙的稱呼）、「仲父」（齊桓公對管仲的稱呼）、「相父」（劉禪對諸葛亮的稱呼）一樣，不能理解為親緣關係中的父親。

其二，兄死娶嫂這種習俗只能說明孝莊有嫁給多爾袞的可能，但不能作為真的嫁給多爾袞的證據。

其三，張煌言是明朝遺臣，且是抗清將領，必定抱有成見，寫這首詩的目的是嘲弄和挖苦清朝皇族倫理敗壞，且本人身在江南，怎能確切地知道千里之外的深宮之事？在順治七年正月，多爾袞奪了豪格的妃子，也姓博爾濟吉特氏，是孝莊的妹妹，張煌言肯定是把兩個人弄混了。

其四，《東華錄》的原話是多爾袞「自稱皇父攝政王，又親到皇宮內院，以太宗文皇帝（指皇太極）之位原系奪立以挾制皇上」，這段話的意思是多爾袞跑到宮內要脅順治，說皇太極的皇位是通過不正當手段奪來的，以此暗示順治也不該當皇帝。這根本不能作為太后下嫁的證據。

其五，清朝皇帝與皇后分葬的，不止孝莊一例，孝惠皇后與順治、孝聖皇后與雍正都是分葬的，況且，已經有孝端皇后與皇太極合葬在先，那麼，孝莊提出不與皇太極合葬也就在情理之中了。

其六，劉文興的記載不足為憑，因為詔書未曾傳世。

從上面的爭論來看，第二種意見，即認為「太后下嫁」無其事的意見理由似乎更充分些，但我認為，此案仍有許多疑點。讓我們把上面的六項立論與駁論再過濾一遍：

其一，中國古代的「尚父」、「仲父」的「父」字，應讀作三聲（同「府」字），是對老人的尊稱，是「父輩」、「老人家」的意思，而「皇父攝政王」的「父」字卻不同，它是從「叔父」、「皇叔父」發展過來的，應該讀四聲（同「富」字），是父親的意思。因此，駁論是牽強的，無力的。

其二，說兄死娶嫂這種習俗只能說明孝莊有嫁給多爾袞的可能，但不能作為真的嫁給多爾袞的證據。這個駁論只能說明「未必嫁」，卻不能推斷「必未嫁」。

其三，說張煌言在千里之外不可能清楚深宮之事，又說他把太后與她妹妹弄錯了，頗有強詞奪理之嫌，深宮之事，張煌言未必不知道，古往今來有多少宮廷之事是先傳出來而後得到證實的！至於出嫁的人，張煌言也未必弄錯，豪格之妻與皇太后的身分畢竟相差懸殊，更重要的，《建夷宮詞》寫於順治六年，那時還沒發生多爾袞娶豪格妻的事。

其四，多爾袞「親到皇宮內院」一條最為可疑，他要脅順治說皇太極原系奪位，為什麼偏偏發生在「皇宮內院」？足見這個地方他是可以去的。《朝鮮李朝實錄》中也記載了這件事。

其五，孝莊葬在何處的問題，不能證明「下嫁」，更不能證明「未嫁」。

其六，劉文興的記載有相當大的說服力，且恰與張煌言的詩相呼應，相印證。至於沒有見到詔書，焉知不是被銷毀了？因為清廷皇族對此諱莫如深啊！

駁論一方動輒以清宮文件為據，凡是文件中沒有的，便斷然予以否定。然而，清代皇宮留下的所謂「實錄」，有許多不實之處，這是人所共知的，前面我們也談到過。

關於孝莊與多爾袞的關係，除了上面說的以外，還有幾個疑點：

據《朝鮮李朝實錄》載，孝莊去世，卻秘不發喪，以致朝鮮大使覺得很奇怪，孝莊屬於正常死亡，有什麼可保密的？此乃一大疑點也。

多爾袞死後，順治給他定了罪，已經算是報復了，但他卻嫌不解恨，竟違反常理地掘其墳，鞭其屍，斷其頭，其中必定埋藏著深刻的、不便於言傳的仇恨，絕不是僅僅因為多爾袞的飛揚跋扈。不過，順治的這一表現，給了我們兩個方面的暗示：一是孝莊沒有下嫁，因為如果她真的嫁給了多爾袞，順治出於母子的情面，是不會作出如此過分之舉的；二是孝莊與多爾袞之間存在著一定的曖昧關係，順治出於極端的反感而做了過分的報復，孝莊呢，則只能默默地忍受這一切，她不敢做任何干涉和規勸。此乃二大疑點也。

順治始終與母親孝莊的感情不和（後面要具體談到），甚至到了針鋒相對的程度，原因是什麼呢？在順治方面，會不會是出於對母親與叔叔之間的不正當關係而產生出一種巨大的恥辱感？不能排除這種可能。此乃三大疑點也。

有人認為，阿巴亥殉葬後，皇太極就把她的兒子多爾袞接到宮中撫養，當時他十五歲，莊妃十四歲，二人已經開始接觸，自然也就有了感情，到莊妃守寡變成孝莊太后時才三十歲，而多爾袞則好色成性，二人都處在情慾旺盛時期，順治又年幼不懂事，因此免不了產生些瓜葛，這一條似乎不足為據，姑且也列為一個疑點吧。

總之，「太后下嫁」一案有許多疑點，這些疑點只有留給讀者去思考了。

從上面的分析可知，多爾袞始終沒有奪順治的位，其中暗含著對孝莊的特殊情感。但有的書上把多爾袞與孝莊的特殊關係當作不奪位的唯一因素，這就不對了。我認為，多爾袞不奪位主要是考慮到大清國的命運，不願引起混亂，上文已經談到了。

有人還提出了多爾袞不篡位的另一個原因，那就是他沒有兒子。作為一種心理推測，當然也是成立的，但畢竟沒有相關的記載支援這種說法。

由於多爾袞顧全大局的品格，也由於孝莊的委曲求全和精心籠絡，順治安然無恙地做了八年傀儡皇帝。

六、難泯的仇恨

八年中，攝政王多爾袞做了些什麼呢？滿人作為少數民族，入主中原之後，面臨著一個嚴重的課題：怎樣面對人數眾多的漢族人民？

多爾袞的策略是籠絡與殺戮並舉。

首先，多爾袞廢除三餉。遼餉、練餉、剿餉，是明王朝壓在百姓頭上的沉重負擔，主要是為了鎮壓李自成和抵禦清軍而攤派下來的費用。現在，明朝已亡，多爾袞就宣佈廢除三餉，使百姓的負擔有所減輕。此外，還免除了明朝的一些苛捐雜稅。

其次，努力緩和滿漢矛盾。不得不承認，多爾袞是個很會做戲的人，在順治定鼎燕京儀式的第二天，他便舉行了像模像樣的祭孔活動，恢復了元朝給孔子加封的「大成至聖文宣王」的稱號，又命孔子的六十五代孫孔允植襲封衍聖公。第二年，又加封孔子為「大成至聖文宣先師」，多爾袞還親自去孔廟祭奠孔子。多爾袞所持的尊孔態度，有效地籠絡了漢族知識份子。

多爾袞又允許滿漢通婚。順治五年八月，多爾袞諭禮部：「方今天下一家，滿漢官民，皆朕赤子。欲其各相親睦，莫若使之締結婚姻。自後滿漢官民有欲聯姻者，聽之。」

在努爾哈赤和皇太極時期，宮中是沒有漢女的，而順治皇帝則選有漢官之女為妃。

但多爾袞的主要活動是武力平定中原。

他首先派吳三桂、阿濟格率兵西進，收拾李自成的殘軍，克潼關，陷西安，然後揮軍東下，與多鐸軍會合，一路上，明軍將官非逃即降，清軍連占歸德、徐州、安慶……

這時的南明弘光朝廷內部四分五裂，閹黨與東林黨鬥得劍拔弩張，東林黨領袖史可法被馬士英排擠到揚州去督師，一時朝野大嘩，人們紛紛指責馬士英為秦檜。在民族危難之際，史可法從大局考慮，決心「鞠躬致命，克盡臣節」。在清軍步步逼近的情況下，馬士英將江北的守軍全部撤回南京，於是，揚州成了一座孤城。

順治二年四月十八日，清軍兵臨揚州城下，多鐸幾次致書對史可法勸降，史可法覆信表示「城存與存，城亡與亡」。清軍開始攻城，城中兵民奮勇抵抗，史可法在城牆上安置大炮轟擊清軍，清軍也用大炮轟城。後來，城牆西北角被炸開一個缺口，清軍蜂擁而上，守軍弓箭手搭矢張弓，飛箭如雨，清軍紛紛倒下，但後面的清兵不斷湧上，屍體堆成一個斜坡，不用梯子即可登城，守軍箭矢用盡，終於支持不住，到二十五日，揚州陷落，史可法被俘。他的部將劉肇基率殘部與清軍展開頑強的巷戰……

多鐸仍勸史可法投降：「前以書謁請，而先生不從，今忠義既成，當給予重任，為我收拾江南。」史可法坦然答道：「我只求一死。」多鐸問：「君不見洪承疇乎？降則富貴。」史可法回答：「洪氏不忠，我豈敢效其所為？」勸了三天，無效，多鐸只好將史可法斬殺。為了報復，多鐸命令清軍在揚州城內進行了整整十天慘絕人寰的大屠殺，八十萬百姓死於清軍的屠刀之下。

在征討中原的過程中，除了例行的殺戮、搶掠之外，多爾袞還幹了五件大壞事：那就是有名的圈地令、逃人法、投充法、禁關令和剃髮令。

先說圈地令。清軍一進北京，多爾袞就下令：「城內居民，限三日內，盡行遷居城外，以便旗兵居住。」這還不算，多爾袞還於這年的十一月二十二日頒佈了圈地令，指示北京周圍五百里內漢人的土地圈佔給滿清旗人，其方式是跑馬圈地，即讓八旗將士騎著馬奔跑，馬蹄經過之處便歸其所有，而這片土地原來的主人則被掃地出門。第二年九月，又下了第二次圈地令，把範圍擴大到直隸、山東、山西的許多地區；順治四年正月，下達第三次圈地令，範圍在順天、保定等四十二府。這三次大規模的圈地共占地十六萬頃，這一範圍的居民的房屋及財產也歸了八旗。

再說逃人法。此前，後金和滿清每次戰爭之後，都將俘虜分賞給旗人充做奴隸。皇太極時，清軍屢次入侵中原，擄掠了大量漢民，奴隸不堪虐待，便自殺，或逃脫。清廷為了保護旗人的利益，便推行了「緝捕逃人法」，規定一人緝獲，處死；又必株連一二十家，受刑或監禁。漢民的生路幾乎斷絕。

與逃人法相關聯的，是投充法，由於大量的土地被滿人佔領，漢人無家可歸，於是連土地、家產帶人口都歸了旗人，成了旗人的奴隸，旗人有權買賣他們。這樣一來，造成了更多漢人的逃亡。

禁關令規定，嚴禁漢人進入滿洲這塊「龍興之地」去墾荒謀生，為此，清廷在滿洲邊境修築了兩千多華里的籬笆牆，名曰「柳條邊」（又叫「柳牆」、「柳城」、「條子邊」）。

上述法令，將漢人推向了災難的深淵，使滿漢之間的民族矛盾迅速激化。但最引起漢民憤慨、惡劣影響最為久遠的是剃髮令。

清軍於順治元年五月初一進了北京，初三日，多爾袞就急不可耐地頒佈了剃髮令，規定「凡投誠官吏軍民皆著剃髮。」法令一出，立即引起了漢族人民的強烈反對，多爾袞鑒於清軍立足未穩，便收回了成命。

據《明季南略》載，豫親王多鐸進了南京以後，出示的佈告是：「剃頭一事，本朝相沿成俗。今大兵所到，剃武不剃文，剃兵不剃民，爾等毋得不遵法度，自行剃之。前有無恥官先剃求見，本國已經唾罵。特示。」

但後來，清廷覺得南明福王朝廷已經覆滅，大清的政權也隨之穩固，便再次公佈剃髮令，措辭十分強硬，指令各地自部文到達之日起十日之內一律剃髮，遲疑者同逆命之寇，必置重罪。

當時滿族男人的髮式是何等模樣？我們在電視劇裡見得很多：把耳朵前面的頭髮剃掉，後面的頭髮辮起來。其實不然。真正的樣式是：把頭上四周的頭髮全部剃掉，只在頭頂留銅錢大的一片頭髮，然後辮起來，使髮辮能夠穿過銅錢中間的方孔。這個標準是很嚴格的，令中規定，「剃髮不如式者亦斬」。當時滸墅有個叫丁泉的，因頭頂留的頭髮面積過大，被官府拿獲，立即上報，朝廷批下來，就地處斬。

這種髮式，被稱為「金錢鼠尾」式。這個名字很像漢族人起的，帶有貶斥意味，不過廣州的剃髮令中也是這樣提的：「金錢鼠尾，乃新朝之雅政；峨冠博帶，實亡國之陋規。」足見「鼠尾」這兩個字，滿人也不避諱。

本來，漢人對明朝的滅亡、滿人的勝利就抱有一種民族抵觸情緒，剃髮令一出，就更加嚴重地刺傷了漢人的自尊心，因為這意味著對祖宗的全面拋棄。漢人的一般心理是，做降民，是不得已；剃髮，就不能忍受了。明朝將領張春在大凌河之戰中被俘，皇太極派人送給他佳餚美酒，他以「忠臣不事二主」拒絕，並開始絕食，三天後皇太極親自送來飯菜，他感動了，也投降了。但他堅決不肯剃髮，皇太極只好把他安置在三官廟裡，後來張春竟死於廟中。

因此，不可避免地，剃髮令引起了漢族臣民的強烈反抗，而最慘烈、最令後人難以忘懷的，是「江陰十日」和「嘉定三屠」。

順治二年六月，江陰知縣方亨為了討好朝廷，大張旗鼓地推行剃髮令，並將十天的期限縮短為三天。佈告一出，引起了全城百姓的極大憤恨，數萬人湧到縣衙，打死了方亨，然後打開武器庫，取出兵械和火藥，附近的鄉民聞風趕來相助，群眾推舉典史陳明遇、閻應元為領袖，佈置城防。已經投降清軍的明將劉良佐領軍十萬將江陰城包圍，拼力攻城，遭到守城義民的頑強抵抗，劉軍炮火猛烈，城北門被轟塌一角，閻應元帶領義民用裝滿泥土的十幾口棺材堵住了缺口。清軍見城不能破，遂增兵至二十四萬，又運來大炮二十四門，晝夜不停地轟擊。江陰義民不屈不撓，冒死守城，他們用自製的木皮手榴彈向清軍拋擲，用燒開的桐油澆潑攻城的敵兵。終於糧盡彈絕，城破，陳明遇、閻應元率領義民與清兵展開巷戰，清軍進行了整整十天的大屠殺。在這場激烈的戰鬥中，清軍損失了七萬五千人，而城中的十萬義民則全部犧牲。

江陰的英雄們從起事到失敗，總共經歷了可歌可泣的八十一天。《江陰守城後記》一書的作者許重熙留下了一首挽聯：「八十日戴髮效忠，表太祖十七朝人物；十萬人同心死義，存大明三百里江山。」

嘉定也掀起了大規模的反剃髮鬥爭。當知縣張維熙公佈了剃髮令之後，全城百姓義憤填膺，他們衝進縣衙，將其搗毀，張維熙從後園遁逃。百姓推舉侯峒曾、黃淳耀為城主，秣馬厲兵，準備抗敵。七月初一，清將李成棟率兵用大炮向城內轟擊，終夜震撼，地裂天崩，炮硝鉛屑，落城中屋上，簌簌如雨。初四，城破，黃淳耀自殺。清兵大肆屠城，鮮血灑遍庭院，屍體佈滿街巷。不久，一名叫朱瑛的人聚集民眾衝入嘉定，與清軍血戰，七月二十六日，李成棟派部將徐元吉再次屠城，殘害百姓無數。八月二十六日投降清軍的把總吳之藩造反，召集群眾佔領縣城，清軍又進行了第三次屠城。在這三次屠城中，清兵野蠻的獸性暴露無遺，搶劫財物，摧殘老幼，日晝於街坊當眾姦淫，有不從者，則用長釘釘其兩手於板，仍逼淫之。許多百姓不願被虐殺而紛紛投河，致使河道堵塞。嘉定民眾的抗清鬥爭最終失敗了，大約有兩萬多百姓慘遭殺害。

寫到這裡，我們必須把敘述性的文字暫停下來。因為我們產生了巨大的困惑：滿清統治者為什麼在漢人的髮式上施展如此殘忍的手段，同時自己也付出沉重的代價？

這個疑問已經有人回答了，那就是從精神上徹底地征服漢民族。毫無疑問，這個答案是正確的。

但我想，問題要更複雜一些，讓我們從不同的層面略作分析。

第一問，滿清統治者如何看待漢文化？

答：他們肯定漢文化，服氣漢文化，嚮往漢文化。滿清統治者並不固執，甚至可以說，在學習漢族文化方面，他們做得非常好。從努爾哈赤時候起，就使用漢臣，到皇太極時，不但重用漢臣，而且建立了漢人八旗，很快地，滿人就漢化了。比如，他們廢除了軍政民主制而師法漢人的君主集權制；廢除了眾貝勒議定新君的制度而採取漢人的立儲制度；在國家管理機構的設置上，則更是一板一眼地照搬明朝的模式；他們又接受了漢人歷代的科舉制度，學習並使用漢族語言和漢字，接受了漢民族的哲學、倫理和習俗，並進一步沉浸在漢民族的飲食、建築、繪畫、音樂、戲劇這些文化藝術的海洋之中。

不但是漢族，就連西洋文化，他們也是接受的，皇太極製造過紅衣大炮，順治有個叫湯若望的洋老師，康熙、雍正都穿過洋服，溥儀也有個洋老師莊士敦，至於玩賞性的西洋工藝品，保存在故宮裡的就不計其數……

第二問，髮式是文化的一個方面，滿清統治者是否也肯定漢族髮式？或者這樣問，他們是否認為漢族的髮式更美一些？

這是個有趣的問題，以前人們從來沒有討論過。我的回答是：在漢族髮式面前，滿族統治者是自慚形穢的。前面已經提到，「鼠尾」這個稱謂，滿洲人是承認的，他們一點兒也不認為自己的髮式有多漂亮。假如滿人覺得自己的髮式美觀無比，他們是絕對不會強令漢人剃髮的，相反，他們必定會下達另外一種法令，即「禁剃髮令」，把膽敢剃髮留辮的漢人治以重罪，因為他居然冒充高貴的滿洲人。當然，滿人可能批准洪承疇、吳三桂之輩剃髮留辮，以示恩寵和褒獎。相類的例子是，滿清統治者尚黃，視正黃為帝王之色，就連皇帝的兄弟也只能用杏黃而不敢用正黃，更不必說其他臣子了。可見，在滿人眼裡，黃色是高貴華美之色彩，而「鼠尾」卻決不是高貴華美之髮式。

第三問，那麼，他們為什麼不學習漢族的髮式呢？

答：滿清統治者學習漢文化，學語言，學文字，學制度，學技術，學藝術等等，是為己所用，學了，就有利於自己的統治和自己的享受，總之，把好的東西據為己有的同時，相應地，就要把漢人身上好的東西剝離下來。

這是一種變態的群體心理，亦即榮格所說的「集體無意識」，其中包含著嫉妒、自卑、野蠻、虐待狂、幸災樂禍等鄙瑣齷齪的成分。滿清統治者從漢人那裡得到了優秀精美的東西，就必須拿低劣污穢的東西回贈給漢人。

於是，一貫崇尚美的漢人，必須時時刻刻頂著一顆醜陋不堪的頭顱苟活在強權的陰影之下。

附帶說一下，滿人的辮子有一個發展的過程，留髮的範圍越來越大，辮子越來越粗，從鼠尾式到豬尾式，再到牛尾式（眼下電視劇中的清代髮式就屬於這一種），但不管是什麼式，其醜陋的造型始終沒有變。

滿清統治者似乎沒有想到，頭部代表著人格和尊嚴，一旦在人的頭部打上恥辱的烙印，就留下了永久的記憶。在清朝統治的二百多年裡，漢民族人民從來沒有忘記這個恥辱，為什麼？是頭上的辮子時時在提醒著他們。因此，吳三桂叛清，蓄髮；洪秀全造反，蓄髮；孫中山革命，剪辮……

當社會公眾都剪掉辮子的時候，也就撕毀了歷史上污濁的一頁！

七、十年親政

順治七年十二月，多爾袞前往喀喇城圍獵，忽然病故，死時只有三十九歲。噩耗傳到宮廷，順治親率大臣身披麻服迎祭於東直門外，之後按照皇帝規格舉行隆重的葬禮，並下詔追尊多爾袞為「懋德修道廣業定功安民立政誠敬義皇帝」，廟號「成宗」。九天後，又頒詔高度評價多爾袞的功績：「太宗文皇帝（指皇太極）升遐，諸王大臣籲戴攝政王。王固懷撝讓，扶立朕躬，平定中原，至德豐功，千古無二。」

與此同時，順治卻把多爾袞府內的印信和文件全部收進皇宮，又將多爾袞的哥哥阿濟格囚禁起來（多爾袞的弟弟多鐸已死），他沒有忘記阿濟格當年與多鐸竭力擁戴多爾袞做皇帝的往事。

順治八年正月十二日，十四歲的順治開始親政。

二月，多爾袞的近侍蘇克薩哈、詹岱揭發多爾袞曾製作黃袍，有篡奪皇位之心。緊接著，鄭親王濟爾哈朗等一干大臣彈劾多爾袞，羅列了若干罪狀。順治斷然下令，沒收多爾袞的家產，罷其封爵，撤其廟享，至此仍意猶未盡，據義大利傳教士衛匡國的《韃靼戰記》載，順治還命人挖了多爾袞的墳墓，用鞭子棍棒抽打他的屍體，又割下他的頭顱。

兩個月前順治給多爾袞塑造的至高至聖的偶像，被他自己砸得粉碎。

在這場軒然大波中，多爾袞的親信均受株連……

這是順治對多爾袞深仇大恨的總爆發。他自登基以來，多爾袞把持朝政，一言九鼎，全然不把他這個小皇帝放在眼裡；多爾袞害死了他的哥哥豪格，並霸佔其妻；還有，多爾袞與孝莊不清不白的關係（不管今人如何否定太后下嫁這件事，當時的順治肯定是見到了張煌言那首詩的，也見到過多爾袞「親到皇宮內院」的）……

三年後，朝臣彭長庚、許爾安分別上書，陳述多爾袞的功績，要求為他平反，結果差一點丟了腦袋，還算順治仁慈，只將二人流放到寧古塔。那以後，朝中再也無人敢言此事。

直到一百二十二年後，乾隆皇帝才平反了這一樁冤案。他肯定多爾袞「檄定中原，前勞未可盡泯」，五年後，乾隆又下詔追複多爾袞的封爵。關於多爾袞有篡奪皇位之心的罪名，乾隆反駁說：如果多爾袞真的心懷異志，當時兵權在握，什麼事不能做？他不在得勢的時候因利乘便，卻在死後穿上龍袍，這能證明他有奪位之心嗎？

至此，多爾袞謀逆的冤案以昭雪告終。

衛匡國對多爾袞給予了很高的評價：「他具有超人的謀略和精明，並以勇武和忠誠著稱，他的聰明才智使最有常識的中國人都欽佩不已。」

順治做傀儡皇帝的時候，多爾袞為了使自己在攝政王的位子上坐得更久一些，就有意識荒廢童年順治的學業，意在使他出息成一個無知無識、玩物喪志的糊塗皇帝，大臣們多次提出讓順治學文識字，多爾袞都置之不理。因此順治在親政之初，幾乎是目不識丁，閱大臣奏章，茫然不解，他曾說：「朕極不幸，五歲時先太宗（指皇太極）早已晏駕，皇太后生朕一身，又極嬌養，無人教訓，坐此失學。」

意識到自己誤學，便努力去彌補。順治起早貪黑，發憤讀書，不僅學會了漢語，而且寫得一手好字，又覽讀《左傳》、《史記》、《莊子》、《離騷》、兩漢古文、唐宋八大家、《資治通鑒》等經典，由於苦學不輟，勞累過度，竟至於嘔血成疾。經過幾年的勤奮，學業上大有長進。在若干典籍中，他對老莊、詩詞、明清小說以及禪宗哲學特別感興趣，此外還喜歡繪畫。他是個感情勝於理智的人。

但身為皇帝，順治是懂得君王之道的，也知道自己的責任。多爾袞的事結束後，其政敵濟爾哈朗的勢力抬頭，這位被壓抑了多年的老親王像多爾袞一樣，開始以兩朝重臣自居，把持朝政，他命令各衙門凡有奏章須先送給他審閱。順治當然不願意身邊出現第二個多爾袞，便於順治九年正月降旨：大臣的奏章一律直接呈給皇帝，不再交鄭親王濟爾哈朗。於是，國務大權就緊緊地抓在皇帝一人手中。

為了防止宦官干政，順治模仿明太祖朱元璋，在紫禁城立了鐵碑，上書：太監「以後但有犯法干政，竊權納賄，囑託內外衙門，交結滿漢官員，越分擅奏外事，上言官吏賢否者，即行凌遲處死，定不姑貸。」

停止圈地，要算是順治的政績之一。順治八年正月，順治宣佈停止圈地，要求戶部通知地方官吏，先前圈佔的土地如數歸還原主；之後，又豁免圈佔京畿十三縣的餘地；兩年後，順治又重申了這一政策。停止圈地，在一定程度上安定了百姓生活。

逃人法是多爾袞推行的惡政之一，順治親政之初，曾一度繼續推行。後來，他採取了寬鬆政策，規定不得虐待奴婢，毆打奴婢致死者，要治罪。

繁雜沉重的賦稅和徭役，是許多朝代都曾有過的弊政。它的後果是增加百姓的負擔，加劇社會矛盾，順治注意到了這一點，便作出了相應的努力。比如，他決定永遠不向江南地區徵收橘子；不向河南地區徵收石榴；不許徵用山東臨清的磚來建造皇家宮殿；為了避免農作物的破壞，他又規定王公貴族只有在秋後才能打獵；順治十年，各地旱災澇災並起，百姓困苦不堪，順治得到奏報，當即下令停止乾清宮的修建，並號召王公百官禮儀祭祀和日常用度一律從簡，他還在京城設立粥廠，救濟流亡的災民……

順治的政績中，最突出的要算是整肅吏治了。他關心官吏的素質，屢屢告誡官員戒貪、戒偽、戒驕、戒怠，他說：「嗜欲盛，則神智昏。昧久大之圖，而計不出乎眉睫。其始也，亦未嘗無砥礪之志，而一為利奪，即頓失其所守，不惜寡廉鮮恥以求之。」他又說：「大臣不廉，無以率下，則小臣必汙；小臣不廉，無以治民，則風俗必壞。層累而下，誅求無已，害必加於百姓，而患仍中於邦家。欲冀太平之理，不可得矣！」這一番議論，應該說是比較深刻的。

在懲治貪官方面，順治毫不手軟，他派遣巡按御史到各地考察，瞭解百姓疾苦和官場風氣。順治十二年，順天巡按使顧仁貪污受賄，被告發，順治當即降詔將其逮捕，並親自審問，最後查明罪行屬實，將顧仁斬首。事後，順治規定，今後大小臣工受賄十兩者處以流放之刑；如受賄較多者，則處以斬首或絞刑，沒收其家產。

順治十四年的北闈（即順天府）科場案再一次表現出順治的果斷。考官李振業、張我樸等集體受賄，結果三品以上的京官子弟全部錄取，但也有人送了銀子卻沒考上，便紛紛告狀喊冤，案件查明以後，順治降詔將李振業、張我樸等人斬首，家產籍沒，父母妻子兄弟均流放尚陽堡。之後，便對考生們進行複試，複試由順治親自主持，結果革去了八名舉人，又將此案中二十五名犯人處以杖責和流徙之懲罰。

但緊接著又出了江南科場案，正主考方猶、副主考錢開宗大肆受賄，使一批不學無術的紈絝子弟得中，事情鬧得沸沸揚揚。落第士子聚集於貢院門前發洩不平，還貼了一副對聯：「孔方主試付錢神，題義先分富與貧。」「孔方」和「錢神」分別指方猶和錢開宗。順治仍如以前，將方猶、錢開宗正法，妻子家產，籍沒入官，又重新開考，處理善後事宜，前後折騰了將近一年的時間。

軍事上，清軍繼續向全國推進，在消滅了福王弘光政權後，又平定了魯王、唐王、桂王的勢力，到順治末年，除了鄭成功在臺灣割據外，中原基本上統一了。

外交上，順治繼續與蒙古交好，親善西藏。

應當注意的是，順治在接受異族文化方面是比較開放的。他勤奮地學習漢族文化，前面已經談過，他還大膽地重用漢臣，在順治十年左右，他的身邊，就聚集著范文程、洪承疇、陳名夏、陳之遴、王永吉、徐啟元、寧完我等，他們都是漢人，只有額色黑是滿人。

對西洋文化，他也樂於接受，這突出地表現在他與湯若望的關係上。

湯若望是繼利瑪竇之後又一個登上華夏大地的著名傳教士，德國人，來中國的時候是命天啟二年，曾幫助崇禎製造過紅夷大炮，明亡，他仍然留在北京。順治元年五月滿清進京後，不可避免地遇到了一個嚴重的問題，那就是要公佈新的曆法取代明朝舊曆，以顯示改朝換代，但欽天監（相當於今天的天文臺）原用的大統曆和伊斯蘭曆推算出的天文現象在時間上與實際相差較遠，於是多爾袞便請教湯若望。恰好這年八月出現了日食，按大統曆計算，誤差為兩刻（四小時），按伊斯蘭曆計算，誤差為四刻，而湯若望用西洋曆法推算，卻分毫不差。於是，清廷宣佈採用了湯若望的曆法（根據西洋曆法修訂），稱為「時憲曆」；湯若望也被任命為欽天監正（天文臺臺長）。

順治親政後，與湯若望建立了親密的關係，湯若望學識的廣博使求知欲極強的順治為之折服。順治曾二十四次親往教堂，與湯若望促膝長談；順治的十九歲生日就是在湯若望家裡過的。湯若望是個全才型的人，精於天文學、光學、火器、礦物學。他曾經治好了孝莊太后和皇后的病，順治親切地尊稱他為「瑪法」（在滿語中是爺爺的意思），而孝莊則稱他為「義父」。順治八年這一年，湯若望的官職就連升三級：從通議大夫到太僕侍卿，再到太常侍卿；兩年後，又賜給他「通玄教師」的尊號；到順治十五年，再賜「光祿大夫」的頭銜，官階為正一品，可謂無以復加。

順治親政的時間只有十年，而且是青少年時期的十年，他的政績雖比較明顯，卻不豐厚突出。談到他的失誤，恐怕要數禁海令了。

禁海令是順治推行的一大弊政，為了斷絕沿海居民與鄭成功的聯繫，順治於順治十二年六月下令，規定「無許片帆入海」，違者以通敵罪論處；第二年又下令：「凡沿海地方大小賊船可容灣泊登岸口子，各該督、撫、鎮俱嚴飭防守，各官相度行事，設法阻攔，或築土壩，或樹木柵，處處嚴防，不許片帆入口，一賊登岸。」到順治十八年，又頒佈了遷海令，勒令沿海五十里內的居民一律遷往內地，不許有人畜生存。具體做法是：將福建、廣東、浙江、江蘇、山東、河北六省沿海及島嶼的居民內遷三十到五十里，在沿海開出一片無人區。沿海居民多以漁業為生，因此禁海令等於切斷了他們的生路，而且詔令一下，清軍借機在沿海各地摧城毀居，約有數十萬沿海居民因不願或來不及遷居而喪生。

禁海令在順治的政治活動中並不佔有突出地位，但對中國命運來說，它卻顯得十分重要。我們指責清王朝「閉關鎖國」的時候，大多是指它的後期，其實，順治的禁海令就已顯端倪。禁海令之弊，不僅是給百姓的生計帶來巨大的災難，也使朝廷喪失了與異國進行經濟文化交流的機會。

對待異族文化一貫採取開放態度的順治為什麼下達禁海令？究其根由，恐怕是中國自給自足的自然經濟在統治者意識中留下的投影，「我天朝無所不有，焉用外求？」後來清朝統治者故步自封、夜郎自大的習性與此大有關係。

但順治很注意與蒙古、西藏的友好往來，這又如何解釋呢？順治的這類活動，本質上是一種政治活動，而不是經濟交流，在這一點上，他與努爾哈赤、皇太極一樣；禁海令是為了對鄭成功進行封鎖，也是基於政治目的。因此這兩方面並不矛盾。當然，其中還有一個因素，那就是清朝的統治者對大海的陌生與恐懼，慣於在廣闊的平原上驅馬持弓、縱橫馳騁的滿人，面對深邃的大海感到百般無奈、一籌莫展，只有望洋興嘆的份兒，既然不能為我所用，就乾脆禁了它！

縱觀順治朝，社會的步伐走向大致是由亂而治的，不論是多爾袞還是順治，都為緩和民族矛盾作出了較大的努力，而這種努力又顯示出一種傾向，那就是向漢民族文化靠攏。從這方面看，多爾袞、順治以及後來的康熙、雍正、乾隆都是明智的，順應當時政治形勢的。

但我認為，對於清朝初期和中期統治者的明智之舉不能評價過高，理由有二：

其一，滿人作為少數民族入主中原，面對比自己多數十倍的漢人，處境是非常艱難的，甚至是危險的，稍有頭腦者，即會考慮到如何處理民族矛盾的問題，多爾袞廢三餉、為崇禎下葬、祭孔、允許滿漢通婚、開科舉、任用漢臣，順治停止圈地、修正逃人法、減輕賦稅、整肅吏治、重用漢臣以及康、雍、乾的若干相關措施，都是對這個問題的考慮結果，通過這些政策，它們基本上取得了緩和滿漢矛盾、穩定社會的成效，這實在是不得已而為之。因此說它們明智是對的，但「明智」不等於「英明」。另一方面，我們羅列滿清統治者的明智措施的同時，也應當看到，這些措施是與圈地令、逃人法、投充法、剃髮令、禁關令、遷海令等等落後野蠻舉措並行的，這些弊政，促使民族矛盾加劇，也破壞了社會安定。

其二，滿清入關，從本質上講是一次歷史的大倒退。明代社會正在完成由封建主義生產方式向資本主義生產方式的轉化（儘管這一轉化的速度是緩慢的），但入了關的滿人，卻尚未完全脫離帶有濃重奴隸制色彩的游牧階段，他們確實較快地拋棄固有的制度模式，而接受著、追尋著漢民族的文化模式，這當然也是一種轉化，但這是一種低級形態的轉化，是華夏大地經歷了兩千多年的滄桑歲月已經完成了的轉化，滿人只不過是把歷史倒退回去，重新轉化一次而已。

在中國的歷史上，出現了兩次野蠻民族征服文明民族的例子，一是元朝統治華夏，二是滿清入主中原。當然，清朝統治者要比元朝統治者高明得多。

近年出版的書籍，對清朝初期、中期的統治者常有過譽之辭，讚美頌揚之態溢於言表，這實際上是一種偏頗，沒有注意到滿清統治者野蠻的、滯後的一面。

八、母子冤家

順治與母親孝莊皇太后似乎是一對冤家，二人的感情始終處於一種對立狀態，這是什麼原因呢？

有一種說法，「順治小時候貪玩，母后管教過嚴，這是家庭中的常理。」這種說法只是想當然的猜測。事實恰恰相反。從順治親政後勤奮讀書，累得嘔血這一點來看，他不是個先天貪玩的孩子，況且他說過，自己「又極嬌養，無人教訓，坐此失學」，這裡說「無人教訓」，當然不僅指多爾袞，也包括他的母親孝莊在內。可見，孝莊對童年順治，沒有盡到一個母親的責任，未能給兒子以良好的教育。順治後來對她的怨恨，這恐怕是其中的一個原因。

或許有人會說，清廷制度，皇子生下後即與生母分離，生母不負責對他的撫養和教育，甚至很少見面，因此孝莊是沒有責任的。這不對。順治在六歲以前是如此，但他登基以後就不一樣了，孝莊做了皇太后，母子可以直接相處了，順治每天都要向孝莊請安的，她有數不清的機會對順治進行教育。但直到順治十四歲親政時，居然連大臣的奏章都看不懂，人們不禁要發出這樣的詰問：順治從登基到親政，在這長長的八個年頭裡，孝莊都幹了些什麼呢？

因此，無論怎樣說，順治失學，孝莊都是難辭其咎的！為什麼會出現這種情況呢？有兩個可能，一是她沉浸於跟多爾袞的曖昧關係之中，情盛則智昏，因而疏忽了對兒子的教育；一是採用韜晦之計，她窺探出多爾袞的用意，就順水推舟，有意使順治顯得無知無識，從而麻痺多爾袞，讓他覺得順治沒有任何出息，也就對多爾袞構不成什麼威脅，而她，則在這種委屈苟且的情勢下等待時機。

順治方面，對母親孝莊的反感，恐怕主要來自她與多爾袞的曖昧關係上。上面我們分析過關於「太后下嫁」的真偽問題，是今人對往事的見解，而對生活在當時的順治來說，肯定會發現更多的跡象，退一步，即使像今天的許多學者說的那樣，絕無「太后下嫁」之事，順治也會看到張煌言那首詩的，該詩不能不在順治心裡掀起巨大的波瀾。

順治與孝莊的感情對立，突出地表現在順治的婚姻問題上；或者說，順治的愛情和婚姻生活，總是伴隨著他對孝莊的怨怒和抗爭。

順治的第一個妻子是多爾袞選定的博爾濟吉特氏，是孝莊的親姪女，順治八年正月，她的父親吳克善把她送進皇宮，順治卻拒絕大臣們提出的應在二月舉行婚典的建議，一直拖到八月，才勉強舉行了皇后冊封儀式。

順治的抵觸心理來自兩個方面，一是因為這門親事是多爾袞包辦的，二是孝莊，因為皇后是孝莊的姪女。他心裡的怨氣不便於言說，就一股腦兒發洩在皇后身上。

順治與皇后感情不好，還有另外的原因：皇后不懂漢語，不識漢字，性格上也與順治相差懸殊：皇后把宮中教坊司的女樂都換成了太監，引起了順治的不滿；她又講究奢華，器皿非金不用。因此順治說：「自冊立之始，即與朕志意不協。」結婚後，順治另居側宮，而皇后則獨守坤寧宮。兩年後，順治決定廢後，大臣們紛紛苦勸，順治毫不理睬，孝莊也無可奈何，於是，皇后被貶為靜妃。

順治十一年，在孝莊的操縱下，博爾濟吉特氏的兩姐妹被接進宮來，她們是蒙古科爾沁貝勒的兩個女兒，進宮後，姐姐被冊封為孝惠章皇后，妹妹被封為淑惠妃。但她們均受到順治的冷落，終身無子。

順治一生，有後妃十九人，但他的全部感情只傾注在一個人身上，她就是富有傳奇色彩的董鄂妃。

董鄂妃是內大臣鄂碩的女兒，隸屬正白旗，她原先嫁給了襄昭親王博穆博果爾，博穆博果爾是順治的同父異母弟弟（有人認董鄂妃不是襄昭親王而是另一個軍官的妻子）。

當時滿清有貴族命婦（朝臣的母親、妻子稱命婦）輪流入宮侍奉後妃的制度，董鄂妃就隨之進宮了。

順治愛上了董鄂妃，這是孝莊始料所不及的。為此，她在順治十一年四月，下令停止命婦入宮侍奉後妃的制度。不用說，這是衝著順治來的，不過已經晚了。

順治對董鄂妃的寵愛，在《清史稿・後妃傳》中有記載：「上眷之特厚，寵冠三宮，十三年八月立為賢妃，十二月進為皇貴妃。」僅僅四個月，就升了三極，而且董鄂氏被冊封為皇貴妃的時候，是按照冊立皇后的儀式頒詔天下的。這其中，除了由於對董鄂妃的深愛以外，恐怕也含有刺激孝莊的意味，孝莊看不中的人，順治偏要在規格上作出超越。

不幾天，順治又下詔太廟牌匾停寫蒙古字，只寫滿字和漢字。這是個貌似不起眼的更改，實際上卻是一聲強烈的反叛信號：順治的母親孝莊就是蒙古人。

在婚姻問題上，順治與孝莊之間的矛盾衝突，可以說是帝王個人的命運與皇室（乃至國家）的命運衝突的縮影。從皇室和國家的利益看，孝莊總體上是對的，具有政治家的眼光，因為通過與蒙古的聯姻可以達到鞏固大清政權的效果，努爾哈赤和皇太極在這方面都做得很成功；但我們也應該注意到，孝莊是有個人的小算盤的，她的公心中藏有一些私貨。在順治的十一個有封號的後妃中，竟有六個屬於博爾濟吉特氏，這難道是偶然的嗎？不，孝莊不遺餘力地把自己的娘家人拉進大清的皇宮，其用意是不言自明的，那就是在最大程度上鞏固和擴展自己的勢力。

在順治這方面，顯然毫不顧及什麼皇族的利益，只是任憑感情來支配自己的行為，愛情，在他的心目中具有沉重的砝碼。除此，對孝莊的叛逆心理也起著深刻的作用。

在皇族利益與皇帝個人命運的尖銳矛盾中，孝莊與順治的暗自較量始終沒有間斷……

順治十四年十月七日，董鄂妃產下一子，也就是皇四子。這時孝莊住京郊南苑，她恰逢身體不適，宮妃及大臣紛紛前往探視，順治和董鄂妃也在其中，孝莊把董鄂妃留在身邊，驅使左右，朝夕服侍，董鄂氏產後體弱，不堪重負，身體很快就垮了下來。結果，孝莊的身體剛剛痊癒，董鄂妃就病倒了。

此時皇后在宮中卻安閒自在，既不去探望皇太后，也沒派人問候孝莊的病情。順治怒不可遏，便向皇后問罪，斥責她在皇太后患病之際有失禮儀和孝道，並諭命大臣議皇后之罪，其實這正是廢後的舉措。

病中的董鄂妃得知此事，在順治面前長跪不起，再三懇求，以致泣不成聲，最後竟說，「陛下若遽廢皇后，妾必不敢生」，順治一時心軟，便將廢後的事擱置下來。

但宮廷生活總是不平靜的，廢後的風波總算過去了，董鄂妃剛滿百日的兒子卻莫名其妙地死去……

歷史上皇帝之子夭折的事情層出不窮，卻幾乎沒有一件非正常死亡的案例能夠查得水落石出！

親子夭折，對董鄂妃來說，是一個致命的打擊，她的精神和身體都垮了下來！這時皇后因受到順治的嚴厲譴責，恐慌過度，也病了。董鄂妃不顧自己的憔悴之軀，親到皇后身邊，細心照料，一連五個晝夜沒合眼……

董鄂妃對孝莊皇太后和皇后的殷勤態度並非出於巴結和媚上的品性，順治十六年春，早已被廢為靜妃的第一任皇后也病了，董鄂妃又前往照料，看護了三天三夜。從此事可以見出她純真善良的本性，這種本性在充滿陰謀和欺詐的宮廷中顯得尤其可貴。

然而，蒼天並沒有垂憐這個富有愛心的女子，順治十七年八月初八日，不堪病魔摧殘的董鄂妃悄悄地離開了人間，年方二十二歲。

如果說親子夭折是對董鄂妃致命的打擊，那麼董鄂妃辭世，也使順治的生命之路走到了盡頭。

順治悲痛欲絕，他傳諭王公大臣、公主皇妃、命婦等人一律到景運門哭喪，自己為此輟朝五日，官員命婦穿戴孝服二十七天，他追封董鄂妃為「端敬皇后」，還寫了長達四千字的悼念之文〈端敬皇后行狀〉，寄託自己的哀思。

附帶提一下，世傳董鄂妃就是秦淮名妓董小宛，清軍南下，將她擄到北京，先是留在王府，又被孝莊要到身邊做侍女，順治喜歡她，於是就選她做了妃子。此說大謬。董小宛原為江南名士冒襄（字辟疆）之妾，她與冒襄在崇禎十二年相識時已經十六歲了，而順治那時才兩歲，董鄂妃才一歲，董小宛的年齡比順治大十四歲，比董鄂妃大十五歲。且董小宛於二十八歲（即順治八年）就已經病死，當時順治才十四歲。所以，董鄂妃與董小宛並非是同一個人。

九、西方衲子

正當順治在基督教的世界裡津津有味地吸收著精神營養的時候，另一種宗教悄悄地闖入了他的生活，那就是在中國的土地上早已生根的佛教。

佛教大約在西漢末年（西元前後）傳入中國，到魏晉時期，佛教與老莊玄學思想相融合，逐漸得到廣泛傳播，到隋唐，已經是學派林立，蔚為壯觀了，如天臺宗、律宗、淨土宗、法相宗、華嚴宗等，而最有實力的則是禪宗。禪宗在發展過程中，又分化成曹洞、雲門、法眼、溈仰、臨濟五宗，其中又以曹洞、臨濟影響最大。

順治接觸佛教，是在他親政不久。一次，他出獵回來，在景忠山遇見了別山法師，回京後，即在西苑的椒園辟出萬善殿，請別山法師進宮，在殿中修身。雖然別山法師不久就回了景忠山，但他給順治留下了深刻的印象。兩年後，順治又把他請來，住在椒園，並賜號「慧善普應禪師」。

真正使順治遁入佛門的是京師海會寺的主持憨璞聰、浙江湖州報恩寺的主持玉林琇、浙江寧波天童寺的主持木陳忞，還有玉林琇的弟子茚溪森，他們都是臨濟宗的著名法師。由於該宗的傳教方法是通過語言交流誘導對方領悟佛理，因此這些法師一個個能言善辯，口若懸河。

與順治相處時間最長的是木陳忞，二人朝夕相處長達九個月。木陳忞不但精通佛法，而且熟諳孔孟老莊、詩詞曲文、戲曲繪畫，又寫得一手好字，因此順治對他很是欽佩，加上能說會道的一張嘴，年輕的順治就被他拖入五里霧中，不知所以。木陳忞逢迎順治，而順治也自以為有靈性，得了佛的真傳，二人在一起促膝切磋，談古論今，廢寢忘食，不勝投機，真有相見恨晚之深情。

順治曾請玉林琇為他取一個字樣醜一些的法號，玉林琇為他取法名「行癡」，法號「癡道人」，木陳忞又為之取法名「慧橐」、「山臆」。

在順治的影響下，原來就信佛的孝莊皇太后更加虔誠起來，董鄂妃也信起佛來，宮中的太監宮女也紛紛拜佛參禪，整個紫禁城，宛若一座大佛堂！

癡迷於宗教，對於一個普通人來說，不能算是一個大缺憾，但對一個帝王而言，卻是非常危險的。

然而順治並沒有或者根本就不想作出理性的反思，兒子的夭折和董鄂妃的死使他遭受到毀滅性的打擊，從此進一步陷入了宗教的泥坑而不能自拔。據統計，在董鄂妃死去的兩個月內，順治到法師的館舍達三十八次之多，經常徹夜不寐，說禪論道。相傳出自順治手筆的〈西山天臺山慈善寺題壁詩〉頗能顯示他在這段時間對人生的態度：「朕為大地山河主，憂國憂民事轉煩。百年三萬六千日，不及僧家半日閑。」這是拿皇帝與僧家相比。

「世間難比出家人，無牽無掛得安閒。口中吃得清和味，身上常穿百衲衣。」這是拿普通人與出家人相比。「禹尊九州湯伐夏，秦吞六國漢登基，古來多少英雄漢，南北山頭臥土泥。」這是說聖賢英雄的虛無歸宿。

「黃袍換卻紫袈裟，只為當初一念差。我本西方一衲子，緣何生在帝王家？十八年來不自由，南征北戰幾時休？朕今撒手歸西去，管你萬代與千秋！」悲到極點，也無所謂悲，此八句已經將塵世萬事拋卻淨盡了！

順治十七年十月，萬念俱灰的順治決心放棄帝位，在西苑（中南海）萬善殿舉行了皈依佛門的淨髮儀式，由茆溪森為他剃度。

順治成了一位真正的僧人！

孝莊聞訊，驚恐不已，急忙派人把茆溪森的師傅玉林琇請來，玉林琇對弟子的舉動大為惱怒，立即命其他弟子架起柴堆，要燒死茆溪森，以示嚴懲。順治無奈，只好答應還俗，算是救了茆溪森一命。

十、悲哀的圓寂

順治十八年正月初，順治臥病不起，他知道自己的日子不多了，便密召禮部侍郎兼翰林院大學士王熙來到養心殿，讓他記錄有關傳位的遺詔，兩人談了很久。談話的具體內容，王熙從未向別人透露過，但可以肯定，他會向孝莊作詳細彙報的。順治親政的十年期間，身邊時時都有孝莊的影子，在這生命的最後時刻，他的每一個舉動自然也逃不過孝莊的眼睛。

此時順治年僅二十四虛歲，兒子都年幼，因此他想在兄弟之間選一個繼承人，他們是，從兄輔國公葉布舒、從兄鎮國公高塞、從兄輔國公常舒、從弟輔國公韜塞，這四個人中最後選定了誰，沒有透露出來。

孝莊得報，焦急憤慨之情可想而知，立即集合親王們召開緊急會議，湯若望也到場了。會上，孝莊激烈反對順治的主意，而堅持在皇子中選拔繼承人，理由是兄弟繼承皇位不利於帝業的穩定，容易引起混亂。親王們自然附和孝莊的旨意，順治共有八個兒子，四個夭折，選哪個皇子呢？湯若望提出，活著的四個皇子中，惟有皇三子玄燁生過天花，身體有了免疫力，以後不會再生這種病了，而其他三個皇子都沒生過，因此以玄燁繼位最合適。

於是，年僅八歲、一臉痲子的玄燁就入選為皇位繼承人。

在傳位問題上，順治與孝莊展開了最後的較量，結果他失敗了，敗得不堪一擊。

這段糾葛所隱含的深刻內容，被許多寫歷史的人忽略了。讓我們看看順治與孝莊各自立場的是與非。

我認為，從總體看，順治是正確的，內心是無私的，坦蕩的。其一，他從成年的從兄弟中物色繼承人，堅持了優選的原則，他們都是有一定才能和經驗的人，選他們，顯然對朝廷和國家有利。

其二，他不選兒子而選兄弟，說明他的內心是坦蕩的，他考慮的是整個皇室的命運，而不是自己這支血脈的私利。

其三，他這樣做有可能暗含著對孝莊的抗爭心理，他預料到他的兒子繼位後大權必定落到孝莊手裡，於是主張讓不會甘心受孝莊操縱的從兄弟繼位。

孝莊的主張是錯誤的，內心是自私的，陰暗的。其一，兄弟繼位會影響帝業的穩定的說法是站不住的，在中國歷史上，我們能夠找到許多例子：漢代惠帝（劉盈）之後是文帝（劉恒），他是惠帝的異母弟弟；唐代中宗的皇位由弟弟睿宗繼承，敬宗的皇位由弟弟文宗繼承，文宗之後的武宗也是敬宗弟弟；宋代開國皇帝趙匡胤的皇位傳給了弟弟趙光義……在這些例子中，我們看不到對帝業有什麼壞的影響，也沒有引起大的混亂。

其二，選擇童年皇子繼位有很大的弊病，甚至有很大的危險，那就是皇權旁落，不是落在權臣手裡，就是落在宦官手裡，抑或落在外戚手裡。歷代因帝王年幼而導致朝政混亂的例子不勝枚舉，孝莊不會不懂得其中的厲害，後來的事實也證明了這一點，大權果然落在了鼇拜手裡，玄燁成了任其擺佈的傀儡。當然，後來鼇拜被玄燁擊敗了，而且這位康熙皇帝很有出息，但這是歷史的偶然，我們沒有理由說孝莊有先見之明。

其三，孝莊既然明明知道兒童皇帝所面臨的風險，為什麼偏要這樣做呢？只有一個解釋：她想操縱大清朝廷。順治是她的兒子，而玄燁又是順治的兒子，那麼，玄燁做了皇帝，她自然而然地就成了太皇太后，對親孫子就有相當大的影響力和支配力；反之，順治的從兄弟做了皇帝，情形就大大不同了，他們不是她的血脈，甚至他們的母親沒有一個是博爾濟吉特氏，她的下場只能是黯然地退出政治舞臺。

由此看來，孝莊的心靈遠沒有今天的某些評論家說得那麼高尚聖潔，她的小算盤多著呢！

順治十八年正月初七日夜子時，年僅二十四歲的多情天子順治皇帝在紫禁城養心殿溘然長逝了……

順治的一生是短暫的。作為皇帝，該做的事，他努力去做了：在基本國策上，他主張寬仁為主；在對待異族文化的態度上，他比他的前輩表現得更加開放，這是難能可貴的。從個人品格看，他聰敏、勤奮，富有感情，有追求，也任性，急躁。就其命運而言，他是悲苦的，童年受到多爾袞的欺侮凌辱，且被母后的緋聞所纏繞；在政事上，他與母后常有摩擦，在婚事上，則與母后格格不入；又遭喪子亡妻之痛……終於，在真正意義上的生命剛剛開始的時候，他就匆匆離開了人世！

他不適合做皇帝，也不願做皇帝，他殷切地嚮往著人倫的幸福，執著地追求著自己的信仰，然而，他卻偏偏做了皇帝，權力場像一把巨大的鐵鉗，把他的嚮往和追求剪得粉碎……

他死了，他太累了，他進入了佛的境界，這叫圓寂，也叫涅槃。但他的靈魂在向西天走去的時候，卻不能平靜……

在順治死後的第三天，也就是初九的早晨，一份順治帝的《罪己詔》在天安門外宣佈了，詔書中，順治為自己羅列了十四大罪狀：不敬祖宗、不孝母后、怠於政事、親近宦官、寵溺董妃、崇漢抑滿、生活糜費等等，按大清刑律，這麼多、這麼嚴重的罪行，凌遲處死都算是討了個大便宜。

這份《罪己詔》顯然是孝莊炮製的。

有人認為，《罪己詔》有可能是順治自己寫的，因為他先信奉基督教，又信奉佛教，因此有原罪意識和自省意識。

這是一個沒有力度的推測。它迴避了四個事實：其一，遺詔（即《罪己詔》）是應當在皇帝駕崩之後當場宣讀的，為什麼要拖延三天之後才公佈？有人懷疑這樣做是為了留出篡改的時間，這種懷疑是有理由的。其二，順治彌留之際，傳王熙到養心殿，替他草擬詔書，王熙聽了以後，退到乾清門下西圍屏內撰寫，經三次改動。遺詔公佈後，王熙把有關記錄文字全部燒掉，從此對這件事守口如瓶，如此跡象，已經引起了許多學者的懷疑。其三，《罪己詔》中的自責，多是孝莊對順治的不滿之處。按順治的性格，按他生前對孝莊的逆反心理，他決不會為了讓母親滿意而按照她的意願來指責自己的。其四，孝莊將這份自我貶斥的「詔書」公佈出來，這本身就是一種違反常理的行為。讓我們後退一步，假定《罪己詔》真是順治寫的，那麼，從理智上講，這種損害帝王形象、也損害整個皇室形象的「詔書」是完全可以密而不發的；從感情上講，孝莊也不應當忍心往剛剛死去的兒子臉上抹黑、潑髒水。

那麼，孝莊為什麼要炮製這份《罪己詔》而且公之於世呢？

答曰：從感情上看，是報復；從理智上看，是證明自己的正確，同時也震懾、警戒下一任皇帝。

順治親政以來，許多事與孝莊意見相違，尤其在婚事上，屢屢使孝莊難堪，這使孝莊的尊嚴大受傷害。更有甚者，順治對多爾袞掘墳鞭屍的過激行動，在某種意義上講，是提醒了人們對她與多爾袞往事（至少是有關二人曖昧關係的輿論）的回憶，實際上等於將這則醜聞再一次張揚，這種仇恨，孝莊是終生都不會忘記的。這是感情方面的分析。

在孝莊看來，順治的重感情、任性、急躁的性格是一個帝王絕不應該有的，因此這份《罪己詔》就成了他的繼承人玄燁的反面教材。孝莊不能在孫子玄燁面前批評兒子順治，因為順治畢竟是玄燁的父親，於是，順治的《罪己詔》就成了孝莊表達自己思想的最佳方式。這是理智方面的分析。

結論：《罪己詔》是孝莊炮製的；即使順治真的寫了《罪己詔》，孝莊也按照自己的意願做了手腳，添加了她自己想說的話。

小插曲：順治死後不久，董鄂妃的妹妹貞妃殉葬了。董鄂妃死後，失魂落魄的順治曾一度在貞妃那裡尋求精神寄託，二人有過短暫的恩愛，就連這，也逃不過孝莊的眼睛，貞妃僅僅因為給予了順治一絲心靈慰藉而喪失了生命，這是多麼昂貴的代價啊！

可以肯定地說，貞妃殉葬是違背順治意願的。順治信奉過耶穌，又癡迷於佛教，不會讓自己所愛的人殉葬。最有力的證據是，當玉林琇表示，如果順治不放棄出家的念頭，就把弟子茆溪森燒死，順治立即作了讓步，蓄髮還俗了。為什麼？因為他不想讓茆溪森為他而死。由此可以斷定，對貞妃，他絕對不會令其殉葬的。

當年皇太極等兄弟逼迫庶母阿巴亥殉葬，因為她是他們奪權的障礙，但今天，貞妃對於孝莊，是沒有任何威脅的，孝莊何必要做此安排？

當然，她受了順治的牽連。但還有其他的因素，那就是一個寡居的老女人對承恩少女本能的、咬牙切齒的嫉妒。

四月十七日，茆溪森主持了順治的火化儀式。

世傳順治沒有死，而是到五臺山出家當了和尚，康熙繼位後曾多次去五臺山覲見父親，但順治沒有與他相認云云，更有清初詩人吳梅村在〈清涼山贊佛詩〉中，把順治出家修道生活寫得似隱若現、出神入化。

但今之研究者多認為順治沒有出家，他確實死去了。《清世祖實錄》載：順治十八年正月初一，順治不能上朝，免去了群臣朝賀的禮儀，但派官員祭祀太廟；初二，順治身體不適；初六，順治「大漸」（病情危急），遣大臣傳諭，「京城內，除十惡死罪外，其餘死罪及各項罪犯，悉行釋放」。初七子刻，「上崩於養心殿。」大赦天下是歷代帝王交替時的慣例，現在釋放罪犯，顯然是此類徵兆。

兵部督捕主事張宸的《平圃雜記》中還提到，在初六傳諭大赦的同時，還傳諭民間不得炒豆，不得點燈，不得倒垃圾。只有在皇帝「出痘」（患天花）的情況下，才會命令百姓不准犯這些忌諱。

禮部侍郎兼翰林院大學士王熙在《自撰年譜》中提到了順治彌留之際的情形，順治召見王熙，對他說：我患了痘症，不久於人世了。

根據這些資料，很多學者認為，順治是患天花而死的。

第二章　走向盛世

順治十八年正月初九日，也就是順治皇帝離世的第三天，八歲的玄燁正式登基，以明年為康熙元年。康，是安樂，廣大；熙，是光明，興盛。

康熙的生母佟佳氏出身低微，是固山額真佟圖賴之女，入宮時，為順治妃。順治十一年，她生下了兒子玄燁，當時天花流行，玄燁就被乳母孫氏抱出紫禁城，安頓在西華門外的一座宅院裡，這乳母孫氏的丈夫曹璽是漢軍正白旗，是皇室的包衣（奴隸），他就是《紅樓夢》的作者曹雪芹的曾祖父。玄燁兩歲時，生了天花，在曹璽夫婦的悉心照料下，他居然活了下來，但落下了一臉麻子。他在晚年回憶起這段經歷時說：「朕幼年時未經出痘，令保姆護視於紫禁城外，父母膝下未得一日承歡，此朕六十年來抱憾之處。」

他當然不會料到，正是遭受天花病魔纏繞的經歷，使他登上了帝王的寶座。

康熙登基後，才真正地享受到母子之間的天倫親情，童年的玄燁十分孝順，母親生病時，他「朝夕虔侍，親嚐湯藥，目不交睫，衣不解帶」。康熙元年十月，康熙尊母親為「慈和皇太后」，但佟佳氏命薄，只做了四個月的皇太后，就離開人世了。康熙悲痛欲絕，水米不進。

八歲喪父、十歲失母的康熙在小小年紀便體驗到親情的失落，這時他與祖母孝莊太皇太后建立了深厚的感情。如果說孝莊在兒子福臨身上沒有完全盡到教養責任的話，那麼她對孫子玄燁則是百般關懷，悉心撫育的。她對康熙的教育可以說是全方位的，從讀書寫字到健身習武，從飲食起居到待人接物，都給予嚴格的要求，康熙曾說：「朕自幼齡學步能言時，即奉聖祖母慈訓，凡飲食、動履、言語，皆有規度，雖平居獨處，亦教以罔敢越軼，少不然即加督過，賴是以克有成。」康熙學習十分刻苦，學滿文、蒙文、漢文，從「三百千」（《三字經》、《百家姓》、《千字文》）到四書（《大學》、《中庸》、《論語》、《孟子》），好學不倦，無論寒暑。他給自己規定，每一段都要朗讀一百二十遍，然後背誦一百二十遍，「日所讀者必使字字成誦，從來不肯自欺」。在學文的同時，康熙還保持祖輩的傳統，注意習武，他騎馬和射箭的技術都很嫻熟。

康熙不喜歡飲酒，曾經一度染上了吸煙的習慣，但經孝莊的耐心教育，很快就戒掉了。後來他回憶道：「憶自弱齡，早失怙恃，趨承祖母膝下三十餘年，鞠養教誨，以至有成，設無祖母太皇太后，斷不能致有今日成立。」

康熙自幼胸懷大志，一次，順治問幾個皇子長大之後有何志向，皇五子常寧才三歲，不能答；皇二子福全答道：「願為賢王。」六歲的皇三子玄燁則回答：「待長而效法父皇，黽勉盡力。」玄燁繼位後，太皇太后孝莊問其志，他說：「惟天下乂安，生民樂業，共用太平之福而已。」

一、智除鼇拜

孝莊接受了順治幼年即位後皇叔多爾袞專權的教訓，特意選了皇族以外的索尼、蘇克薩哈、遏必隆、鼇拜四位大臣輔政。彌留之際的順治順從了母親的意志，下了詔書。

孝莊的算盤打錯了！他至少犯了兩個大的錯誤：皇權確實沒落到皇叔們的手裡，卻拱手讓給了外姓權臣，此其一；孝莊選的四個人，除了索尼有文化，精通滿、蒙、漢三種語言文字外，其他三人幾乎都是目不識丁的一介武夫，此其二。

開始的時候，四大輔臣很有些受寵若驚，因為身分高貴的親王們都無此殊榮，便表示辭讓，但諸王知道其中的奧妙，勸他們就位，說道：「大行皇帝（初死尚未安葬的皇帝，此指順治）深知汝四人之心，故委以國家重務，詔旨甚明，誰敢干預？」

從排列次序看，鼇拜在最後。但索尼是正黃旗人，遏必隆和鼇拜是鑲黃旗人，而蘇克薩哈是正白旗人，他們雖然都屬於「上三旗」，但兩黃旗是皇帝親軍，屬於「天子自將之師」，因此蘇克薩哈在地位上就比其他三人略遜一籌，同時，他的爵位也在遏必隆和鼇拜之下。另一方面，蘇克薩哈原來是多爾袞的部下，因為對多爾袞反戈一擊立了功，才受到重用，因此鼇拜很看不起他。這樣，無形之中，蘇克薩哈就排到末尾了。索尼雖然德高望重，戰功卓著，但畢竟年事已高，且身體羸弱，喪失了競爭鋒芒；遏必隆為人軟弱，缺乏主見，他覺察到鼇拜咄咄逼人的架勢，在上朝的時候就故意放慢腳步，好讓鼇拜走在自己的前面，遇事總是附和鰲拜。漸漸地，鰲拜在四大輔臣中佔據了主要地位。

鰲拜跟隨皇太極東征西討，出生入死，屢立戰功。此人頗有些俠肝義膽，多爾袞攝政時，專橫跋扈，人皆懼之，而鰲拜則屢屢與他對抗，因此他也多次受到多爾袞的排擠打擊，落得個有功無賞，無罪受罰，因此順治親政後格外賞識他。

鰲拜輔政，繼續實行順治年間輕徭薄賦的政策，鼓勵百姓開墾荒地，在他輔政的八年中，先後諭令豁免錢糧達一百七十四次，涉及十六個省七、八百個州縣。對無人耕種的餘田，招民開墾，直隸、山東、陝西、山西、甘肅、河南、湖北、湖南、兩廣等地，開墾的農田多達二十餘萬頃，占當時全國耕地總面積的二十分之一……

應當說，鰲拜做事是很賣力的。但他是個缺乏城府的人，忘記了或者根本就沒有留意多爾袞的教訓，完全忽視了君臣關係中應當把握的分寸，他無視康熙的存在，自恃功高，大權獨攬。同時，他也低估了康熙的志向和能力。一次，鰲拜裝病，康熙前往其府邸探視，鰲拜躺在床上，康熙的侍衛和托很警覺，感到一些異樣，便猛地掀開鰲拜的被子，發現席子下面藏著一把刀，這個局面對雙方來說都很尷尬，但康熙機智地笑道：「刀不離身，是滿洲人的故俗，不足為怪。」之後像沒事似的，言談如常。

鰲拜勢力的膨脹，使得朝臣們紛紛依附於他，而他也極力培植自己的黨羽，以至於「文武各官，盡出伊門下」。對於不肯投靠他的人，他則不遺餘力地進行迫害和打擊。

更有甚者，鰲拜竟對久負盛名的湯若望下手了。前面講到，湯若望是深受皇室君臣敬重的西方傳教士，被孝莊尊為「義父」，被順治稱為「瑪法」（爺爺），但這個昔日皇室的座上客，卻被鼇拜一下子貶為階下囚。

事情發端於順治末年，一個學識淺薄卻自作聰明的欽天監成員楊光先寫了〈摘謬論〉和〈辟邪論〉兩篇長文送到禮部，攻擊基督教和西洋曆法，指名道姓地聲討湯若望以西洋曆法取代中國傳統曆法是蔑視大清威嚴。他在〈辟邪論〉中，以一副敬祖愛國的面目叫嚷說：「光先之愚見，寧可中國無好曆法，不可使中國有西洋人，吾懼其揮金如土，以收吾天下之心，如抱火於積薪，而禍至無日也。」他把此文印刷了五千份，到處散發，尤其是那些反對西方文化的權貴們，借此取得他們的支持。

由於當時順治推崇湯若望，因此禮部對楊光先沒有理睬。到康熙繼位後，湯若望中風病倒，由比利時人南懷仁主持欽天監事務。康熙三年，楊光先聯合一批儒生、回教徒再次聲討湯若望，指控湯若望犯了三大罪狀：一，陰謀叛逆；二，宣揚邪教；三，散佈謬誤的天算學。

以鼇拜為首的輔臣們一方面由於對曆法的無知（索尼儘管是他們當中文化最高的，但對曆法卻是十足的門外漢），一方面基於守舊的立場而視西洋文化為皇權之威脅，竟然作出了駭人聽聞的判決：將湯若望凌遲處死！

孝莊聞訊，怒不可遏，嚴詞責問道：「湯若望向為先帝信任，禮待極重，爾等俱忘卻，而欲置之死耶？」恰好北京地區發生了地震，孝莊以上天震怒為由駁回了判決。但這僅僅使病入膏肓的湯若望免於一死，而欽天監的李祖白等五名官員則被判處死刑，另一位曆法專家、比利時人南懷仁則鋃鐺入獄。不久，居住在北京的二十五名外國傳教士被驅逐出境，外地的傳教士被押送至京接受審判……

而楊光先，則風風光光地就任欽天監監正。

較量的結果：謬誤戰勝了真理，這是科學的悲劇！

謬誤戰勝真理的實例，在西方科學史上也是層出不窮的。值得注意的是，楊光先戰勝了湯若望，是披著愛國的外衣完成的，用祖宗的、傳統的東西來排斥、摧毀外來的東西，而這種思維在中國近代史上屢屢能夠取得相當眾多的國民支持。因此，這場鬥爭不僅是科學領域的悲劇，更是國家的、歷史的悲劇！

鼇拜的所作所為，孝莊不能不有所警覺，她在憂慮著大清皇室的前程，思謀著遏制鼇拜的途徑……

清廷中，黃、白兩旗的矛盾是由來已久的。努爾哈赤晚年，將自己的正黃旗和鑲黃旗留給了三個兒子阿濟格、多爾袞和多鐸；皇太極繼位後，為了加強統治，就把自己統領的正白旗、鑲白旗改為正黃旗、鑲黃旗，而將原來的正黃旗、鑲黃旗改為正白旗和鑲白旗。這樣一來，兩黃旗和兩白旗之間就產生了矛盾和摩擦，到皇太極死時，關係已經十分緊張。多爾袞攝政後，極力壓制曾經反對他的兩白旗，索尼、遏必隆、鼇拜均受到他的迫害和打擊。多爾袞死，順治親政，兩白旗因多爾袞的被清算而勢力大跌，蘇克薩哈便處於弱勢的地位。如今，順治也死了，他的處境更加孤立了。

孝莊分析了四大輔臣的力量對比和矛盾，確定了自己的對策，那就是政治平衡術。康熙四年九月初八，她為十二歲的玄燁舉行了大婚典禮，皇后是索尼的兒子內大臣噶布喇之女赫舍里氏，這一步棋走得很巧妙，將索尼和他的正黃旗拉了過來，從而擴大了皇室的力量，使鼇拜的勢力受挫。細心的孝莊在冊封赫舍里氏為皇后的同時，又冊封遏必隆的女兒為貴妃，這樣，就使遏必隆與鼇拜之間拉開了心理距離。果然，鼇拜對這一結果大為光火，竟入宮「奏阻」。

康熙大婚的第二年，鼇拜製造了一起震驚朝野的大案。

清軍初入中原時，攝政王多爾袞依仗自己的權勢將薊縣、遵化、遷安等一帶肥沃的土地圈佔給正白旗，而把保定、河間、涿州一帶較為貧瘠的土地撥給了鑲黃旗。二十多年過去了，鼇拜忽然要翻老賬，認為土地分配不公，要求把屬於正白旗的薊縣、遵化等地撥給鑲黃旗，然後另外圈地撥給正白旗。

不必說，這一主張首先遭到正白旗旗主蘇克薩哈的反對，但鼇拜直接向戶部下達指令，要他們丈量土地，劃定地界。

事情傳揚出去，保定、遵化等地的漢族百姓惶恐不安，就連旗人也覺得無所適從，既然旗地要換，民地待圈，那麼就沒法進行農業生產了，於是，耕作廢棄，田園荒蕪。各級官員對此決定也大為不滿，因為換地會帶來諸多麻煩，也會引起很大混亂，起而反對的是大學士兼戶部尚書蘇納海，直隸、山東、河南三省總督朱昌祚，保定巡撫王登聯。鼇拜惱羞成怒，以「藐視上命」、「紛更妄奏」的罪名，要將三人論死。康熙心知三人冤枉，就召集輔政四大臣商議，鼇拜堅決要求將三人處以極刑，索尼和遏必隆隨聲附和，原來堅決反對換地的蘇克薩哈此刻也不敢吱聲了。按說，輔臣們都已經統一到鼇拜的意見上去了。但康熙沒有同意，他批准了刑部擬定的處罰：將三人各罰一百鞭，沒收其家產。但鼇拜不甘心，竟矯旨將三人處死了。

又過了一年，康熙十四歲了，索尼出面聯絡蘇克薩哈、遏必隆逼迫鼇拜一同奏請康熙親政。

孝莊心知肚明，卻故意做出姿態，她將奏章「留中」（把臣下的奏章留在宮中，既不交議，也不批示）。這年六月，索尼去世了，拖到七月，才公佈了這道「留中」奏章的批答，「經太皇太后諭允，擇吉親政」，但孝莊不想把這個彎兒轉得太猛，為緩衝計，便說：「帝尚幼沖，如爾等俱謝政，天下事何能獨理？」鼇拜順勢回答：「主上躬親萬機，臣等仍行佐理。」

格局出現了微妙的轉機，天平向皇室方面傾斜少許——康熙畢竟親政了。

但總體上看，康熙的處境並不樂觀。既然太皇太后委託輔政大臣「仍行佐理」，那麼鼇拜繼續把持朝政就是名正言順的了，況且，朝廷上下的文武官員大都依附鼇拜，反對者則敢怒而不敢言，就連康熙身邊的御前侍衛也多被鼇拜收買，他們不斷地在康熙面前讚揚鼇拜的功德，實際上，康熙的一舉一動，都逃不過鼇拜的耳目。

權欲極重的鼇拜，不知自忌，自傲跋扈，全不把康熙這個小皇帝放在眼裡，儼然一副太上皇的姿態，在皇帝和眾臣面前指手畫腳。他常常頂撞康熙，也常常當著康熙的面訓斥大臣。康熙八年元旦舉行朝賀時，鼇拜居然像康熙一樣身穿黃袍，僅帽頂與康熙不同：康熙是龍珠，鼇拜是紅絨結。

要想扳倒鼇拜，實在太難了！

此時，因為索尼去世，蘇克薩哈便成為輔臣之首。他上疏請求辭去輔臣之任，並表示要去遵化守護順治的陵寢。這是一聲帶有挑戰性的信號：輔臣之首已經辭任了，其他的輔臣還賴在那裡做什麼呢？顯然，蘇克薩哈是想把鼇拜一起拉下來。

可惜蘇克薩哈低估了鼇拜的力量。鼇拜自然窺見蘇克薩哈的用心，一時惱羞成怒，他絕不想從輔臣的位子上退卻，於是污蔑蘇克薩哈反對康熙親政，並為蘇克薩哈羅織罪狀達二十四條，奏請康熙將蘇克薩哈和其長子內大臣查克旦凌遲處死，其子六人，其孫一人，其兄弟之子二人一律處斬。康熙不准，鼇拜一連七日強奏，在朝廷之上氣勢洶洶地掄著手臂大叫大嚷，少年康熙為他咄咄逼人的氣勢所震懾，最後，不得不屈從，只是將蘇克薩哈的磔刑改為絞刑，就這樣，薩克薩哈一家十口人慘死在鼇拜的淫威之下。

連首輔大臣都能殺，有誰還能遏制鼇拜呢？孝莊和康熙陷入了極度困厄的境地。

不久，一名禮部侍郎辭去了自己的職務，進了皇宮，做了一等侍衛，這個悄然的人事變動沒有引起任何人的注意，就連羽翼廣布的鼇拜也沒留心。

這個人叫索額圖，是索尼的第三子，也就是皇后的叔父。那以後，宮廷裡就經常聚集著一群貴族子弟，練習「布庫」。布庫是滿人傳統的一種角力遊戲，類似摔跤。康熙也跟他們一起耍鬧，玩得津津有味。鼇拜進宮時，他們也不躲避，鼇拜見少年康熙沉溺於紈絝子弟式的遊戲之中，心裡暗自高興⋯⋯

康熙八年五月，鼇拜的一些親信被康熙派到外地去了，鼇拜沒當回事。十六日這天，他奉召入宮，剛剛走進南書房，以索額圖為首的一群少年突然蜂擁而上，將他按到在地，鼇拜還沒弄清是怎麼回事，就已經被捆綁得結結實實。這時，康熙傳諭康親王傑書擬定鼇拜欺君擅權、紊國亂政、枉殺蘇克薩哈一族、偏袒本旗、逼勒皇上等罪狀共三十條，判以斬首之刑，籍沒其家產。鼇拜在獄中要求覲見康熙，讓他看看自己為了救康熙的祖父皇太極而留下的瘡疤，康熙念鼇拜往日的顯赫戰功，免除了他的死刑，判了永遠監禁。不久，鼇拜死於禁所。

瞬息之間，康熙便乾脆俐落地除掉了皇室的攔路虎。

二、平定三藩

清軍入主中原之初，為了鎮壓南方明朝殘餘勢力和農民武裝，朝廷安置了四個藩王，他們是：駐守雲南的平西王吳三桂、駐守福建的靖南王耿仲明（後耿仲明與其子耿繼茂相繼死亡，其孫耿精忠襲其藩王爵位）、駐守廣東的平南王尚可喜，還有個定南王孔有德，但孔有德早在順治九年死去，故只剩下三王，這三股勢力合稱「三藩」。

清軍入關之後，因為滿兵太少，攝政王多爾衮不得不利用吳三桂等漢族將領平定反清勢力，順治親政後，設立藩王，就帶有割據的性質了，這是順治的一大失誤。。

順治也不是沒有顧慮的，為了使三藩與朝廷結成休戚與共的關係，他以聯姻的方式來加強君臣之間的凝聚力：將自己的妹妹和碩長公主下嫁給吳三桂的長子吳應熊，並授他為和碩額駙（額駙即駙馬）；將和碩顯親王丹臻的姐姐賜號和碩格格，下嫁耿精忠；將固山貝子蘇布圖之女賜號固山格格，下嫁耿昭忠；將五皇兄碩塞之女封和碩公主，下嫁尚可喜之七子尚之隆。這樣，皇室與三王之間就建立起親緣關係。

但順治錯了，他的努力並沒有取得應有的效果。

開始，三藩確實在剪除反清力量方面為朝廷立了功，穩定了南方的局面，但不久，就演化為地方割據勢力，實際上成了獨立王國。

三藩之中，以吳三桂勢力最大。他掌握著官吏的任命大權，甚至他所選之人還派到外省去做官，名曰「西選」，由於全國各地均有吳三桂推薦的官員，因此有「西選之官滿天下」的說法。他手中擁有五十三佐領，一萬兩千綠旗兵，丁口數萬，每年消耗國庫九百餘萬兩白銀；還在自己的轄區內大片侵佔百姓的土地；又徵收錢糧，設立稅卡；且向少數民族的土司勒索財物；更有甚者，他竟自行鑄造錢幣，從而造成國家財政的混亂；又在各地安插自己的黨羽，刺探朝廷情報，其子吳應熊長居京師，是吳三桂在京城的耳目，朝廷每有要事，必「日夕飛報」。

吳三桂以雲南桂王朱由榔所居的五華山舊宮為「藩邸」，加以擴建，亭臺樓閣，富麗堂皇，廣置歌童舞女，終日絲竹繚繞，外出則錦繡華蓋，旌旗蔽日。其麾下爪牙，皆飛揚跋扈，如狼似虎。

吳三桂還囤積糧草，儲備火藥，鍛造武器，購買馬匹，訓練士卒……

福建、廣東兩藩的情況也類似，「勒索銀米」，「所屬私市私稅，每歲所獲銀兩不下數百萬」，而且還奪人田廬，掠人子女，其兵將橫行四方，為非作歹，竟有殺人解悶者，割行人之肉餵狗者，百姓不堪其害，……

三藩先是朝廷的累贅，「天下財富半耗於三藩」，後來便被朝廷視為威脅了！

眼看著三藩的勢力一天天膨脹，康熙憂心忡忡，卻一籌莫展。

可巧，康熙十二年，尚可喜上疏要求回遼東養老，留其兒子尚之信鎮守廣東。年輕氣盛的康熙早就打算裁撤三藩，自然不會放過這個大好機會，當即決定允准尚可喜的奏請，並以「不使父子分離」為由，令其全家均遷往遼東，其屬下的綠營軍歸廣東提督管轄。

吳三桂和耿精忠得到消息，都有所警覺，便同時上疏請求撤藩，以此試探朝廷的意向。

康熙立即召集群臣商議對策。

出現了兩種針鋒相對的意見。以大學士索額圖為代表的多數人反對撤藩，理由很多：一，吳三桂鎮守雲南多年，其轄區局勢平穩；二，吳三桂沒有反叛朝廷的跡象；三，撤藩會引來許多麻煩。大學士圖海認為，最好等吳三桂老死了以後再行撤藩，還說，要撤，就一個個地撤，不能一次全撤。

少數人主張撤藩，以戶部尚書米思翰、兵部尚書明珠、刑部尚書莫洛為代表，理由是海內統一，邊疆安定，應當撤藩。

康熙認為，「藩政久握重兵，勢成尾大，非國家利」，而吳三桂「蓄異志久，撤亦反，不撤亦反，不若先發」，「今若不及早除之，使其養癰成患」，遂決定盡撤三藩於山海關外。

他特派侍郎折爾肯、學士傅達禮赴雲南，戶部尚書梁清標去廣東，吏部右侍郎陳一炳去福建，處理撤藩事宜。

有的歷史家指出，康熙的動作太早了，太倉促了，太性急了。我認為，這種意見是對的。

後來事態的發展證明了這一點。

再說吳三桂原本想以請求撤藩做做樣子，不料朝廷真的同意撤藩，這是他萬萬不能接受的。於是心一橫，就決定起而叛清了。

這年十一月，吳三桂將執行撤藩令的雲南巡撫朱國治殺害，扣留了朝廷派遣的欽差折爾肯、傅達禮，自稱「天下都招討兵馬大元帥」、「興明討虜大將軍」，宣佈蓄髮易服，帶領將士前往南明永曆皇帝的陵墓前祭奠其亡靈，吳三桂在墳前痛哭失聲，跪地而不能起（或許他想到了永曆皇帝就是被他勒死的），之後，發佈興明討虜檄文，聲稱要伐暴救民，順天應人，恢復大明江山。

吳三桂宣佈叛清的同時，向各地派遣使者，鼓動造反。康熙十三年初，吳三桂派兵進犯湖南，攻陷常德、長沙、岳州、澧州、衡州等地，前鋒已達江北。吳三桂打算固守湖南，企圖與朝廷劃江而治，他將康熙派來的使臣折爾肯、傅達禮放還，並托他們帶上一道奏章給康熙，提出了裂土罷兵的要求，不必說，遭到康熙的斷然拒絕。

吳三桂的行動引起了多方面的回應：廣西將軍孫延齡和提督馬雄叛清，四川巡撫羅森和提督鄭蛟麟叛清；福建的靖南王耿精忠叛清。數月之間，雲南、貴州、湖南、廣西、福建、四川六省均落入叛軍之手。略微出人意外的是，廣東的平南王尚可喜殺掉了吳三桂的使者，將情況呈報康熙，康熙大為感動，封他為平南親王。但他畢竟年邁，無力控制局勢，到康熙十五年，其子尚之信將他囚禁，仍然反叛了，尚可喜因不勝憤懣而離開了人世。

各地叛清的消息紛紛傳到北京，朝廷上下大為震動，有些大臣偷偷將家屬遣回原籍，有的趁機占奪田畝，搜刮民財，人心動盪慌亂。不主張撤藩的大學士索額圖、戶部侍郎魏象樞將責任推到主張撤藩的人身上，並提出殺掉米思翰、明珠來安撫叛軍，但康熙嚴詞回絕道：「撤藩出自朕意，與他人何干？」

這時北京發生了楊起隆叛亂，察哈爾蒙古也發生了阿爾尼叛亂，但規模都很小，不久就被平息了。

對吳三桂，康熙不改初衷，堅決要平定叛軍。他奪去吳三桂的王爵，頒佈討伐吳三桂的檄文，並斬殺吳三桂在北京的兒子吳應熊和孫子吳世霖。

康熙親自部署兵力：以前鋒統領碩岱率軍進駐荊州、常德，以都統珠滿守岳州，命西安將軍瓦爾喀率騎兵進四川，命大學士莫洛經略陝西，以阻遏叛軍北上，令康王傑書率師往福建，又任順承郡王勒爾錦為甯南靖寇大將軍，總領諸將。

在這段時間裡，康熙每天遊景山，參加騎射活動，並且恢復了一度停止的經筵日講，後來他告訴臣下，他這樣做，是為了穩定人心，倘若流露出一絲驚慌，就可能引發出意外的變故。

年底，陝西提督王輔臣殺了陝西經略莫洛，叛清以回應吳三桂。

康熙十五年，康親王傑書攻打福州，叛將耿精忠再次降清。

同年，康熙派王輔臣的兒子王繼貞帶著詔書招降其父，詔書中，康熙承認自己因「知人未明」而誤用了莫洛，對王輔臣不得已而殺莫洛表示諒解，又表示善待其家屬，同時加強軍事攻勢，不久，撫遠大將軍圖海便在甘肅平涼打敗王輔臣，王輔臣不得已再次降清。康熙復其原職，並擢靖寇將軍，命他立功贖罪。西北的局勢穩住了。

康熙十六年，清將軍莽依圖統軍至韶州，尚之信又降清，康熙命他仍襲平南親王之爵位。

穩住了西北和東南，康熙就把兵力集中到中南戰場，對付叛軍主力吳三桂。順承郡王勒爾錦昏庸無能，一開始就採取了守勢，使清軍陷入被動局面，康熙不得不重新加以部署，命水師攻岳州，命江西軍打長沙，局勢稍微好轉。但勒爾錦一誤再誤，攻重慶時，半路上折回荊州，康熙大怒，奪其兵權，削其爵位，將其監禁。

康熙發現，消極怠戰的不僅是勒爾錦，許多將官也都如此，或藉故推脫，或畏縮不前，或虛報戰功，或詐病回京，而這類人多是滿族權貴大臣，康熙堅持「罰先行於親貴」的原則，對他們作了嚴厲的懲治；相反，作戰中湧現出一批優秀的漢族將領，如陝西戰場的張勇、趙良棟，湖南戰場的蔡毓榮，福建戰場的施琅、廣東戰場的傅宏烈等，康熙對他們大力表彰和提拔。

耿精忠、王輔臣、尚之信再次降清，是對吳三桂的沉重打擊。他的勢力範圍一天天縮小，軍需也枯竭了，為了增強感召力，康熙十七年三月，六十七歲的吳三桂在衡州稱帝，定國號為周，改元昭武，建都衡州。然而，這樣一倒騰，反而剝掉了自己「興明」的畫皮。八月，皇帝當了不到半年，吳三桂便患中風而死。

吳三桂死後，其孫吳世璠繼位，改明年為洪化元年。

此時，吳三桂叛軍失去了頂樑柱，頓時勢如山崩。康熙趁機降旨：罪魁已死，叛軍中脅從者從寬；主動來歸者論功。這一來，叛軍更是人心離散。

康熙十八年，簡親王喇布率軍連陷岳州、長沙、衡州，吳世璠逃往貴陽。

康熙十九年，定遠平寇大將軍章泰進兵貴陽，吳世璠逃到雲南昆明。雲貴總督趙良棟攻克成都，四川歸於清。

康熙將耿精忠誘至京師，將其逮捕下獄。又派人赴廣東，將尚之信祕密逮捕，尚之信自盡，其弟尚之節被斬首。

康熙二十年，雲貴總督趙良棟等會師攻雲南，圍昆明，八個月後，昆明城內糧絕，吳世璠自殺，十月底，叛軍開城投降。

康熙二十一年，康熙將耿精忠凌遲處死，其子斬首。

至此，三藩之亂最後一道帷幕落下。

近年許多史書在寫平三藩這段故事的時候，對康熙讚不絕口，說他「英明果斷」、「胸有成竹」、「運籌帷幄」、「指揮若定」云云，我認為，我們的歷史家們對這位皇帝過譽了。

其實，從朝廷方面講，平三藩之役打得並不出色。

其一，朝廷方面，本來就佔優勢，應該打贏。從名分來看，康熙是一國之君，是真龍天子；吳三桂們只不過是藩王，是臣下，是奴才。從政治格局看，早在順治末年，滿清就基本上統一了中國的疆域，經康熙初年的整頓經營，經濟得到一定程度的恢復，滿漢關係逐漸緩和，社會秩序也趨於穩定；而三藩的轄區，由於藩王們的盤剝搜刮，民怨深重，因此矛盾重重。從深層的人心向背看，朝廷一方，民族的、階級的矛盾雖然很突出，反叛的危機依然潛伏著，但朝廷基本上可以控制局面；三藩一方，藩王們「復明」的旗幟有一定的號召力，但他們叛明而降清、事清再叛清之反覆無常的小人嘴臉卻為世人所不齒。從地利看，朝廷的勢力畢竟遍佈中原、西北、東北廣大地區；而三藩則偏居江南一隅。從軍事勢力來看，當時朝廷擁有的軍隊大約五十多萬，而吳三桂只有五、六萬左右（包括牛錄兵一萬人、投誠兵一萬二千人、綠營兵兩萬四千人、可徵調援剿四鎮兵一萬二千人），相當於朝廷軍的十分之一。就是說，在整體的、綜合的實力對比上，朝廷方面佔有明顯的優勢，不需要多大的指揮才能就應該打贏。

其二，吳三桂之輩都是極沒有出息的傢伙。吳三桂所犯的致命戰略錯誤是，他打下湖南以後，既沒有及時北上攻取陝西，也沒有順江東下奪取南京，而是畫地為牢，爭取裂土罷兵、劃江而治，這才給了朝廷喘息的機會，可以比較從容地調兵遣將。耿精忠、尚之信就更是鼠目寸光的昏蟲，他們降了清，又跟在吳三桂的屁股後面叛清；康熙略施小技，給他們「停止撤藩」這麼一丁點兒小甜頭，他們就又降清；最後還是讓康熙一個個收拾了

（王輔臣比他們倆聰明，康熙準備收拾他，他卻先自殺了）。朝廷面對的竟然是這樣一幫孬種，因此，康熙平三藩的勝利就帶有很大的僥倖成分。

其三，在勢力對比如此懸殊的情況下，平定三藩之役居然拖拖拉拉打了八年，真算得上是曠日持久了！吳三桂死後，叛軍已經是「樹倒猢猻散」了，結果又拖了三年，才好歹拿下了昆明。仗打成了這般模樣，還談什麼「運籌帷幄」、「指揮若定」？

其四，封建統治者有一個特點，就是只算政治賬，不算經濟賬。康熙折騰了八年功夫，好歹占了上風，三藩消滅了，海內統一了，康熙自然不勝欣喜，寫詩抒懷道：「回思記載焦勞意，此日方同萬國歡。」今天的歷史家們也跟著唱讚歌。然而，朝廷方面疲兵勞師，糜餉浩繁，與此相應的，是戰爭所波及的十一個省的百姓陷入了水深火熱之中，田地荒蕪，屍橫於野。我們不禁要發問：這仗打得值得不值得？實際上三藩只想盤踞一方，無意推翻朝廷，在這種情況下，能不能用和平方式解決？其實，大學士圖海的意見是很有道理的，等吳三桂老死了以後再行撤藩，麻煩要少得多。

附帶說一句：平三藩之役，康熙發現八旗兵將不中用，便毫不留情地懲治滿將，不拘一格地提拔漢將，不必說，這在緩和滿漢關係方面邁出了一大步。另一方面，正是在這場大規模的戰役中，滿人發明了一種新戰法，那就是讓中用的漢族綠營兵衝鋒在前，不中用的滿族八旗兵督陣在後，如此，每每取得較好的成效。因此平定三藩之戰，不是滿人打漢人，而是漢人打漢人，滿兵幾乎未受損失。

三、收復臺灣

臺灣古稱「夷州」，明天啟四年被荷蘭侵略者佔領。

清軍入關時，南明隆武王朝平國公鄭芝龍不聽其子鄭成功的勸告而降清，鄭成功堅決抗清，被南明王朝封為延平郡王。順治十八年，鄭成功命兒子鄭經守廈門、金門，自己率軍從荷蘭人手裡收復了臺灣。次年，鄭成功病逝，其子鄭經繼位。清廷曾多次派人招撫鄭經，未成。清軍遂攻鄭軍，鄭經逃往臺灣。

康熙六年，清廷再次派人招撫鄭經，未果；兩年後，又派刑部尚書明珠招降，鄭經提出以「照朝鮮例，不剃髮易服」為條件。康熙在諭旨中指出：朝鮮乃外國，鄭經乃是中國人，不能依朝鮮之例，只要鄭經肯剃髮，允許他居住臺灣。明珠傳達了康熙的政策。鄭經則以臺灣是海外島嶼，不屬於中國領土為由，仍予拒絕。

康熙十三年，鄭經趁三藩之亂進攻大陸，攻泉州、漳州、潮州三郡，次年又攻平和、漳平、海澄等地，清軍死亡三萬多人，清廷派康王傑書駐兵福州阻遏鄭兵，雙方相持了一年之久。

康熙二十年正月，鄭經死，其子鄭克塽襲延平王之位，鄭克塽才十二歲，大權落在馮錫范和劉國軒的手裡。

鄭經的死，對清廷來說，是一個機會，康熙決定以武力收復臺灣。他大膽地起用了鄭成功的部將施琅為福建水師提督，授予他專征大權，調集戰船三百艘，水軍二萬人，整裝待命。鄭克塽得到消息，立即命劉國軒率兵鎮守澎湖。

康熙二十二年六月，進軍臺灣的戰役正式打響，施琅將「先鋒銀錠」放於案上，放言「敢為先鋒者，領取」，良久未有應者，卻有右營遊擊藍理自報奮勇，取了先鋒銀錠。施琅大喜，當即率領水師，於十六日這天冒著驚濤駭浪向澎湖進發。

鎮守澎湖的劉國軒沒料到清軍會選擇風急浪高的時節發動進攻，便匆忙指揮部下迎戰。清軍戰船爭先恐後，結果互相碰撞，恰潮水退落，船隻更加調度不靈，鄭軍趁勢發動攻勢。混戰中，風向突變，清軍船陣愈亂，施琅船被鄭軍圍困，而藍理受傷十餘處，後被炮擊傷，腹破腸流，但他包紮之後，仍然指揮作戰（那以後，藍理獲得了「破肚將軍」的綽號）。清軍苦戰良久，方才得脫，傍晚，草草收兵。

清軍初戰失利，施琅作了短期休整，二十二日，再次發動進攻。這次，採用了「五梅花」陣法，即五隻船結為一隊，攻擊敵方一隻船；又令各船懸掛寫有主將姓名的旗幟，以明其進退。這一戰，打得十分激烈，雙方互相拋擲火罐火桶，海面上濃煙滾滾，戰鬥持續了整整五個時辰，清軍大勝，毀鄭軍戰船一百五十只，鄭軍幾乎全軍覆沒。劉國軒見大勢已去，倉皇逃往臺灣。

澎湖既失守，臺灣便丟掉了屏障，且主力軍覆沒，鄭克塽知道敗局已定，只得派人前往施琅軍中請降。降表送到朝廷，康熙認為，如不允許鄭氏投誠，他有可能流竄國外，又生事端，便決定招撫。

八月十一日，施琅率清朝官兵赴臺灣受降，並前往鄭成功廟舉行祭奠儀式。施琅收復臺灣勞苦功高，康熙任命他為靖海將軍，封靖海侯，世襲罔替。對藍理的事蹟，康熙很感動，將其召至御前，親視其傷口，並寫下「所向無敵」的橫幅，以示表彰。

從鄭成功收復臺灣算起，已經有三十七年了，臺灣始終使用南明永歷年號，現在結束了，臺灣正式歸入了大清的版圖。

臺灣收復，康熙興奮不已，滿懷豪情地寫了一首《中秋日聞海上捷音》：

萬里扶桑早掛弓，水犀軍指島門空。
來庭豈為修文德，柔遠初非黷武功。
牙帳受降秋色外，羽林奏捷月明中。
海隅久念蒼生困，耕鑿從今九壤同。

臺灣收復了，怎樣管理？有人提出「遷其人，棄其地」的主張，就是將島上的居民遷往內陸，讓荷蘭人佔據此島；施琅堅決反對，他認為臺灣土地肥沃，物產豐富，而且是大陸東南方的屏障，是戰略要地，不能放棄。康熙明智地採納了施琅的意見，命在臺灣設立政府機構——臺灣府，隸屬於福建省；府下設臺灣、鳳山、諸羅三縣。為了防止外夷騷擾，又派遣八千名官兵駐防。

四、澄清北疆

俄羅斯原屬於歐洲國家，其東部邊界在烏拉爾山以西，與中國並不接壤。大約在十六世紀初，俄羅斯國力漸強，逐步向外擴張領土，到十七世紀上半葉，勢力便達到黑龍江以北的地區，這樣，就與中國毗鄰了。

東北地區肥沃的土地、豐富的物產使俄國人垂涎三尺。清崇德八年，俄羅斯派文書官波雅科夫領一百多名哥薩克暴徒首次闖入黑龍江中國領土，肆意燒殺搶掠；六年後，以哈巴羅夫為首的哥薩克匪徒侵入中國；之後，又有斯捷潘諾夫一夥匪徒侵入，直達松花江口。此後，他們不斷對黑龍江一帶的中國居民進行武裝騷擾，搶掠財物，殺戮百姓，焚燒民居，姦淫婦女。年復一年，中國東北人民深受其害……

順治年間，朝廷曾經派遣軍隊前往征討，將沙俄侵略者驅逐出黑龍江中下游地帶，但上游仍為俄羅斯所盤踞，他們以尼布楚和雅克薩為據點，對中國連續不斷地進行武裝侵擾。

康熙親政後，意識到北部邊境事態的嚴重，曾多次派使臣與俄羅斯交涉，爭取用和平方式解決中俄邊境糾紛問題，但俄羅斯方面視中國為軟弱可欺，不予理睬，清廷雖多次警告和抗議，都無效果。

平定三藩、收復臺灣以後，康熙便騰出手來解決東北邊患。

康熙二十一年，康熙去盛京謁陵，巡視了撫順、興京（赫圖阿拉）、船廠（今吉林市）等地之後，命令在黑龍江一帶駐兵，積蓄糧食，製造船隻，屯田墾荒，開闢驛路。次年又設立了黑龍江將軍衙門，任命薩布素為黑龍江將軍，一面鎮守邊界，一面做好以武力驅逐侵略者的準備。

康熙二十四年六月，三千名清軍在都統彭春的率領下，從璦琿出發，水陸並進，抵達雅克薩城下。彭春向俄羅斯駐軍發出通牒，勒令他們立即撤出該城，俄軍頭目托爾布津自恃手下有一千名強悍之兵，便予以拒絕。清軍當即將該城包圍。

次日，彭春下令攻城，一時炮火齊發，城內煙塵滾滾，俄軍死傷慘重。正在困窘無狀之際，黑龍江上游一隊哥薩克兵乘筏順流增援。清軍的五百名藤牌兵將援軍在水中攔截，藤牌遮其首，刀槍不能入，俄方援軍不能抵擋，死傷大半，餘者狼狽逃遁。當晚，清軍繼續攻城，施放箭矢和炮火，城中塔樓房屋俱被摧毀。天明後，清軍又在城外堆積柴草，準備焚城，俄軍面臨著全軍覆沒的危險。

托爾布津見戰局無可挽救，只得開城投降，並向清軍立下了不再侵入雅克薩城的誓言。清軍對俘虜十分寬大，去留自由，結果有六百多人願意返歸，四十五人願意留在中國。

事後，彭春命清軍毀壞雅克薩城堡，率軍返回璦琿。

彭春犯了一個大錯誤！

雅克薩城地處黑龍江上游，在軍事上屬於戰略要地，他卻輕易地放棄了；他將軍隊駐守在黑龍江中游的璦琿，這就使清軍在地利上陷入了被動。

果然，俄羅斯人看出了清軍軍事部署的紕漏，他們迅速調集八百名士兵返回雅克薩城，重新進行修建，構築工事，加固城牆，安置炮械，囤積糧食，城外挖掘壕溝。領頭的還是那個托爾布津，他把不久前的誓言早就拋到九霄雲外了！

康熙二十五年春，康熙得到情報，認為如果不及時端掉這個據點，必將釀成大患，當即命薩布素率兵兩千四百人攻取雅克薩城。

五月，清軍兵臨雅克薩城下，這一次，俄軍非但不肯投降，而且主動出城，先向清軍施放炮火，清軍以炮火還擊，火力迅猛，俄軍抵擋不住，不得不退入城內。

因城池修築得十分堅固，攻城要付出很大代價，薩布素便採取了挖壕築壘、長期圍困的戰法，這樣俄軍的糧食來源被切斷了，傷患的醫藥也得不到供應。不久，身受重傷的頭目托爾布津也死掉了。拖到年底，城中只剩下一百五十人；又拖到次年五月，只剩下六十六個奄奄一息、坐以待斃的士兵了。

俄國沙皇得知雅克薩的戰況，又無力往東方增派援兵，只得向清廷提出和談的要求。

康熙二十八年七月七日，中俄雙方在尼布楚舉行了談判，並於二十四日簽訂了兩國之間第一份條約，即《尼布楚條約》。條約共六款：一，以黑龍江的綽爾納河、外興安嶺、額爾古納河為兩國國界，興安嶺與烏第河之間的地區待定；二，俄國人撤出雅克薩城，遷回俄境；三，盡棄前嫌，今後各不收納逃亡者；四，兩國僑民，悉聽如舊；五，兩國人民可持護照，過界進行貿易；六，兩國各自遵守條約，永敦睦誼。

《尼布楚條約》的簽訂，具有久遠的歷史意義，他維護了中國的主權，換取了東北人民的安定生活，保證了一百六十年的邊界和平局面。這一成果，從根本上說，是通過武裝自衛贏得的。由於當時蒙古準噶爾部與清朝為敵，康熙擔心俄羅斯與準噶爾聯合，因此在談判具體條件上做了某些讓步，但從總體上看，這個條約的作用是積極的。

中俄邊界問題解決了，接下來是征服噶爾丹。

多爾袞入關之前，蒙古各部就已經歸順了清朝。當時的蒙古分為漠南蒙古、漠北蒙古（喀爾喀蒙古）和漠西蒙古（厄魯特蒙古）三部分。漠西蒙古又分成和碩特、土爾扈特、杜爾伯特、準噶爾四部。到康熙朝，準噶爾首領噶爾丹不斷擴張自己的勢力，大肆侵擾蒙古各部。康熙二十九年，噶爾丹聯絡沙俄南侵，但沙俄剛與清朝簽訂了《尼布楚條約》，未敢出兵，噶爾丹便獨自率兵大舉南犯，攻打喀爾喀部。康熙派出蒙古騎兵六千名前往阻擊，卻被噶爾丹擊敗。噶爾丹趁勢掩殺，繼續向南推進，直達烏蘭布通，離北京只有七百里了。

康熙命裕親王福全為撫遠大將軍，率兵出古北口；命恭親王常寧為安北大將軍，率兵出喜峰口，康熙自統中路，御駕親征，但因病停駐於波羅和屯，指揮各路兵馬。

噶爾丹將上萬隻駱駝佈置在週邊，縛其足，跪臥於地，駱駝身上加箱垛，箱垛上蒙著濕氈，號稱「駝城」，命士卒則以此為掩體，於箱垛縫隙處施放箭矢。清軍開炮轟擊，打了一整天，至暮，駱駝全部被擊斃，清方步、騎兩股兵眾攻入駝城，噶爾丹兵大亂，死傷無算，噶爾丹趁夜色遁逃……

噶爾丹戰敗後，駝馬盡失，無以為食，更無力再行擄掠，只好回過頭來向清廷乞借白銀。意外地，康熙借銀千兩給他，同時派人勸他歸降。噶爾丹表面上與清朝修好，暗地裡卻不斷派人刺探情報，伺機以動。

康熙三十四年十一月，康熙得知噶爾丹在巴顏烏蘭過冬，便於次年春發動了第二次征討。他調集了六萬大軍（號稱十萬），東路由黑龍江將軍薩布素率兵五千人沿克魯倫河進征，西路有撫遠大將軍費揚古率兩萬四千人出寧夏，向土拉進發，中路由康熙親自統領兩萬八千人出獨石口北進。

這次遠征，康熙發揚了祖輩與士卒同甘共苦的作風，為了節約糧食，康熙和他的隨軍皇子們跟士兵一樣，每天只吃一頓飯，晚上與士兵一起睡在帳篷裡，這樣一來，將士無不敬服，士氣為之振作。

五月初，清軍到達克魯倫河，噶爾丹得報，大驚失色，慌忙拔營起寨，連夜西逃。這正是康熙所希望得到的效果：中路追擊，西路截擊。

噶爾丹拼命奔逃，清軍窮追不捨，五天後，清朝西路軍先鋒在昭莫多（今烏蘭巴托東南）與噶爾丹遭遇，西路軍佯裝兵敗，將噶爾丹誘至主力軍陣。噶爾丹雖臨強敵，卻毫不畏懼，指揮部下猛力衝殺，戰鬥從正午一直打到黃昏，費揚古領兵繞到敵軍後方，奪其輜重，敵軍大亂。夜幕降臨之際，戰鬥結束了，清軍斬獲噶爾丹軍首級三千，繳獲牛羊二十萬頭、兵械無數。然而，噶爾丹又一次逃脫了，只帶著幾個騎兵。

康熙三十六年二月，康熙第三次御駕親征，赴寧夏清掃噶爾丹殘部。此時噶爾丹已經眾叛親離，跟隨他的只有五六百人，實在走投無路，只好飲藥自盡。其侄丹濟拉將他火化，之後攜其女及三百多部眾向清軍投降。

此番征討未費多大氣力便告勝利。

康熙三征噶爾丹，清除了蒙古的叛亂勢力，穩定了北部邊界，對國家的統一起作出了很大的貢獻。

五、治理黃河

黃河，是中華民族的搖籃，我們的祖先世世代代生活在黃河流域，並在黃河的哺育下創造出燦爛的文化。

黃河發源於青海巴顏喀拉山北麓，向東流經四川、甘肅、寧夏、內蒙古、陝西、山西、河南，從山東北部流入渤海，全長五千四百六十四公里，是中國第二大河。但在康熙那個年代，黃河流至蘭封縣銅瓦廂之後便向東南走去，經徐州、宿遷進入運河，再到淮陰，最後由淮河的河道流入黃海。

黃河水流湍急，波瀾壯闊，奔騰咆哮，氣勢恢宏，另一方面，由於河水經過寧夏和內蒙古時，攜帶了黃土高原的大量泥沙，因而水質渾濁，到中下游，地勢平坦，河水流速減緩，泥沙便下沉，於是河床逐年增高。這就造成了兩個結果：一，運河、淮河的河床墊高了，黃河的水流不動了，造成河水倒灌，洪澤湖的規模就是這樣形成的；二，為了防止河水氾濫，古人就修築河堤，積年累月，河堤隨著河床一起升高，河堤越高，決堤的危險就越大。自康熙元年至康熙十六年，黃河決口就多達六十七次。

康熙早就認識到治理黃河的重要性，他把平定三藩、河工、漕運當作三大要務。開始，河道總督是王光裕，治河無功，康熙將他罷免，改任安徽巡撫靳輔為河道總督。在平定三藩之亂、收復臺灣之後，康熙便騰出手來集中精力來抓治理黃河的工程。

康熙先是派侍衛探查黃河水源，直達星宿海，往返萬里，繪製出中國歷史上第一幅建立在實地考察基礎上的黃河圖。

康熙二十三年，康熙第一次南巡，在蘇州、江寧（今南京）一帶視察河工，往返百里，與靳輔切磋治河方案，作出了具體指示。

靳輔本來不懂治河，但他是個有心人，能夠苦心鑽研，對黃河做了有效的治理和改造：他加固中游的河堤，使水流集中有力，沖走河床積澱的泥沙，這樣河水就可以順利地注入東海；同時，他又修築了若干減水壩，在河堤下方留出洞口，可以隨時放水，這樣既可以防止河水氾濫，又可以灌溉農田。

但靳輔的做法遭到直隸巡撫于成龍（康熙朝有兩個叫于成龍的清官，為了區分，人們在他們的名字前面冠以「老」、「小」，這裡說的是小于成龍）的反對，他批評靳輔治河花錢太多，且「中河」不能行船，減水壩會促成河堤決口，認為海口處應當挑沙，以求水流通暢等等。

為此，康熙採取了慎重的態度，他在乾清門親自主持了治河方案辯論會。會上，靳輔解釋說：減水壩是必要的，可以提供農田所需要的水；海口挑沙是不可能的，因為海水漲潮時，水面比沿海陸地高出五尺，從而造成海水倒灌，宋朝范仲淹修了一道長堤，叫范公堤，就是為了阻擋海水；他還建議新開一條河，把運河水引出來，以減輕運河的負擔。

但靳輔這次辯論失敗了，因為漕運總督慕天顏支持了于成龍。康熙分辨不清是非，也認為應當疏浚下河，結果，將靳輔免職，任命一個叫王新命的為河道總督。

康熙二十八年，康熙第二次南巡，歷時七十天，重點是考察中河。新任河道總督王新命的方案與靳輔相反：靳輔擔心中河水弱，不利於舟楫，故重蓄而輕洩，為防決口，寧可加高河堤；王新命則擔心河水決口，故重洩而輕蓄。康熙沒有長遠的目光，支持了王新命。遺憾的是，這次南巡，康熙沒有視察下河。

康熙二十九年和三十年，連續兩年遇上大雨，黃河面臨極大的險情。恰在這時，有人揭發王新命勒取庫銀，康熙將其解職，重新委任靳輔。靳輔年邁，又加之操勞過度，竟於運送救災糧的途中病倒，不久去世。到這時，康熙才對靳輔的治河思想有了比較深入的理解，他告誡新任河道總督于成龍，按照靳輔的方案繼續治理黃河。

康熙三十四年，于成龍因父喪回籍守制，康熙又任命董安國為河道總督。這個董安國對治河一無所知，又不調查巡視，事事委派下人，竟在黃河入海口處築了一道攔水大壩，致使下河水流不暢。

這期間，康熙翻閱了大量關於河務的書籍，學習研究測量學和水利學，他終於發現，王新命、于成龍、董安國等人均不如靳輔，也意識到自己關於疏浚下河的主張是片面的。他認真研究了靳輔的治河思想和經驗，找到了問題的癥結：那就是要解決好上流與下流的關係，由此，他提出了「上流既理，則下流自治」的見解。

康熙三十八年，康熙第三次南巡，對治河做了新的部署：其一，通過訪問勘察，懂得了「河直則溜自急，溜急則沙自刷而河自深」的道理，就決定將黃河中、上游的幾個彎曲處改道取直，這樣，水速加快，泥沙不易下沉，河床得到沖刷，就會改變黃河水面高於洪澤湖的狀況，避免河水倒灌；其二，黃、淮兩河的交匯處過於徑直，擬在清口的南岸，築一道挑水壩（他親自釘下了一根木樁），以防止黃河之水倒灌；其三，董安國在入海口處所築的攔河壩造成了水流不暢，決定拆除。由於沒有理想的人選，康熙不得不再次起用于成龍為河道總督。

于成龍幹了一年，便死於任上。康熙又任命江南江西總督張鵬翮為河道總督。張鵬翮忠實地執行康熙的治河方案，終於在康熙四十二年宣告完成，為此，康熙進行了第四次南巡，驗收治河的成果。此後，康熙又在四十四年、四十六年兩次南巡，對治河工程作了全面審核和指導。

成功地治理黃河，是康熙政績中的得意之筆，二十多年的心血沒有白費。

但這裡有一個值得我們注意的奇特現象，那就是：不論在治河思想方面，還是在具體技術方面，眾多的大臣都無法與康熙皇帝比肩。靳輔是有思想的，深諳治河要領，但他對下游的問題關注較多，而缺乏通盤考慮；王新命、于成龍、董安國都不得要領；張鵬翮僅僅是忠實地執行康熙的治河方案而已。在這些臣子面前，康熙顯然是一個高屋建瓴的行家裡手，他不但對河流的規律能夠作出宏觀的把握，而且能把治河步驟落實到了每一個細節，他儼然就是一個出色的治河工程師。這種在操作具體事務方面皇帝高於眾臣的現象，在中國的歷史上堪稱特例。

不過，不管康熙是否注意到這一點，他都應當為此感到憂慮。一個皇帝，為了治黃而六次南巡，而花費如此巨大的精力，他糾正王新命所制圖紙的錯誤，親自下水釘木樁，而他那些專管治河的臣子們，略有建樹者寥寥無幾，而敷衍塞責、得過且過、混天聊日、損公肥己者卻比比皆是。張鵬翮任河道總督時，為了防止工部借機勒索，克扣經費，康熙不得不將經費直接撥給張鵬翮，而不通過工部。這固然能看出康熙的精明，卻也透露出他對工部官員腐敗現象的無奈心理。

事必躬親是領袖人物的缺點，康熙至少在治理黃河的問題上犯此大忌，這個缺點遺傳給了他的兒子雍正，雍正發揚光大之，事無巨細，必一手操持。

六、整肅官場

康熙是個有抱負的皇帝，他深知國家的興衰，在相當的程度上決定於各級官吏的素質和官場的風氣。為了使官僚機構具有活力，他選擇了四條途徑：一，開設博學鴻儒科，舉拔賢能；二，選用和培養清官；三，懲治貪官；四，掃除朋黨。

先看整肅官場的第一條途徑，開設博學鴻儒科。

博學鴻儒科開始於唐玄宗開元年間，當時稱為「博學宏詞科」，是進士以上的最高級的考試科目。康熙鑒於許多優秀的漢族知識份子仍舊保持原有的民族氣節，身在清而心在明，因而不肯出仕做官，便決定開設此科，以期進一步籠絡更多的知識份子為朝廷服務。康熙也看到，知識份子在廣大民眾中是有影響的，減少和消除他們對朝廷的抵觸情緒，對緩和滿漢民族矛盾能夠起到明顯的成效。

這次開科規定，只要學行兼優，文詞卓越，經在京三品以上官員、在外督撫等推薦，均可應試。

康熙十八年三月初一，應試的一百四十三人進入紫禁城太和門，集中於太和殿體仁閣，考題為康熙親自所擬，考卷也由他親自審閱。

這次考試，錄取者五十名，其中一等二十名，二等三十名，江浙兩省成績最優秀，有三十六人入選。這個結果可能是康熙在閱卷時有意向江南士子傾斜。

在被錄取者中，有不少是當時的知名人士，如朱彝尊、汪琬、潘耒、毛奇齡等，但像黃宗羲、顧炎武等最有影響的第一流學者，卻拒絕赴試。

被錄取者均任用為翰林，分別授以侍讀、侍講、編修、檢討等職，皆入明史館參加《明史》的纂修工作。

在封建社會，科舉乃是知識份子的唯一出路，因此，博學鴻儒科考試點燃了知識份子希望的燈火，它的意義不在於有多少人或者什麼人被錄取，而在於籠絡了天下的士人，也樹立了朝廷不拘一格、拔舉人才的寬宏形象，從這個角度上說，康熙的目的達到了。黃宗羲、顧炎武等拒絕赴試，看起來是個遺憾，但他們並不反對自己的後代尋求功名，比如黃宗羲同意兒子黃百家應聘入館，還推薦了弟子萬斯參加明史編纂，並將手頭留存的有關明史的資料贈送給明史館。

另一方面，我們也應該看到，從本質上講，博學鴻儒科只不過是一項籠絡士人的活動，並不意味著康熙對士人的真正信任和重用，因為明史館僅僅是舞筆弄墨之所，而不是權力機構，況且，明史如何寫，筆桿子們還得在康熙所劃定的圈子裡面打轉。

再看整肅官場的第二條途徑，即選用和培養清官。

康熙朝清官很多，如于成龍、張伯行、陳鵬年、郭琇、彭鵬、李光地、徐潮、湯斌、魏象樞、格爾古德、陳瑸等等，這裡不能一一言說，只介紹其中三位影響較大的清官，即于成龍、湯斌和張伯行。前面我們提到了一個小於成龍，這裡指的是老于成龍。

于成龍，字北溟，山西永寧州人。順治十八年，他四十五歲，被任命為廣西羅城知縣。這裡山如劍排，水如湯沸，因連年戰亂而滿目瘡痍，人逃地荒，城裡只剩下六戶人家，前任兩位知縣一個死了，一個失蹤。于成龍來到的第一晚，睡在關帝廟的周倉泥像後邊。其後，他把衙署設在叢林的草屋裡。跟隨而來的僕人或染疫而死，或辭別他往，他孤身一人，每日粗茶淡飯兩餐或一餐。他仍然克盡職守，慰問貧民、獎勵耕作、建立保甲制度、減輕農民徭役、設立學宮，不久，外逃百姓就紛紛返回，社會漸趨穩定。

于成龍在羅城一待就是七年，這裡已經成了富庶之鄉，由於他的政績突出，被調任四川合州知州，臨行，百姓送出百里之外。

四川久經戰亂，民生凋敝，于成龍到任後，革除舊弊十餘項，政績斐然。後來，又調任湖北黃州府同知、武昌府知府、黃州府知府。這期間，吳三桂反叛，黃州一帶有盜匪作亂，于成龍單槍匹馬直入賊寨，出具告示，講明政策，宣佈脅從者免罪，有效地分化了賊匪，除個別匪首，大部分匪眾投誠。但不久，叛軍十萬，逼近黃州，于成龍組織民眾數千人，堅守城池二十二天，終於以剿撫兼施的策略瓦解了賊眾，使黃州轉危為安。康熙十四年秋，黃州發生大饑荒，于成龍及時賑災，使數萬人得以存活。

康熙對於成龍非常賞識，將他晉升為福建按察使。他到任後，發現因海禁而以「通海」罪下獄的百姓達數千人，監獄人滿為患，便親自面見康親王傑書，提出這些犯人大多是貧苦人，是無罪的，應當釋放。傑書接受了他的建議，將大部分人犯免罪。數月後，于成龍就任福建布政使，手中掌握著協餉以百萬計，他在大堂上貼了一副對聯：「累萬盈千盡是朝廷正賦，倘有侵欺誰替你披枷帶鎖。一絲半粒無非百姓脂膏，不加珍惜怎曉得男盜女娼。」

這正是他為政清廉的宣言。

康熙十九年，于成龍任直隸巡撫，獎廉懲貪，免除了一千多頃荒地的田賦；兩年後，康熙親自召見他，將他譽之為「當今清官第一」；年底，提升為江南江西總督，于成龍雇了一輛騾車，不住官府驛站，當時江寧大小官員都出城迎接，卻不見人影，天黑後，才知道總督已經到任了。于成龍素來以粗糧青菜為食，終年不知肉味，百姓親切地送給他一個綽號，稱他為「于青菜」。

康熙二十三年，于成龍死於任所，室內「惟笥中綈袍一襲，床頭鹽豉數器而已」，見者無不下淚。出殯這天，江寧數萬人步行二十餘里相送，哭聲震野。

湯斌字孔伯，號潛庵，河南睢縣人，歷任陝西潼關道、江西嶺北道、江蘇巡撫、禮部尚書、工部尚書等職，一生以清正廉明而著稱。

早在順治十二年，湯斌出任陝西潼關道。他用官俸買了三頭騾子，一頭馱著兩副破舊被褥，一個書箱，他和僕人各騎一頭，全然不像四品大員。到了潼關，守關的把總見他一副窮酸相，竟然說：「把你扔進鍋裡煮，也煮不出個官味來。」他上任僅三個月，設保甲，行鄉約，建義倉，立社學，潼關各州縣的社會秩序便井井有條，豪紳不敢非為，山賊偃旗息鼓，百姓得以安居，百姓呼之為「湯青天」。

康熙二十三年，康熙親點湯斌出任江蘇巡撫。前任巡撫余國柱是個有名的大貪官，因此江蘇的賦稅比其他地方高出許多，乃至民怨沸騰。基層官員知道余國柱的貪婪習性，就不得不定時進獻「孝敬」銀子。湯斌到任伊始，便對屬下叮嚀道：「我不向你們要錢，你們不准向知府要錢，知府不准向州縣要錢，州縣不准向百姓要錢。」權臣明珠曾讓已經做了戶部尚書的余國柱向湯斌索要銀子四十萬兩，被湯斌斷然拒絕。湯斌任職期間，減稅賦，濟災民，抑豪強，正吏風，江蘇大治。湯斌所管轄的無錫出產惠泉茶，天下聞名，但湯斌在任期間，從未喝過一杯。康熙南巡時，視察蘇州，因道路狹窄，兩江總督王新命要拆毀沿街民房以拓寬道路，湯斌反對說：「如此則無數戶口將安息？」康熙聽了大為讚賞，說道：「此言頗合朕愛民之意。」

湯斌平時採野菜供膳，每頓飯必有一碗豆腐，因為他姓「湯」，百姓就給他起了一個頗有風趣的綽號，叫「豆腐湯巡撫」。湯斌的生活清苦，他的居所板門竹籬，簡陋異常，所穿衣服也很破舊，出門是常常一轉身就有棉絮自襖邊散落。康熙在一次南巡時見他無冬衣禦寒，便賜給他一件狐腋朝服。

湯斌在江蘇任職兩年之後，升為工部尚書，離任之日，除行李外，只有一部《二十一史》，蘇州百姓罷市三日，塞道挽留。

康熙二十六年十月，湯斌去北京後才一個月，就在去通州查看外地進貢的木料時突患重病而死。死時家裡僅剩下八兩俸銀，連買棺材的錢都沒有，朋友們湊錢將他安葬。

張伯行字孝先，號恕齋，晚號敬庵，河南儀封（今蘭考）人，康熙二十四年進士。曆官二十餘年，以清廉剛直著稱，康熙稱他為「天下清官第一」。

張伯行勤政愛民，康熙四十二年，任山東濟寧道，當時正值災荒，他從家中運糧食救濟災民，到任後立即開倉賑濟百姓，故受到參劾，指為擅動倉穀之罪。但張伯行理直氣壯，以「倉穀為輕，民命為重」自辯。康熙四十五年，張伯行升任江蘇按察使，次年又升為福建巡撫。在福建巡撫任上，張伯行廉潔奉公，抑惡揚善。他所做的最有創意的一件好事是買糧撫民。福建人多地少，百姓要從外地購買糧食，這使奸商有機可乘，他們囤積居奇，牟取暴利，百姓苦不堪言。張伯行以公款從江西等地購買糧食，然後平價賣給百姓，不但有效地解決了百姓的生計問題，而且所獲微利可以用於次年買糧濟民。對此，百姓無不感戴。到康熙四十八年，張伯行調任江蘇巡撫，福建百姓痛哭相送，如失青天。赴任後，發現前任隨意加重賦稅，百姓不堪忍受，便果斷地廢除了許多的苛捐雜稅。

康熙五十年，江蘇發生了科場作弊案，張伯行遭到誣告，揚州百姓得知後，竟以罷市表示抗議。後來案子查清了，康熙命張伯行繼續留任，江蘇官民彈冠相慶，出現了這樣的紅幅：「天子聖明，還我天下第一清官。」福建百姓也奔相走告，紛紛在張伯行像前焚香祈禱。足見張伯行受民眾愛戴之深。

康熙五十四年，張伯行任南書房行走，後來，又任戶部右侍郎、禮部尚書。康熙稱讚他是「真能以百姓為心者」。

清代何以康熙朝的清官最多？原因一，康熙處於清朝的開創時期。中國封建社會的朝代更替，有一個大致的模式，那就是每個朝代都經歷了由亂而治，由治而盛，由盛而衰，由衰而亡的過程，康熙朝是走向盛世的階段，是蓬勃而有生氣的階段，官場的腐敗尚未大幅度地蔓延。

原因二，是皇帝康熙對清廉作風的提倡。寬泛地說，任何稍有頭腦的皇帝都是喜歡清官而厭惡貪官的，因為貪官削民以肥己，必定導致民怨沸騰的後果，加劇社會矛盾，從而動搖甚至瓦解皇權。康熙作為一代明君，自然明白這一點，他清楚地看到：「民生之休戚，由於吏治之貪廉。」、「國家之根本在百姓，百姓之安危在督撫，故督撫廉則物阜民安，督撫貪則民窮財盡。」康熙並不停留在口頭的宣傳和規勸上，而且通過對官員們的深入調查瞭解，表彰、獎勵和提升那些廉潔奉公的清官，久之，就樹立起較為健康的官場風氣。

原因三，建立考察制度。考察方式有多種，如定期考核、密奏、出巡、陛辭等。定期考核規定，每三年對朝臣考核一次，考核在京官員叫「京察」，考核外任官員叫「大計」。比如，從康熙二十三年開始，在三十多年裡，就根據考核結果對官員做了不同的處理：大約有三千名不稱職者被革職或降職，兩千六百多人因年邁體弱而休官，五百多個貪官受到懲治，七百多名清官受到表彰。密奏是考察官場面貌的祕密管道，康熙於康熙四十一年規定，凡大臣、總督、巡撫、提督、總兵皆許密奏，於是許多大案要案就被揭露出來，有名的江南科場作弊案的揭發就是密奏的成果。利用出巡的機會瞭解地方官員的政績也是一種較好的方式，比如康熙第一次南巡時，就發現漕運總督邵甘「並無善狀，且多不慎處」；第二次南巡，發現杭州副都統朱山庸「劣且老」，總漕馬世濟才具庸常，不能勝任等等。出巡更能從百姓那裡聽到官員的優劣，康熙把百姓口碑當作評價官員的重要依據，他說：「凡居賢否，惟輿論不爽，果其賢也，問之於民，民自極口頌之；如其不賢，問之於民，民必含糊應之。官之賢否，於此立辨矣！」陛辭是一種非正規的考察方式，官員上任離京前須向皇帝告辭，通過君臣對話，皇帝既可以瞭解大臣就職後的計畫打算，又可以對大臣作出指示，進行勉勵。

康熙整肅官場的第三條途徑是懲治貪官。康熙懲治貪官的事例很多，限於篇幅，這裡只介紹江南科場作弊案。

江南科場作弊案發生於康熙五十年九月，江南鄉試榜上有名的全是官宦富商子弟，一時群情激憤，士子們直奔學府，張貼傳單，其中有「左丘明雙目無珠，趙子龍一身是膽」的對聯。原來主考官姓「左」，叫左必蕃；副主考姓「趙」，叫趙晉。兩人均受了賄賂，故引起眾憤。士子們又到貢院，將「貢」字改成「賣」字，將「院」字的左半邊用紙貼上，於是「貢院」兩個字就變成了「賣完」。

江蘇巡撫張伯行、江寧織造曹寅、蘇州織造李煦分別向康熙遞上密折，彙報了這件事。康熙十分吃驚，急忙派遣戶部尚書張鵬翮與漕運總督赫壽為欽差大臣前往江寧調查此案。

兩位欽差到了江寧，便會同兩江總督噶禮、江蘇巡撫張伯行、安徽巡撫梁世勳一起審理。先審主考左必蕃和副主考趙晉，兩人都拒不承認，只得審考生吳泌、程光奎。據吳泌交代：他自知考不中，就托好友余繼祖疏通關節，余繼祖與監考官葉九思的門生員炳是至交，將錢給了員炳，葉九思受託後，又找到考官陳天立，請他疏通副主考趙晉，閱卷時，考官們按照暗號找到了吳泌的卷子，並將他列入正榜。事後，吳泌送給葉九思五千兩銀子，給了陳天立一千兩，送給趙晉三百兩黃金（十五錠）。程光奎交代：他原來就認識趙晉和另一個考官方名，考試時讓方名把事先寫好的文章帶進考場，而他則參照這篇文章來答卷，因此考取了。事後，程光奎替方名還了八百兩銀子的債務，又送給趙晉三百黃金（十五錠）。

至此，案情已經有了眉目。張鵬翮回過頭來再審趙晉，趙晉對自己受賄的行徑供認不諱，但他一口咬定自己只收了三百兩黃金。

麻煩來了！吳泌、程光奎各送了黃金三百兩，加起來應該是六百兩，難道另外三百兩不翼而飛了？

於是再次提審吳泌和程光奎，兩人交代，錢是通過葉九思的家人李奇轉送的。張鵬翮只好傳審李奇，李奇說：另外那三百兩黃金由安徽布政使馬逸姿的家人軒三轉給了兩江總督噶禮。

結果太意外了！所有的在場者都驚得目瞪口呆。坐在主審席上的兩江總督噶禮暴跳如雷，厲聲斥責李奇血口噴人，栽贓誣陷，要將其立即處死。張伯行拍案而起，說案情尚未澄清，豈可處死證人？兩人頓時在公堂之上唇槍舌劍，互不相讓。張鵬翮等人面面相覷。

案子複雜化了，進入了膠著、僵持狀態。

這個關口，又發生了意外事件：在押證人陳天立在獄中自縊而死，另一個證人李奇在押解新疆的路上也死了。這太蹊蹺了！顯然，他們是被害死的，目的是滅口，卻又查無實據。

取證的線索斷了，主審官陷入了十分尷尬的境地。

但張鵬翮肯定鬆了一口氣：噶禮是開國大臣何和禮的曾孫，其母又是康熙的乳母，他本人是朝廷的從一品大員，深得康熙重用，而自己的兒子張懋誠正在安徽懷寧任知縣，是噶禮的屬下。現在兩個證人死了，這對噶禮是十分有利的……張鵬翮權衡利弊，終於把天平傾斜到噶禮這一邊，便給康熙上了這樣一道奏章：此次江南鄉試，副主考趙晉與考生吳泌、程光奎賄通關節屬實，江蘇巡撫張伯行生性多疑，認定噶禮受賄，查無實據，理應將張伯行革職。

與此同時，張伯行也上了一道奏章：以激憤的語氣揭發了噶禮等人受賄的卑劣行徑，也告了張鵬翮一狀，說他顛倒是非，徇情包庇……

噶禮得知張伯行上奏，也上奏參劾張伯行，羅列了他私刻書籍、誹謗朝廷、污蔑大臣等七大罪狀……

康熙還收到了幾份密奏，安徽巡撫梁世勳說：陳天立、李奇的死因無法查清，因為刑獄官員都是噶禮的部下。蘇州織造李煦說：江南民心浮動，有不少地方百姓聚眾鬧事。江寧織造曹寅說：張鵬翮在江南名聲受損，人人說他糊塗徇私。

康熙深知此案關係重大，當即又派戶部尚書穆和綸、工部尚書張廷樞為欽差大臣，重新審理此案。

穆和綸、張廷樞更是庸碌奸猾之輩，哪裡敢招惹噶禮這樣的滿人權貴？受命之後，二人密計數日，不得要領，遲遲不肯動身。康熙幾次催促，不得已才離開京城。一路上慢慢吞吞，從北京到江寧，竟然走了兩個月。到了江寧以後，先拜訪噶禮，經過一番切磋之後，才進入了審案程序。案子很快就有了結果：主考官左必藩對考場舞弊行為知情不報，革職查辦；副主考趙晉、閱卷官方名以受賄論斬；考生吳泌、程光奎賄賂考官，處以絞刑；江蘇巡撫張伯行污蔑總督大臣，革職；兩江總督噶禮受賄之說查無實據，無罪。兩位欽差將這個審理結果奏報了康熙。

消息傳出，民眾譁然，紛紛為張伯行鳴不平。

李煦給康熙遞上了密折，認為兩位欽差畏懼噶禮權勢，不能秉公執法。張伯行也奏道：「科場舞弊案只懲從犯，不懲首犯，難撫江南人心；朝廷不治封疆大吏，此風若長，則大清刑律名存實亡。」並要求朝廷另派賢臣重新審理。

康熙對二審判決非常不滿，命涉案人員進京，交六部九卿進行第三次審訊。

到此，案子已經折騰了兩年多。三審進行了十多天，其結論是基本維持二審原判，只是稍有改動：督撫互參，有失大臣體統，均革職。

對於三次糊塗的判決，康熙慨歎不已。其實，他對噶禮和張伯行是瞭解的，在他看來，「噶禮有辦事之才，然其操守則不可保」，「張伯行為人老成，操守廉潔」，兩相比較，他認為清廉的品質更為可貴；另一方面，噶禮是滿人，張伯行是漢人，對兩個高級官員的處理又涉及到滿漢關係。於是作出如下判決：噶禮革職，張伯行革職留任。

康熙在整肅官場方面做了很大的努力，也取得了較為顯著的業績，但我們應當看到：一，通過鼓勵、表彰、號召一類方式來培養清官，效果必定是有限的，於是官場就出現了清者自清，貪者自貪的現象；二，對貪官的懲治，基本上是就事論事，沒有形成一套完善的防範貪污腐敗的制度，江南科場作弊案就充分暴露了這一點，大員們畏懼權勢、明哲自保，故三次審理均未能公允。三，康熙朝官場清廉之風是暫時的，大約是在康熙二十年至四十年這段時間，到康熙晚年，吏治腐敗日顯，康熙也難以收拾了。

最後，是整肅官場的第四條途徑：掃除朋黨。

在康熙看來，明朝滅亡的原因之一，就是朋黨之爭，因此他最恨臣下結黨。然而，朋黨是封建制度的衍生物，不是哪一個帝王說除就能除得了的。因此，儘管康熙一再教訓皇子和大臣們不要結黨，並且採取了防止結黨的措施，但黨派仍然不可避免地在他的眼皮底下悄然形成了，以致發展到尾大不掉的程度。康熙朝朋黨的產生，除了客觀因素以外，我認為，康熙本人也要負相當的責任。

最初抬頭的勢力是索額圖，他是康熙登基時首輔大臣索尼的第三子；鼇拜專權的時候，康熙把他調到身邊，做了近身侍衛；除鼇拜時，他是與謀者之一；康熙的第一位皇后赫舍里氏是他的姪女，因此他頗受康熙信賴，尤其是鼇拜倒台後，索額圖便扶搖直上，官至保和殿大學士、太子太傅，成為首輔大臣。隨著官位的提高，他的勢力也逐漸膨脹，結黨營私，賣官納賄，以致社會上流傳著「要做官，問索三」（索額圖排行第三）的民謠。他的這些表現，康熙雖然心知肚明，卻能容忍，然而，在三藩的問題上，他是反對撤藩的，這就使康熙對他不滿了；吳三桂叛清，他又提出殺掉主張撤藩的人，這就更使康熙惱火。他是一個缺乏城府的人，知進而不知退，一味地飛揚跋扈，作威作福，這就不能不使康熙有所警惕。又因皇后赫舍里氏生下了太子胤礽，索額圖便成了胤礽的叔外公，於是一頭紮進了太子黨一邊，因此康熙與他表面上維持著君臣關係，實際上已經分道揚鑣了。

這時，另一支勢力正在暗暗崛起，為首的人是明珠。明珠原不過是個雲麾使（負責皇帝的車駕儀仗），後經遏必隆提拔，做了內務府總管，因其精明、能言善辯而不斷得到提升，任弘文院學士、刑部尚書、都察院左都御史、兵部尚書、吏部尚書等要職。在三藩之亂時，明珠是支持康熙平亂的少數大臣之一，更得康熙的器重，收復臺灣時也立了大功。康熙對明珠的提拔，固然是因為他有功，但還有一個重要的原因，那就是利用明珠的勢力來遏制索額圖。明珠心領神會，也就有恃無恐。他大力培植自己的黨羽，比如余國柱原是山東兗州的一個小小推官，卻被明珠一再提拔，做了左副都御史、江蘇巡撫、戶部尚書、武英殿大學士；佛倫原是低級文官，被明珠提拔為內務府總管，又做了戶部尚書；侍講德格勒也被明珠提升為大學士；高士奇原是杭州的一個窮秀才，明珠將他提拔為南書房供奉，又升為翰林院少詹事，其人專門敲詐外地官員，以不在皇帝面前說人家的壞話為許諾，來收取「平安錢」，很快地，在北京就有了四十萬兩銀子的家當，在老家也置地千頃。

明珠在拉攏黨羽的同時，竭力排斥和打擊異己。湯斌做江蘇巡撫時，明珠讓余國柱向他索要四十萬兩銀子，湯斌沒理睬，明珠懷恨在心。湯斌調任工部尚書後，明珠推薦他做了太子的師傅，不久就以湯斌對太子失禮而控告了他，並揭發湯斌做江蘇巡撫時，在發佈的文告上寫有「愛民有心，救民無術」之語，認為是誹謗朝廷，湯斌不得不自認愚昧，請求處分。康熙因為太子結黨而心蓄惱怒，結果遷怒於湯斌這個太子師傅，將其革職。湯斌心情鬱悶，又兼勞累，不久便死去了。

再如寧夏提督趙良棟在平定三藩之亂時立過大功，因不肯巴結明珠，明珠便故意獎賞趙的部下，卻讓趙居鄉養病。趙良棟在一次康熙召見時，談及明珠對他的迫害，康熙反責怪他心胸狹窄。

總的看，明珠比索額圖要高明些。索額圖太外露，太無遮攔，一副咄咄逼人的架勢，全不顧周圍之人側目；明珠則善於結交，對康熙畢恭畢敬，一副謙謙君子的模樣，但明珠在經營自己勢力的舉動中，卻犯了一個大忌，那就是在與太子黨為敵的同時，與皇長子胤禔結成了「長子黨」。

康熙十八年，左都御史魏象樞彈劾索額圖徇私受賄，次年，索額圖託病辭去大學士職務，只任內大臣，從此，明珠一黨更加跋扈。

可惜明珠不知道政敵失勢之日便是自我落魄之時的道理！

這時，一個在明珠看來並不起眼的人物得到了康熙的提拔，他就是在士林中頗具聲望的左都御史徐乾學。此人本來也是明珠提拔起來的，現在康熙命他入值南書房，參與撰寫皇帝的諭旨，以示器重。地位不同了，徐乾學對明珠的態度也起了變化。

康熙二十六年，直隸總督于成龍在給康熙的密奏中說：官已被明珠、余國柱賣完；次年，御史郭琇在徐乾學的策動下彈劾明珠、余國柱「植黨類以樹私，竊威福以惑眾」、收受賄賂、控制言路等八條罪狀，康熙降旨，革去明珠大學士之職，余國柱革職。余國柱被罷官之後，回到江寧（南京），依然擺闊，用所貪贓款建豪華住宅，開特大店鋪，又被人彈劾，康熙只將他逐回大冶原籍了事，並未追回贓款。

康熙喜歡搞政治平衡術，當索額圖的勢力膨脹時，他扶植明珠，作為抵制索額圖的力量；索額圖倒臺之後，明珠一手遮天，康熙又提拔徐乾學，借他的力量來打擊明珠。因此可以這樣說，康熙在遏制和打擊朋黨現象的同時，培植了新的朋黨。這些朋黨又跟皇子們的儲位之爭勾連起來，就使得關係更加複雜化。康熙之所以花費了若干年的功夫來與朋黨現象做鬥爭而毫無成果，原因就在於他陷入了打擊朋黨與培植朋黨相糾纏的怪圈之中。

七、科學與典籍

就其對科學的興趣之濃、涉獵之廣、鑽研之深而言，康熙在中國歷代皇帝中是堪稱首屈一指的，可謂「前無古人，後無來者」。

康熙八年，康熙親政後不久，就讓楊光先（欽天監正）和南懷仁（湯若望的助手、比利時傳教士）同時分別預測次日正午日影的準確位置，經驗證，楊光先敗下陣來。於是，康熙罷免楊光先的欽天監正之職（這個害人害己的小丑在回安徽老家的半路上病死了），重新啟用傳教士南懷仁為欽天監正，並廢除了大統曆，恢復時憲曆。康熙又為湯若望平反昭雪，在順治所賜墓地上修建墳塋，舉行隆重典禮，親自為他撰寫祭文，祭文對這位來自德國的傳教士給予了極高的評價：「鞠躬盡瘁，恤死報勤，國之盛典」。那以後，清宮中傳教士聲望日盛，也發揮著更加突出的作用。

康熙鑽研數學，起先是出於一種需要。「康熙初年，因曆法爭訟，互為訐告，至於死者，不知其幾」，康熙在《御制三角形推算法論》中說：曆法關乎國家社稷的生存，於是「心中痛恨，凡萬幾餘暇，即專注於天文曆法一十餘載」。

康熙十七年，南懷仁發佈致歐洲耶穌會士書，呼籲更多的耶穌會士來華。對此，法國的路易十四做出了積極的回應，他派遣了六人科學考察團，以「國王的數學家」的身分，帶著若干科學儀器來到中國，他們都起了中國名字：白晉、張誠、徐日昇、洪若翰等，考察團在海上輾轉近三年，於康熙二十七年初到達北京。不久，白晉和張誠，被康熙留在宮中，為這位東方皇帝進講幾何、哲學、人體解剖等西方新學。康熙帝對他們這些科學家兼傳教士給予了充分的信任，對他們帶來的科學知識表現出極大的關注和學習興趣。

康熙三十一年，康熙把大學士、九卿召集到乾清門，給他們講授樂律、算術、曆法、河道的水流量等問題，越講越興奮，竟命人取來日晷，親自用筆劃出正午日影的位置，眾臣在一旁等候，到了正午，日影果然與康熙所畫出的位置相合，群臣驚訝不已，「退而相顧，驚喜深愧此前學識淺陋」。

康熙三十二年，康熙接受了張誠的建議，委託傳教士繪製大清國地圖。為此，特意讓白晉回法國購置器械。次年，白晉帶領傳教士科學家，分別測繪了全國十八省包括滿洲、蒙古的地理地貌，並於康熙五十六年終於完成《皇輿全覽圖》三十二幀。

在這以前，中國的地圖不講經緯度，只是以十里方圓為一基本方格繪製平面圖，拼合起來就算是地圖。《皇輿全覽圖》則是運用最新的近代地理測繪手段繪製的，在此後的整個清代，它都是最準確的地圖。英國科學史家李約瑟在《中國科技史》中稱它：「不但是亞洲當時所有地圖中最好的一幅，而且，比當時所有歐洲地圖都更好、更準確。」

傳教士們應邀為康熙講解西方科學知識，南懷仁講解數學儀器的運用，以及天文學中最有趣和最容易理解的東西，還有幾何學、靜力學；徐日昇講解樂理。

康熙還學習西方哲學，讓白晉和張誠用滿文編撰了一本《古今哲學》。

康熙四十歲的時候，曾身染瘧疾，服中藥未能治好，卻被傳教士從歐洲帶來的金雞納霜（即奎寧）治癒，這使他對西醫、西藥產生了興趣，他聘請了二十多個西醫，並在宮中建立了一個小型實驗室，製造西藥，為皇族和大臣們治病。

康熙的父親順治是得天花死的，他本人也得過天花，因此他突破成規，大膽採用西洋醫學的辦法，以種痘預防天花，他先在宮中展開種痘，又在蒙古牧民中推廣。

對解剖學，康熙也產生了興趣，他委託傳教士巴多明將西方的《人體解剖學》一書翻譯成滿文和漢文，還親自參加了一次對熊的解剖。

康熙五十二年，康熙在蒙養齋設立算學館，翻譯西方曆算著作，編寫了《律曆淵源》等書籍，這個算學館被西方人稱為「皇家科學院」。

白晉曾對路易十四這樣誇讚康熙：「在世界的另一端，發現了一個除法國以外從未見過的君王。他像陛下一樣具有卓越而完美的天才和皇帝的胸懷。……如果沒有您的話，他早已成為人世間的一位無與倫比的皇帝了。」

康熙作為皇帝，對科學的關愛達到如此程度，的確是一個奇特的現象。白晉將他與路易十四相提並論，是大大地恭維了路易十四。實際上，路易十四與康熙一點兒也不像，他與唐明皇倒是有幾分相似：唐明皇喜歡歌舞，能演奏琵琶、笛子、羯鼓，又能作曲，曾經創作過一百多首樂曲，又能做導演，經常親自扮演角色；路易十四則是個舞迷，喜歡跳芭蕾，十三歲就登臺演出，因他曾經扮演過希臘神話中的太陽王，所以臣下就尊稱他為「太陽王」。他一生演出過二十六部舞劇，並於順治十八年建立了世界上第一個芭蕾舞學校，即「皇家舞蹈學校」。路易十四真堪稱是一位出色藝術家了，然而，對於科學，他是十足的門外漢，康熙要比他高明不知多少倍！

但是，今人卻注意到一個事實：對科學一竅不通的路易十四接受了大臣們的建議，於康熙四年成立了法蘭西科學院，這個科學院吸引並造就了一大批科學家，從事數學、物理學、化學、生物學、醫學等方面的研究，它一直延續到今天，為世界科學的傳播和發展起著積極的作用。

而康熙，在《律曆淵源》編纂完畢之後，算學館也就結束了它的使命。康熙五十四年，康熙在科舉考試中禁止了有關曆法、天文的內容。他的頗有作為的繼承人雍正和乾隆都不懂也不關心科學，更不必說嘉慶、道光、咸豐之輩了，因此，科學在康熙朝的宮廷裡，只不過是曇花一現。

這是什麼原因呢？

根本原因是當時的中國沒有培育、發展科學的社會土壤。科學是建立在經濟基礎之上的，在西方，資本主義生產方式的誕生，使科學成為一種迫切的需要，因此路易十四的法蘭西科學院能夠延續和光大，而中國，雖然明朝已經出現了資本主義的萌芽，卻十分脆弱，清軍入關以來，就其社會進程而言，略有倒退，摻入了奴隸制的因素，基本上屬於封建的農業社會，它對科學的關心，就限制在與農耕相關的方面，比如曆法。

社會性質限制著帝王的思想境界，就康熙本人的素質而言，儘管對外來文化的態度是開放的，但從功利角度上講，就缺乏高遠的目標了，一部好的曆法、一幅精確的地圖而已，前者與農耕有關，後者與疆土有關，除此，也就不再需要別的什麼了。尤其是曆法，在康熙看來，曆法關乎社稷存亡，正是有感於中國沒有好曆法，他才苦心學習，一旦好的曆法被選定了，目的達到了，就必須將它權威化，固定化，不能允許任何人對此再發表自己的見解，因為動搖了曆法就意味著動搖了社稷的安定，這就是康熙在科舉考試中禁止了有關曆法、天文內容的緣由。

康熙與路易十四的比較，是值得國人深省的！

康熙在文化上的另一貢獻，是編纂了若干典籍，比如《清文鑒》、《全唐詩》、《子史精華》、《康熙字典》、《佩文韻府》、《律曆淵源》、《古今圖書集成》等，這裡重點介紹一下《全唐詩》和《康熙字典》。

《全唐詩》，是唐代詩歌總集，由曹寅（曹雪芹的祖父）、彭定求等奉康熙敕編纂，全書共九百卷，選入了兩千八百七十三位詩人的四萬九千四百〇三首詩歌作品。

康熙四十二年初，康熙第五次南巡至蘇州時，將主持修書的任務交給江寧織造曹寅。五月，由曹寅主持，在揚州開局修書，參加校刊編修的有彭定求、沈三曾、楊中訥、潘從律、汪士鋐，徐樹本、車鼎晉，汪繹、查嗣瑮、俞梅等十人。至次年十月，全書即編成。

《全唐詩》的主要參考文獻是季振宜的《唐詩》和胡震亨的《唐音統籤》。在此基礎上，編修者作了以下校訂和補遺：一、增補作品；二、考訂辨誤；三、據唐人詩集，增加了部分校語；四、刪繁就簡，將二書所附作者生平刪去；五、刪去道家章咒、釋氏偈頌；六、重新安排全書序次。

《全唐詩》鐫刻字跡秀麗勻稱，印刷精美，被稱為「康版」。

《全唐詩》由於成書倉促，存在問題很多。其一，未能廣檢群書，故缺漏甚多；其二，考訂粗疏，多有誤收，誤收其他朝代的詩達數百首之多，重收復出之作也不少；其三，小傳較疏舛，作者先後次第亦多混亂；其四、諸詩皆不注出處，給閱讀者和研究者造成困難；其五、校勘不精，詩題及詩句錯誤較多。

《康熙字典》是張玉書、陳廷敬等三十位著名學者奉康熙聖旨編撰的一部漢字辭書。由總閱官張玉書、陳廷敬主持，纂修官有凌紹雯、史夔、周起渭、王景曾等二十七人，纂修兼校勘官為陳世倌。該書的編撰工作始於康熙四十九年，成書於康熙五十五年，歷時六年。

字典採用部首分類法，按筆劃排列單字，全書分為十二集，以十二地支標識，每集又分為上、中、下三卷，共收錄漢字四萬七千〇三十五個，是漢字研究的重要參考文獻之一。

《康熙字典》依據明朝《字彙》和《正字通》兩書加以增訂，對兩書錯誤之處下了一番「辨疑訂訛」的工夫。

《康熙字典》有三個優點：一、收字相當豐富，在很長一段時期內，它是中國選字最多的一部字典，直到一九一五年《中華大字典》出版（字數達四萬八千餘），才超過了它。二、它以兩百一十四個部首分類，並有反切注音、出處及參考等，差不多把每一個字的不同讀音和不同意義都列舉進去，便於使用者檢閱。三、除了僻字僻義以外，它又差不多在每字每義之下，都舉了例子，這些例子又幾乎全都是引用了「始見」的古書。

《康熙字典》是中國古代字書的集大成者，收字多，字之別體、俗寫均錄，字體似而音義異者編為「疑似」，另列「備考」、「補正」；注音最全面，搜羅字音完備，凡是韻書所載依序排列；釋義求古，義例多為原始出處。清代學者王引之讚譽它「體例精密，考證賅洽，誠字學之源藪，藝苑之津梁」。

《康熙字典》的缺點是：第一，錯誤較多，所引用的書名、文章篇名或錯誤或妄改，有些引文錯誤或脫落，有的刪節失當，甚至斷句錯誤，為此，王引之特撰《字典考證》一書來糾正它的錯誤，共兩千五百八十八條（其實這只是部分錯誤）；第二，它以古書釋義，卻忽略了今義；第三，對字的解釋，由於拘泥於訓詁，因而往往不夠確切或失於簡略。

但《康熙字典》畢竟為後來的《漢語大字典》、《中文大字典》打下了一定的基礎，且時至今日，《康熙字典》仍有不可替代的作用，它是閱讀古籍、整理古文獻、從事古文化研究的重要參考書。

八、文字之獄的興起

文字之獄古已有之，本書不想追本溯源。但歷朝歷代，文字之獄的殘酷，莫過於清朝，卻是無可辯駁的事實！而清朝的文之字獄，則以康雍乾盛世為最！

因言獲罪，早在多爾袞時期就已經開始了。

順治二年，清朝舉行了第一次鄉試，河南的鄉試中，發現中舉者有一份考卷把「皇叔父攝政王」的「皇」字寫成了「王」字，成了「王叔父」，結果，主考官歐陽蒸、呂雲藻被革職，交刑部問罪，理由是不敬天子、蔑視攝政王。

順治五年，發生了毛重倬案。國史院大學士剛林發現了一本坊刻關於制藝（即八股文）的書，其序文只寫丁亥干支，不寫順治年號，被認為是「目無本朝，陽順陰違，逆罪犯不赦之條」，序文的作者毛重倬及相關人員均繩之以法，並規定，「自今闈中墨牘必經詞臣造訂，禮臣校閱，方許刊行，其餘房社雜稿概行禁止」。

這一規定標誌著朝廷將出版權控制起來了。

《懷舊集》案與毛重倬案如出一轍。常熟縣知縣瞿四達貪贓枉法，民憤極大，有人遞狀上告，瞿四達懷疑狀子出自馮舒之手，便懷恨在心。馮舒寫過一本《懷舊集》，是手抄本，只標干支紀年，不寫順治年號，瞿四達便以此為藉口，捕之入獄，馮舒在獄中被折磨致死。

到了康熙朝，文之字獄以《明史》案為發端。

早在明代天啟朝，內閣首輔朱國禎因受魏忠賢的排擠而告老還鄉回到浙江烏程，他根據自己搜集的材料，撰寫了《明史概》一書，並刊行，還有一部《列朝諸臣傳》的書稿。明亡後，浙江湖州歸安縣有個盲人叫莊廷鑨，因受「左丘失明，厥有國語」的啟發，想留下一部傳世之作，而自己又不懂歷史，於是就從朱國禎那裡買來書稿，又招攬了一些文人，補寫了崇禎朝和南明的內容，定書名為《明史輯略》。書中寫清軍入關以前，使用明朝年號；提到努爾哈赤時，直呼其名；對清軍，稱「夷寇」；對漢族的抗清者，記錄他們的英雄事蹟；對降清者如尚可喜、耿仲明等，則稱「尚賊」、「耿賊」。此書刊印後，便在社會上廣為流傳。

不料，歸安縣的知縣吳之榮因貪污被革職，臨走時想向本縣的富戶敲詐些錢財，這時莊廷鑨已死，吳之榮便敲詐其父莊允城。莊允城沒有理睬他，吳之榮就把此書交給杭州將軍松魁，告莊廷鑨誹謗朝廷，希望能將功補過，再次被起用。松魁報給巡撫，巡撫報學政，莊允城慌了，急忙花錢上下打點，多方賄賂，總算暫時平息了此事。

誰知這吳之榮不死心，一直告到北京。朝廷派刑部官員來到湖州，專門審理此案。康熙二年五月，莊允城以叛逆罪入獄，不久死於獄中；莊廷鑨雖死，也掘墳戮屍；原禮部侍郎李令晰為此書作過序，被判處死刑，連他的四個兒子也一起被殺。與此書有關的如校閱、刻字、印刷等人員均被處死。松魁因知情不報，被罷官，巡撫、學政也受了處分。清初學者顧炎武在文章裡提到過此案，說死難者大約七十餘人；但近人陳登原在《古今典籍聚散考》一書中說死者為兩百二十一人。

康熙五年，又發生了黃培詩案。黃培，山東即墨人，是明末詩人，明亡後隱居故鄉，他曾經接濟過于七領導的農民起義，又曾與同仁結成社團，他在作品中流露出反清傾向，如「一自蕉符紛海上，更無日月照山東」、「殺盡樓蘭未肯歸，還將鐵騎入金徽」、「平沙一望無煙火，惟見哀鴻自北飛」等詩句。黃培的世奴家僕黃寬之孫黃元衡考中進士，當上翰林。黃家原本姓姜，黃元衡想改換成原來的姓，解除與黃家的主僕關係，就告發了黃培。此一案，黃培等十四人被捕入獄，後處斬。這黃元衡覺得意猶未盡，又上了一道《南北通逆》的稟文，指控著名學者顧炎武等三百多人對清廷懷有二心，一干人均被查處逮捕。顧炎武也入獄，經朋友營救，才於七個月以後被釋放。

不過，這兩起案子發生的時候，康熙尚未親政，不能算在他的賬上，這是鼇拜的「政績」。

下面的案子卻是康熙一手操作的。

康熙十九年發生了朱方旦案。朱方旦，漢陽人，自號二眉山人，是一個有名的醫生，他經過多年潛心研究，發現人進行思維的器官是大腦，而不是傳統醫學中所認為的心，為此，他撰寫了《中說補》一書，書中說道：「古號為聖賢者，安知中道？中道在我山根之上，兩眉之間。」這一主張在醫學界引起了軒然大波，人們群起而攻之，指責他妖言惑眾。康熙竟視朱方旦為「詭立邪說，煽惑愚民」，力主斬首。順承郡王勒爾錦對朱方旦很敬重，上疏要求免刑，康熙大怒，將勒爾錦革爵，仍將朱方旦處死。

前面談到，康熙對科學的興趣十分濃厚，然而在朱方旦的傑出發現面前，他不但暴露出自己的孤陋寡聞，而且施展愚昧的淫威，將這一新的科學發現扼殺於萌芽之中，導演了科學史上的一場大悲劇。

康熙五十年，發生了《南山集》案。清軍佔領北京後，明朝的幾個藩王先後在南方稱帝：有福王朱由崧（年號弘光）、唐王朱聿健（年號隆武）、桂王朱由榔（年號永曆），這些政權在南京、浙江、福建、廣東、廣西、雲南、貴州等數千里的地盤上與清朝對抗了十八、九年。安徽桐城有個叫戴名世的人，曾以司馬遷自詡，他認為這段歷史是不容忽視的，便著力搜集有關史料，他看到清廷主持編撰的明史有很多不實之處，就自己動手撰寫一部明史，以冀傳於後世。寫作過程中，他參考了方孝標的《滇黔紀聞》。完稿後，由他的學生尤雲鄂出錢刊印出來。因他住在桐城南山岡，故將此書的題目命名為《南山集偶抄》，請知名文人方苞寫了序文。

後來，戴名世考中了進士，做了翰林院的編修。不料兩年以後，左都御史趙申喬將已經刊印了十年的《南山集》翻騰出來，向朝廷參了一本，戴名世當即被刑部下獄。九卿會審的結果：戴名世淩遲處死，有關人等均受牽連。康熙五十二年，是康熙的六十壽辰，他大施慈悲，從輕發落，只殺戴名世一人，其他人免死。

由於文字之獄迭生，一些邪惡之徒找到了敲詐勒索的門路。他們專門從別人的書中尋字捉句，挑剔紕漏，牽強附會，羅織罪狀，然後對作者進行漫天敲詐。此風一開，竟有沈天甫、夏麟奇、呂中等人獨出心裁，刻印了一本詩集，假託為陳濟生所編，書中所涉及的作者達七百名。這沈天甫拿著詩集到內閣中書吳元萊家裡去訛詐，要吳交出兩千兩銀子，被吳斷然拒絕。於是，沈天甫就拿著詩集告到官府。此事鬧到刑部，經過一番調查，才知道是沈天甫幾個搗的鬼，便將他們砍了腦袋。

以上文禍，就像一股邪火，在本來就已經被禁錮的文化田野上點燃，到了雍正、乾隆兩朝，文字之獄的大火便熊熊燃燒，遍及中華大地！

九、儲位風波

康熙四十七年九月初四，清廷發生了一件出人意料的大事——皇太子胤礽被康熙廢掉了。

當時，康熙正出巡塞外，在布林哈蘇台行宮向諸王和群臣宣佈了這道諭旨，皇太子的罪名是「不法祖德，不遵朕訓，惟肆惡虐眾，暴戾淫亂」，他一面宣讀，一面哭泣，最後僕倒在地，那以後，六天六夜寢食不安，淚不能止，後來竟至於中風。

胤礽是皇后赫舍里氏所生，因為是嫡出，而且皇后因難產而死，因此康熙對他格外疼愛，兩歲時就將他冊立為太子。為了培養他，康熙花費了極大的心血，而胤礽也頗知長進，康熙認為他「騎射、言詞、文學無不及人之處」。康熙三次親征噶爾丹時，就讓胤礽坐鎮京師，主持朝廷日常事務。因胤礽地位顯赫，便有一批權臣靠攏到他的身邊，漸漸地形成了「太子黨」。胤礽為人暴戾且貪婪，經常凌辱鞭撻朝中大臣，有一次當著父皇的面把師傅徐元夢推到水裡，他還經常勒索地方官員，截留蒙古進貢的禦馬，他的表現引起了康熙的不滿，說胤礽若當政，「必至敗壞國家，戕賤我萬民而後已」。

胤礽又是個權力欲極重的人，在禮儀方面大講排場，一切按照皇帝規格，但他仍不滿足，迫不及待地要登基繼位。

為了警告皇太子胤礽，康熙將依附太子的大學士、領侍衛內大臣索額圖處死，但胤礽並未因此而有所收斂。這次他隨康熙出巡，每至深夜，就到康熙帳蓬周圍徘徊，不時向帳裡窺探，康熙警覺了，說道：「朕不知今日被鴆，明日遇害，晝夜戒慎不寧」，於是有了泣廢太子那驚心動魄的一幕。

但後來出現的情況，卻是康熙始料所不及的。

本來諸皇子之間就存在著撕扯不斷的矛盾：皇長子胤禔立功很多，征討噶爾丹時任過副將軍，後被封為直郡王，僅僅因為他是庶出，所以當初未被立為太子，他是很不服氣的。在他身邊，有權傾朝野的大學士明珠、大學士佘國柱、戶部尚書佛倫、刑部尚書徐乾學等人圍繞著，成為太子黨的對抗力量。康熙有所覺察之後，就罷黜了明珠等人，實際上等於解散了長子黨。現在太子被廢，胤禔立即活躍起來。他向康熙進言，要求處死胤礽，並表示：如果父親不忍心下手，他可以代為執行，他還命喇嘛巴漢格隆施展巫術，想咒死胤礽。事洩，康熙大怒，遂革其職爵，圈禁終身。

皇八子胤禩，是皇子中非常有能力、有影響的一個，以仁愛好禮而享有較高的威信，不但王公大臣有許多人擁護他，而且連皇九子胤禟、皇十四子胤禵也向他靠攏。康熙廢太子後，曾讓大臣們推舉新太子人選，首輔大學士馬齊等人力薦胤禩，特別是相面人張明德說他日後必有大貴，更使他顯露出一副「非我莫屬」的姿態。面對眾人的擁戴，他曾試探康熙：我想裝病，免得大臣們總是保舉我。康熙看出了他的用意，答道：你僅僅是個貝勒，豈能存非分之想？康熙對胤禩是很不放心的，他認為胤禩善於籠絡人心，其危險勝於胤礽百倍。胤禩斷了做太子的希望，便懷恨在心。一次康熙出獵回京，胤禩派太監送去兩隻快死的鷹，康熙大怒，父子之情遂絕（一般說來，胤禩不會如此大膽，安知不是有人從中使了掉包之計來陷害胤禩？此事至少應該引起康熙的懷疑）。那個給胤禩相面的張明德，被康熙凌遲處死，而胤禩，則以妄蓄大志、陰謀奪嫡的罪名鎖拿，革其爵位。

皇三子胤祉聰慧博學，與人為善，康熙廢太子後，因心情頹廢而大病一場，胤祉多方勸解，精心照料，使康熙得以康復，父子之間感情頗為融洽。在胤祉周圍，是一批有名氣的文人，方苞、陳佈雷等。現在，皇太子胤礽廢了，皇長子胤禔圈禁了，按排行，就該輪到他了，為此，他請來占卜師楊道升為自己預測未來，足見內心也存有嗣位之念。

皇十四子胤禎是被認為最有可能嗣位的皇子，其人性情率直而講義氣，有軍事才幹，康熙五十七年，康熙任命他為撫遠大將軍，總領西北各路大軍平定叛亂，出征時使用正黃旗，代表皇帝，稱「大將軍王」。他雖然出兵在外，卻關心嗣位之事，他委託九兄胤禟密切探聽政局，還請術士張愷算命，張愷奉承他，說他有「九五之尊」之氣象，他十分高興。

上述幾股勢力以不同方式顯露出爭奪嗣位的跡象，而朝中大臣也紛紛捲入了這場是非的旋渦，而且大有愈演愈烈的趨勢，這使康熙深感憂慮，為了避免引起更大的波折和混亂，他於第二年三月，複立胤礽為皇太子。

他考慮到胤礽可能對其他皇子進行報復，於是又封皇三子胤祉為誠親王，皇四子胤禛為雍親王，皇五子胤祺為恒親王，皇七子胤祐為淳郡王，皇九子胤禟、皇十二子胤祹、皇十四子胤禎為貝子。

然而這樣一來，原有的矛盾不但沒有緩和，反而加劇了，因為諸皇子封爵之後，地位提高了，個個自命顯貴，更不把曾經廢過一次的太子放在眼裡了。

這種格局又是康熙始料未及的。

胤礽複立後，未能接受教訓，收斂自己，反而變本加厲地擴充自己的勢力，身邊又聚集了一批官僚，而他的日用和禮儀亦無節制，甚至比皇帝「殆有倍之」。其驕縱貪婪之習性有增無減。康熙因為皇太子廢而再立，不好過多干涉，就採取了容忍姑息的態度，這更使胤礽的慾望迅速膨脹，他發牢騷說：「古今天下，豈有四十年太子乎？」

胤礽的表現為諸皇子提供了口實，他們借各種機會揭露胤礽的惡行，也散佈關於他的謠言，弄得胤礽聲名狼藉。

康熙對胤礽徹底失望了，終於在康熙五十一年再次廢掉了皇太子。

皇太子的立、廢、複立、複廢，這一番折騰，鬧得康熙心力交瘁，苦不堪言。看著皇子們為爭奪儲位而密結黨羽，互相攻訐，他心中充滿了傷感和悲酸。他想到了齊桓公：齊桓公是春秋時期的五霸之一，建立霸業之際是何等輝煌！可惜他剛一撒手人寰，五個兒子就為了爭奪王位而同室操戈，桓公的屍體在床上放了六十七天，竟無人過問，致使蛆蟲爬出窗外。想到這些，康熙感慨不已地說：「日後朕躬考終，必至將朕置乾清宮內，爾等束甲相爭耳！」

儲位虛空，皇子們又展開了新一輪的明爭暗鬥，怎麼辦？精神幾近崩潰的康熙決定不再立皇太子了。

史學家們書寫這段歷史的時候，往往列舉出各位皇子的缺陷和不足，有意無意地向讀者暗示：他們不具備繼承大統的資質和條件。

在筆者看來，這種認識犯了兩個大的錯誤。第一個錯誤，把責任歸之於諸皇子，是站在康熙的立場上來說話的。其實，在立儲問題上的多次反覆，其直接原因不在皇子們，而在康熙本人。

首先，在康熙眼中，皇子們沒有一個稱心如意的，這是一種求全責備的心理。實際上，除了胤禔有殺胤礽之念而不適合於做皇太子以外，其他如胤祉、胤禛、胤禩、胤禎等，都是符合條件的。

其次，諸皇子都想得到儲位，這是很正常的心理。他們的祖父順治六歲登基，十四歲親政；他們的父親康熙八歲登基，十四歲親政。而他們都已經成人了，不能做皇帝，難道還不能做皇太子嗎？他們為了這個願望，而做出一定的努力，乃是正常舉動。他們身邊各自圍繞著一批擁護者，也屬於正常現象。但在康熙看來，所有這些，都是圖謀不軌的表現，是不能容忍的，因而給予不同方式、不同程度的打擊。

再次，皇太子胤礽的驕橫作風，康熙是有責任的，比如，為了提高皇太子的威信，就批准皇太子享受於皇帝相同的禮儀規格，如著裝、儀仗、用物與皇帝相同，節日像皇帝一樣接受百官的朝賀和叩拜等等，這就不可避免地使少年的皇太子養成特殊的優越感，進而忘乎所以，目空一切。再如胤礽複立太子後，表現一如從前，向各地勒索貢物和美女，對不巴結的他的臣下動輒斥責、驅逐、罷黜，康熙對此則聽之任之，採取了姑息的態度。

最後，康熙對「皇太子」這個位置懷有隱含的恐懼心理。他比皇長子胤禔只大十八歲，比皇太子胤礽只大二十歲，在他年富力強、事業輝煌、可以大有作為的時候，皇子們都長大成人了，兼之他十分重視對皇子們的教育，使皇子們個個才智過人、氣宇不凡，且胸懷大志。於是，他陷入了人生的悖論之中：他精心培養起來的人，恰恰是要接替他的人，因此，不論是誰做了皇太子，他都會感到是一種威脅。

在這種微妙心理的支配下，他的舉措顯得反覆無常，甚至出爾反爾，但總的傾向還是明確的，那就是壓制所有的皇子。

康熙對胤禩的態度很能說明這一點。胤禩本來在諸王子中是最優秀的，威信很高，他的素質康熙不會不瞭解。在第一次廢太子後，康熙要求臣下密舉皇太子人選，結果胤禩的擁護者最多，這本來是件好事，但康熙害怕了，說：「二阿哥（即胤礽）悖逆，屢失人心；胤禩則屢結人心，此人之險百倍於二阿哥也！」看吧，連「結人心」都成了罪過！胤礽失人心，不行；胤禩結人心，危險百倍。那麼，在「失人心」和「結人心」之間，皇子們應該作何選擇呢？康熙甚至覺得胤禩危及他的人身安全，他說：胤禩「黨羽甚惡，陰險已極，即朕亦畏之」。又說：「朕恐後日必有行同狗彘之阿哥，仰賴其恩，為之興兵搆難，逼朕遜位而立胤禩者。」基於這種不安心理，康熙對胤禩採取了「槍打出頭鳥」的態度。

對皇十四子胤禵，康熙同樣存在著戒備和防範心理。一方面舉拔他，委以重任，另一方面讓他的爵位停留在貝子的級別上，離皇太子還差幾等。對他，康熙雖然沒有採取鎮壓的態度，卻小心翼翼地限制著他的勢力。

堅決保住自己的皇位，最大程度地延長在位時間，是漸漸步入老年的康熙的主導心態，他對皇子們的猜忌和恐懼，他的危機感，他在立儲問題上所犯的一系列錯誤，都與這種心態有著或多或少的聯繫。

歷史學家們所犯的第二個錯誤，是把皇子爭儲看成是壞事，其實，比起嫡長制來，這卻是件好事。我們知道，在封建中央集權制度下，皇帝個人的素質不但規定著皇室的命運，而且規定著整個國家的命運。誠然，皇子爭儲位的過程中，拉幫結派，互相攻訐，甚至會影響日常政務，但它的結果畢竟是優選，群雄逐鹿，賢能者勝；而嫡長制則不然，皇太子的賢與不肖只能聽天由命了。滿清的傳統是八大貝勒共議朝政，而康熙首次採用漢人的嫡長制，結果受到了滿清傳統觀念的衝擊。康熙沒有看到這一點，因而陷入無窮無盡的煩惱之中。

十、韜光養晦

出頭鳥胤禔（皇長子）、胤礽（皇太子）、胤禩（皇八子）讓康熙打掉了，而胤祉（皇三子）、胤禎（皇十四子），康熙根本就沒讓他們出頭，康熙也明確表示不再立皇太子了，被立儲攪得亂哄哄的宮廷總算平靜了些。

然而，皇子中有一個人早就貪婪地覬覦著皇位，而且始終以鍥而不捨的精神默無聲息地向那張金黃燦爛的龍椅挪動著自己的腳步，這個人就是皇四子胤禛。

可惜，洞察秋毫的康熙偏偏沒有發現。

胤禛生於康熙十七年，其生母烏雅氏，是滿州正黃旗人護軍參領威武之女，她生胤禛以前，只是一般的宮女，生了胤禛後，被冊封為「德嬪」，又晉升為「德妃」。像其他皇子一樣，胤禛童年時受到了良好的教育，但就其才資而言，在諸多皇子之中，並無過人之處。

直到康熙第二次廢太子時，胤禛在皇子中的地位也不突出，論人氣和威信，他不如八弟胤禩；論才幹和受父皇寵信，他不如十四弟胤禵；論排行，他不如三哥胤祉。但有一點胤禛比其他皇子高明：他準確地把握了康熙在廢皇太子之後不再立皇太子的心理。

皇太子的位子空出來了，但自己缺乏攫取這個位子的優勢，卻心存攫取它的強烈欲念，此時的胤禛被莫名的焦慮纏繞著……

正在這個當口，胤禛收到了一封信，是自己的部下戴鐸寫來的，篇幅雖長，卻句句紮進了胤禛的心坎裡，信裡先指明胤禛面臨的困難處境：面對父皇難，「處庸眾之父子易，處英明之父子難……處英明之父子也，不露其長，恐其見棄；過露其長，恐其見疑，此其所以為難」；面對兄弟難，「處眾多之手足也，此有好竽，彼有好瑟，此有所爭，彼有所勝，此其所以為難」。接著便提出了十六字秘訣：「孝以事之，誠以格之，和以結之，忍以容之。」具體說來：其一，孝敬父皇；其二，與兄弟友好相處；其三，是籠絡人心，對左右近御之人要「破格優禮」，「敬老學賢」；其四，「不貪子女玉帛」；其五，通過提拔親信，培植黨羽，使他們「在外者為督撫提鎮，在內者為閣部九卿」。最後，戴鐸叮囑道：「當此緊要之時，誠不容一刻放鬆也！否則稍微懈怠，倘高才捷足者先主子（指胤禛）而得之，我主子之才智德學素俱高人萬倍，人之妒念一起，毒念即生，至勢難中立之秋，悔無及矣！」這簡直是在警告主子胤禛，趕快努力爭取呀，如果讓他人捷足先登，就後悔莫及了！無可置疑地，這封信引起了胤禛的共鳴，而且對胤禛起了指點迷津的作用。

然而，胤禛這個人把自己隱蔽的太深了，對任何人，他都藏著一手，他在給戴鐸的回信中寫道：「語言雖則金石，於我分中無用。我若有此心，斷不如此行履也。況亦大苦之事，避之不能，尚有希圖之舉乎？」你聽聽，把做皇帝當成「大苦之事」，他躲避還來不及呢！真是自欺欺人，虛偽之至！

不過，再隱藏自己也總能露出馬腳。戴鐸寫信說，他在武夷山見到一個道人，請道人為胤禛占卜，測到一個「萬」字。迷信天命的胤禛驚喜不已，急不可待地去信叮囑戴鐸把道士的話「細細寫來」。

覬覦儲位，胤禛與其他皇子一樣心切，不過，他有獨特的招術。就在碰壁的和未碰壁的皇子們不察父意，依舊為爭儲位而奔忙的時候，胤禛卻以「天下第一閒人」的姿態出現了。他自稱「圓明居士」，與佛界人往來頻繁，跟他們一起討論佛學理論，並編寫出

《和碩親王圓明居士語錄》、《圓明百問》等著作，又主持興建北京西山大覺寺，他還把能夠體現佛之境界的詩歌輯錄起來，名曰《悅心集》。且看其中的《醒世歌》：「南來北往走西東，看的浮生總是空。天也空，地也空，人生杳杳在其中。日也空，月也空，來來往往有何功？田也空，地也空，換了多少主人翁？金也空，銀也空，死後何曾在手中？妻也空，子也空，黃泉路上不相逢！」

全然是一副超然出世、淡泊功名的神態，哪裡有一絲爭奪儲位的樣子？

在大唱《醒世歌》之類的同時，胤禛加緊祕密結黨，以年羹堯（晉川總督）和隆科多（步軍統領、理藩院尚書）為核心，拉攏禮部尚書蔡珽、閩浙總督滿保、湖廣提督魏經國、四川布政史戴鐸等等，在皇子中，秘結十三弟胤祥……

在處理兄弟關係方面，胤禛做得很出色。例如，康熙第一次廢皇太子後，胤禛多次在康熙之前說胤礽的好話，因為他覺得自己做太子無望，又不願讓頗有威望的胤禩當選，倒不如維持胤礽的地位。康熙沒看出他的用心，表揚他說：先前拘禁胤礽時，無人為他說好話，「惟四阿哥（胤禛）性量過人，深知大義，屢在朕前為胤礽保奏，似此居心行事，洵是偉人。」胤禛聽了心中反覺恐慌，因為一旦胤礽再出事故自己必然受牽連，而且自己也會因此而得罪其他皇子，於是當即否認自己保過胤礽，不敢承受父皇的表場，他這樣做，又使康熙覺得他很謙虛，不想居功，真可謂一箭數雕。

再如，當康熙複立太子後為防止其報復而賜封儲皇子時，胤禛又假惺惺地請求康熙說胤禟、胤祹、胤禎都為貝子，等級較低，都是兄弟，自己願意降低世爵，與他們平級。他這樣做，既討好了父皇，又籠絡了兄弟。

就這樣，胤禛密切地窺視著，精心地運作著，耐心地等待著，不露一絲聲色……

第三章 森嚴與井然

一、雍正繼位——解不開的謎團

康熙六十一年十一月初七，康熙身體欠佳，十三日病情惡化，於戌刻（晚七點至九點）死於暢春園寢宮，享年六十八歲。

康熙是怎麼死的？有一種說法：康熙病重時，皇四子胤禛送去了一碗人參湯，康熙喝下，就死了。

此說不足信：康熙的警惕性很高，且關心養生之道，他不主張北方人吃人參。但是，排除了「人參害父」說，並沒有使胤禛得到完全的解脫，他仍然有害父的嫌疑，跡象有四：

一，康熙儘管晚年身體欠佳，但病情並不十分嚴重，去世前七天，還去騎馬打獵，後得了感冒，但不至於致命。聯繫到康熙一死，隆科多就派兵包圍皇宮、封鎖消息這一情況，就有理由推斷，彼時胤禛名義上是為康熙治病，實際上已經將這個老皇帝軟禁了。

二，清宮文件中發現雍正剛剛繼位時給隆科多的一封信，信中稱隆科多為「朕之功臣」、「曠世罕有之臣」，隆科多是康熙的九門提督，對雍正何功之有？話中必有隱情！而且，雍正剛一繼位，就命隆科多為總理事務大臣，又親口稱呼他為「舅舅隆科多」，這不是頗有意味的嗎？

三，隆科多曾說：「白帝城受命之日，即是死期已至之時」，如果雍正屬於正當繼位，隆科多豈能有此擔憂？只有參與了一場特大的犯罪陰謀，才會產生如此不祥的預感。

四，雍正繼位後，總是迴避乃父，比如，康熙生前喜歡住在暢春園，雍正沒有在這裡居住，而是另撥鉅款將圓明園修建得富麗堂皇，住在那裡；再如，康熙生前，每年都要到避暑山莊住幾個月，但雍正在位十三年，竟然一次也沒去過；雍正為自己挑選的陵墓，不與父、祖在一起，而是在較遠的易州。有人認為，這說明雍正心裡有鬼，不敢面對父親的英靈。

所以，即使康熙不死於「人參」，雍正也難洗刷自己。

然而，說康熙屬於正常死亡也是能夠講得通的。第一次廢皇太子時，他的精神就受了很大刺激，大病了一場；到康熙五十四年，右手已經不能寫字了，康熙五十六年冬，心神恍惚，腿腫；再過一年，身體更差，據《康熙朝起居注》載，康熙此時「手顫頭搖，觀瞻不雅；或遇心跳之時，容顏頓改」。如此看來，康熙很可能是由於年邁體衰、疾病纏身而死的。

這年十一月二十日，胤禛在太和殿登基，受百官朝賀，改明年為雍正元年。胤禛原是雍親王，故年號取了一個「雍」字；「正」字是強調自己是正當繼位。

胤禛是怎樣登上皇帝寶座的？這樁疑案要比孝莊皇太后下嫁更加撲朔迷離。主要說法有三種：正當繼位說（又稱「合法」說）、改詔篡位說和謀劃奪位說（又稱「自立」說或「矯詔」說）。

先看正當繼位說，這種意見的根據是：

第一，今存中國第一歷史資料館的《康熙遺詔》中寫道：「皇四子胤禛，人品貴重，深肖朕躬，必能秉承大統，著繼朕登基，即皇帝位。」《清聖祖仁皇帝實錄》中記載了同樣的話。

第二，康熙喜歡胤禛的兒子弘曆（即後來的乾隆皇帝），有心把皇位留給這個孫子，但要讓弘曆繼位，就必須先讓他的父親胤禛繼位。

第三，康熙對胤禛的印象很好，感情比較深，他把圓明園送給了胤禛，康熙晚年，經常到胤祉和胤禛的花園遊玩，據《實錄》載，康熙去胤祉花園共十八次，去胤禛花園十一次，這種殊榮是其他皇子所沒有的。康熙還多次委派胤禛主持大祀。這類情況說明胤禛在康熙心目中有重要的地位。

但此說受到太多的質疑：

其一，《實錄》載：康熙臨終的當天寅刻（五點至七點），宣皇三子、皇七子、皇八子、皇九子、皇十子、皇十二子、皇十三子共七位阿哥和隆科多進宮，向他們宣佈遺詔。帝位傳承，事關重大，在場者有七位皇子和隆克多，卻偏偏沒有繼位者胤禛本人，這太離譜了！

其二，如果說康熙死時胤禛正在天壇齋所，所以不在場，那麼，康熙既然有意要傳位於他，就應該在病危時相告，但就在死的這一天，胤禛曾三次進見康熙，問侯病情，康熙為什麼不告訴他皇位繼承的事？

其三，最為可疑的是，雍正元年，雍正在解釋自己繼位的經過時，只是說康熙臨終時「倉促之間，一言而定大計」（「定大計」指確定胤禛為皇位繼承人），那以後，從未有人提到七位皇子和隆克多一起聆聽詔書的事，顯然，那時皇子們都活著，雍正沒法編造。直到雍正七年，雍正才在《大義覺迷錄》中詳細地列舉了七個皇子的名字，而那時，皇子們死的死，囚禁的囚禁，隆克多也死了，雍正可以隨心所欲地編造了。可見，《實錄》那段記載乃是七年之後雍正追補的假貨。

其四，康熙死後，為什麼由隆克多單獨向胤禛宣佈繼位的遺詔，而其他皇子和王官大臣均不在場？如果說是因為他從天壇趕回，來晚了，也不對，他從天壇到暢春園，竟然用了五個時辰（十個小時），這難道是合乎情理的嗎？

其五，《康熙遺詔》本來應該在十三日康熙死後就當眾宣佈的，為什麼一直拖到十六日才宣佈？

其六，康熙死後，京城九門關閉六天，諸王非傳令不得進入大內，連康熙的後妃都被擋在康熙的寢宮之外，弄得神祕兮兮的，這一情況意味著什麼呢？

其七，雍正剛一登基就迫不及待地把專門替康熙傳達諭旨的近侍趙昌殺掉（此舉連傳教士馬國賢都感到吃驚），同時又下令收回康熙所有的朱批諭旨，並警告說，「若抄寫、存留、隱匿、焚棄，日後發現，斷不寬恕，定治重罪」，這又是為什麼呢？

其八，胤禛繼位後，大殺兄弟及年羹堯、隆克多，實際上是一種滅口之舉。

其九，雍正的先輩死後都葬在馬蘭峪（後稱清東陵），而雍正卻埋在易州（即清西陵），說明他的皇位來路不正，無顏在地下見自己的父親。根據之一是雍正信奉鬼神，他說：「鬼神之事即天地之理，不可以偶忽也。」

其十，雍正得位後，炮製出《大義覺迷錄》，其用意在於洗涮自己，卻欲蓋彌彰（後文將詳細談到）。

其十一，「正當繼位」說所說的康熙喜歡弘曆，才先傳位於胤禛，此說大謬，康熙初次認識弘曆，是康熙六十年春，一年之後，康熙就去世了。在皇位繼承問題上，康熙吃盡了苦頭，有著說不盡的教訓，怎麼可能在這麼短的時間就心血來潮，確定了兩代皇位繼承人呢？即使喜歡弘曆，也未必有傳位之意，何況還要經胤禛轉一道手呢？至於康熙對胤禛的印象，則並非是單純的信任和器重，他曾說胤禛「喜怒不定」，難道康熙會把皇位交給這種性格的兒子嗎？如果此說是真的，那麼，不論這個弘曆當了皇帝之後是否有作為，康熙都犯了四十六年前同樣的錯誤（胤礽在一周歲時就被康熙定為皇太子）。至於說康熙把對胤禛的兒子接到宮中撫養，一點兒也不能證明要傳位給他，因為皇十四子胤禎出征時，康熙也把他的兒子接到自己身邊的。

其十二，雍正要治罪於隆科多時，有的大臣提到，康熙去世時，隆科多根本就不在場。這就奇了！明明是隆科多當著雍正的面宣讀的遺詔，怎麼又說他不在場了呢？莫非是這個大臣說漏了？因此，就連康熙離世時隆科多是否在場，也成了懸案！

以上十二條質疑，足以證明所謂《康熙遺詔》是完全不足信的。

再看改詔篡位說。這種說法在胤禛登基時就已在社會上流傳。認為康熙最喜歡、最信任的是第十四子胤禎，派他做撫遠大將軍，讓他立功，樹立威信。當時的遺詔是：「皇位傳十四子胤禎」，而胤禎當時不在京城，胤禛就私自將遺詔中的「十」字改為「于」字，禎字改為「禛」字，這樣一改，遺詔就成了「皇位傳于四子胤禛」，他做了皇帝後，將十四弟胤禎的名字改為「允禵」。

此說也遭到了質疑，理由是「傳于」的「于」字當時應寫作「於」字，不能用今天的簡化字「于」。但又有人辯解說「于」、「於」二字古時候是可以通用的，東漢許慎《說文解字》中說：「于，於也。」元代書畫家趙孟頫書《洛神賦》墨蹟中，有「睹一麗人，于岩之畔」之句，就是明證。

但說「于」、「於」可以互用並不足以支援改詔篡位說，因為清宮正式文件提到皇帝的兒子均稱「皇幾子」，如「皇三子」、「皇六子」等，加上一個「皇」字，則「皇十四子」中的「十」字就沒法改成「于」了。還有，清宮重要文件都用滿漢兩種文字書寫，漢文可以改，滿文怎麼改？況且，將「十」字改為「于」字，將「禎」字改為「禛」字，總會暴露出塗改的痕跡，如果真想改詔，完全可以重新寫一份，不必冒著出漏洞的巨大風險。

因此，改詔篡位說是站不住腳的。

最後，我們再看謀劃奪位說。認為康熙沒有明確指定繼承人，而胤禛是偽造遺詔登上皇位的。

筆者認為，此說最符合實際，最能解釋胤禛繼位前後所出現的一系列奇特現象。理由：前面提到的關於正當繼位說的十二條質疑，正好可以作為謀劃奪位說的根據。

胤禛謀劃奪位，可以分兩個階段，第一個階段是康熙去世以前，胤禛的表現是韜光養晦，深藏不露，借此在康熙和諸皇子心目中樹立良好的形象，這一點，我們在上一章已經談到了。應當說，在這一階段，胤禛已經占了上風，因為皇長子、皇太子、皇八子幾個集團先後受到了康熙的申斥，已經失去了繼位的條件，於是，胤禛減少了許多競爭者。到康熙臨終時，康熙心目中只有胤祉、胤禛、胤禵三個人選了，或許康熙未能料到自己的死期，也就未能來得及等皇十四子胤禵立功之後返回北京，結果使胤禵喪失了爭奪皇位的機會。因此，康熙的死，對胤禛來說，是天賜良機。

但僅有這些是不夠的，還要有謀略，在個人命運的關鍵時刻，他抓住了一個人，那就是理藩院尚書、步軍統領隆克多，而隆克多也選擇了胤禛。隆克多為什麼選擇胤禛？余沐先生在《正說清朝十二臣》一書中作了中肯的分析：

第一，胤禛的生母是烏雅氏，但幼年是由孝懿仁皇后撫養的，而孝懿仁皇后正是隆科多的姐姐，因此隆科多很容易親近胤禛。

第二，由於胤禩、胤禵（即允禵）的支持者很多，而且他們的權位多在隆科多以上，這樣，即使隆科多擁戴這兩個皇子，也難取得首屈一指的地位；而胤禛不同，他的黨羽不多，依靠他，一旦成功，自己必定稱為第一功臣，就像當年李斯協助趙高立秦二世而放棄扶蘇一樣，因為扶蘇身邊有蒙恬，李斯是不會居首功的。

第三，胤禛雖握有兵權，大有人望，但遠在千里之外，不易順利抵京，如果自己投靠胤禛，則內有部隊控制京城局勢，外有年羹堯截斷胤禛與京城的聯繫。

那麼，胤禛為什麼依靠隆克多呢？因為他別無選擇，隆克多當時是步軍統領（俗稱九門提督），手裡有兩萬兵馬，專門負責防衛京城的，在皇帝治喪期間，能夠以武力控制紫禁城局勢的只有他。

歷史給雍正提供了奪位的絕好機會！

二、抹不掉的心理陰影

康熙一死，胤禛的奪位活動就進入了第二個階段，也就是實質性的階段。在胤禛與隆克多密謀之下，一系列奇特的現象出現了。

首先是隆克多封鎖了暢春園，康熙的六位領侍衛大臣和五位大學士都沒有得到通知，康熙的後妃和諸皇子，也被蒙在鼓裡。康熙遺體旁邊，只有胤禛、隆克多和康熙的幾個貼身太監——這對隆克多來說，無疑是一次生命的賭注，難怪他後來說「白帝城受命之日，即是死期已至之時」。

之後是關閉京城九門，長達六天，諸王非傳令不得進入大內。

再之後是拖了三天才於十六日頒佈康熙傳位遺詔，而且只宣讀了滿文。在場的御史湯保等人當時就提出質問，指責鴻臚寺官（執掌禮儀、宣讀詔書者）沒有公開漢文本。足見當時漢文遺詔尚未炮製出來。

康熙死的第二天，胤禛尚未正式登基，就任命允禩（為了避諱，胤禛將兄弟的名字中的「胤」字均改為「允」字）、允祥、大學士馬齊、隆克多四人為總理事務大臣。允禩是他的政敵，馬齊是允禩的追隨者，這一安排是出人意料的，也是深有寓意的。

對同母弟皇十四子允禵，胤禛表現出「相煎何急」的心態，先是將他召回北京，之後讓他守皇父的景陵，又將其囚禁於景山。

雍正（以下行文須稱胤禛為雍正了）一面囚禁同胞弟弟，一面給生母烏雅氏上徽號「仁壽皇太后」，但烏雅氏堅辭不受。雍正登基半年之後，她就死了，從病到死，只有十幾個小時，可謂猝死。據允禟的太監何國柱說，她是自殺的，「太后要見允禵，皇上大怒，太后於鐵柱上撞死」，允禩的太監馬起雲也說她是撞死的，有人認為，允禟、允禩是雍正的政敵，其太監可能故意造謠，這不對，此時雍正已經當了半年的皇帝，哪個太監敢造這樣的謠？總之，烏雅氏對雍正囚禁允禵怒不可遏，是可以肯定的；她的死與允禵的被囚禁有直接關係，也是無可置疑的。

歷代王朝的宮廷，為了爭權奪利而兄弟相殘的例子是不勝枚舉的，但手段之兇狠、程度之殘忍如雍正者，卻實不多見。

雍正的大哥允禔早就被康熙奪去封爵，囚禁於府第，並派人嚴密看守，允禔對雍正構不成任何威脅，他死於雍正二年。

雍正的二哥允礽是兩次被廢的太子，被囚禁在咸安宮，對他，雍正放心不下，於是一面封他為理郡王，一面把他驅趕到山西祁縣鄭家莊，在那裡蓋房屋，令其居住，實則監禁。雍正二年，他在憂鬱中死去。

雍正的三哥允祉並不太熱心於儲位的競爭，但雍正也沒放過他，理由是「允祉與太子（即允礽）素親睦」，他把允祉發配到遵化為康熙守陵。不久便奪其爵位，幽禁於景山永安亭，在那裡，允祉耗盡了人生的最後歲月，雍正十年離世。

雍正的五弟允祺，曾隨父親康熙遠征噶爾丹，因軍功被封為恒親王，他既沒有競爭儲位，也不結黨，但雍正仍視他為障礙，藉故削去其子的封爵。允祺死於雍正十年。

九弟允禟，屬於允禩一黨，雍正對他自然恨之入骨，給他起了個名字叫「塞思黑」，滿語意思是「狗」，有人認為意謂「不要臉」。整治他的辦法是先清除他身邊的人。允禟的禮科給事中（料理家務的官吏）秦道然被雍正扣上仗勢斂財作惡的罪名，勒令其賠償十萬兩銀子，但抄家時發現，其家產總共還不值一萬兩，而秦道然仍然被監禁；允禟的太監李盡忠被雍正發配到雲南邊地；另一個太監何玉柱撥給旗人為奴，而允禟本人，則遣往西大通，雍正暗中指使寵臣年羹堯密切監視，不准他回北京。一次，允禟派人到河州買草，踏看牧地，這等尋常之事，居然被視為「抗違軍法，肆行邊地」的大罪狀，結果雍正革去其貝子爵位。後來給他羅列了二十八條罪狀，送往保定，讓直隸總督李紱（雍正的親信）看管。李紱將允禟困於牆垣之內，將門封住，以桶送進飲食。不久，允禟以「腹疾卒於幽所」，雍正說他罪有應得。歷史家們多認為允禟是雍正害死的。

十弟允䄉也屬於允禩一黨，雍正藉故革其世爵，並將其囚禁，又抄了他的家。

十二弟允祹沒有結黨，也沒謀位，雍正先封他為履郡王，不久降為貝子，又降為鎮國公，可謂一降再降。乾隆繼位以後，晉封他為履親王。

十四弟允禵畢竟是雍正的親弟弟，雍正將他囚禁後，擔心產生不利於他的輿論，就自我辯解說：允禵無知狂悖，心高氣傲，如果他肯改過自新，朕自當不斷施恩於他，但他不知改悔，為國法計，朕不得不將他治罪。這樣，雍正就擺出一副萬般無奈的樣子，為自己開脫。他在允禵的囚所裡掛上康熙的畫像，讓允禵看著父親思過。但即使到了這個地步，允禵也不得安生，雍正還處心積慮地搜集他的「負面消息」，他傳允禵的家人，誘供式地詰問道：聽說允禵昔日在軍中專門好吃酒行兇？家人們均回答說沒有這類事，雍正大怒，將他們一律永遠枷示，他們的兒子十六對以上者，也予以枷示。而允禵直到乾隆繼位以後，方才獲釋。

再說允祥，他和馬齊被任命為總理事務大臣，是雍正的權宜之計，因為他不能也不敢同時打擊若干政敵。他這樣做，可以給人以寬宏大量、不計前嫌的印象，其實在分工上，雍正只讓允禩管理藩院和上駟院，理藩院是處理民族事務的，上駟院管理御用馬匹的，都是無關緊要的部門。雍正二年七月，雍正拋出了自己親自撰寫的《御制朋黨論》，對朋黨現象進行了激烈的抨擊，而且警告臣下，「嗣後朋黨之習，務期盡除。爾等須捫心自問，不可陽奉陰違，以致欺君罔上，悖理違天。毋謂朕恩寬大，罪不加眾，倘自幹國法，萬不能寬。」

到雍正四年正月，雍正以更加猛烈的火力向允禩發難，在上諭中羅列了他一大堆罪狀，說他「沽忠孝之名，欺人耳目，而其奸險不法，事事傷聖祖仁皇帝慈懷」，至於具體情節，雍正提到康熙生病時，他自己與允祉商量為父親配藥的事，而允禩、允禟、允禵則「促膝密語，醫藥之事不曾一問」。雍正大概找不出更厲害的炮彈了，便把這些雞毛蒜皮的瑣事抖摟出來，置人於死地，同時也張揚自己的孝心。他又說「允禩心中已無祖宗君上矣，允禩既自絕於天，自絕於祖宗，自絕於朕」。雍正將允禩削去王爵，圈禁於高牆之內，改名「阿其那」（在滿語中是「豬」的意思）。不久，允禩死於囚所。

更有甚者，雍正連死人也不放過，有個叫揆敘的，是著名詞人納蘭性德的弟弟，因為過去在立儲問題上擁戴過允禩，雍正就懷恨在心，他繼位後，揆敘已經去世了，雍正硬是把他的墓碑改刻成「不忠不孝陰險柔佞揆敘之墓」。還有個阿靈阿，也死去了，但因擁戴過允禩，雍正記在心裡，在其墓碑上刻出「不臣不弟暴悍貪庸阿靈阿之墓」等字。這樣的舉動，簡直就有點下三流的街痞子氣了！

從上面羅列的事例看，雍正在防範兄弟方面，其心理狀況是近於病態的，這不能用「局勢不穩定」或「為了鞏固政權的需要」之類的理由來解釋，其實到雍正四年，形勢基本穩定了，但他仍然一步也不敢離開京城（只去過東陵一次）。秋𤊈是清朝皇家體現尚武精神的傳統活動，雍正卻不敢參加，他說：這是因為允禩、允禟「密結匪黨，潛蓄邪謀，遇事生波，中懷叵測，朕實有防範之心，不便遠臨邊塞。」

在雍正的十幾個成年兄弟中，只有一個是真正受到他的信任的，那就是他的十三弟允祥。允祥被雍正封為怡親王，受到格外重用。

十七弟允禮也受到雍正的信用，雍正登基後封他為果郡王，又封果親王，掌理藩院事，又管戶部，任宗人府宗令。雍正這樣安排，可能是因為自己整人太多，要做做樣子，更重要的是，允禮忠直寬厚，有文名，精於書法，而對政治角逐不感興趣。其實他與雍正情感並不投合，康熙死時，允禮聽說雍正登了大位，一驚之下，幾近瘋狂。

我們沒有更多的史料，來考察雍正與兄弟們的情感關係，但可以肯定，只有兩種情況供我們選擇：第一種情況，雍正的威信不高（包括兄弟們對他繼位合法性的懷疑），因此許多人反對他，剩下的人保持中立，卻不擁護他。雍正曾經說：「朕受聖祖仁皇帝（即康熙）付託之重，繼登寶位，朕之身上秉祖宗之大統，為天下臣民主，爾等應以大統視朕，不應以昔日在藩之身視朕躬也。」那意思就是，你們要把我當成皇帝看，不要把我仍然當作原來的雍親王。這話聽起來真有點兒可憐，說明他在兄弟臣子心目中不夠皇帝的資格。

第二種情況，雍正自己樹敵的傾向嚴重（可能包括著為自己皇位來路不正而感到心虛），為了掃除權力的障礙，不管是不是異己者，一律將其送上絕路。

雍正對兄弟過分的殘害方式，與他那驚弓之鳥般的心態是一致的，這不像一個正常的皇帝所具有的，其中透出了陰暗的、不可告人的內容，這可以作為我們判定他謀劃奪位（或矯詔奪位）的參考依據。

在曾靜、呂留良的案件中，雍正的陰暗心理進一步暴露出來。

呂留良，號晚村，浙江石門人，明末著名理學家。清軍入關後，他堅持反清立場，認為「華夷之分大於君臣之義」，康熙十八年舉行博學鴻詞科考試，地方官推薦他，他拒絕參加；次年，地方官又以山林隱逸推薦他，他又堅辭，為了避免官方糾纏，乾脆削髮為僧，著書立說，於康熙二十二年離世。

曾靜是湖南郴州永興生員，人稱「蒲潭先生」，對呂留良十分敬佩，他派弟子張熙前往浙江尋訪呂留良的後代，得到了他的遺稿。曾靜決定按呂留良的思想發起反清行動。他把希望寄託在川陝總督岳鍾琪的身上，原因有二：其一，岳鍾琪是抗金英雄岳飛的後代，必能繼承其祖輩精神驅逐滿清，振興華夏；其二，岳鍾琪雖然得到雍正的重用，卻很受朝臣們的排擠，許多大臣向雍正參劾他，說他是岳飛後代，必對朝廷懷有二心。於是曾靜判定岳鍾琪是個可爭取的人，就派張熙帶著他的書信前去遊說。

雍正六年九月，岳鍾琪正乘轎回署，張熙攔轎投書，接上頭了！

誰知這岳鍾琪全無反清念頭，面對四面八方的壓力，他正感受著滿身是口也無處申辯的苦惱，現在有人來策動反清，這正是向皇上表示忠心的大好機會。他當即將張熙逮捕下獄，繼而嚴刑拷問。無奈刑具用盡，那張熙就是不吐露真情。因為在信中，曾靜化名夏靚，張熙則化名張倬。

岳鍾琪見來硬的不行，便施展騙術，他對張熙以禮相待，推心置腹地訴說自己的苦衷，表示自己早就有心反清，只是希望有人來輔佐，一面說，一面潸然淚下。那張熙畢竟是一介書生，沒有經驗，便對他講了實情。於是，岳鍾琪一面上報雍正以表忠心，一面順藤摸瓜，將曾靜一干人逮捕歸案。

曾靜被捕後，毫不隱瞞自己的政治立場，他指責雍正失德，並羅列了雍正十大罪狀：一是弒父（認為雍正毒死了父親康熙），二是逼母（斷定雍正的母親仁壽皇太后被逼自殺），三是弒兄（廢太子允礽死於雍正二年，疑為雍正所殺），四是屠弟（指雍正的八弟允禩、九弟允禟之死），五是貪財（說雍正「使人從四川販米，至江南蘇州發賣」），六是好殺，七是酗酒（說雍正與眾臣在圓明園終日飲酒，不理政務），八是淫色（說雍正將廢太子的嬪妃收了），九是誅忠（指雍正殺年羹堯和隆科多），十是好諛（喜歡臣下逢迎頌揚）。

曾靜一個在野之人，如何知道宮廷內部的這麼多事？雍正斷定，根子在允禩、允等人的黨羽身上。對此，雍正表現出極大的耐心，他命朝廷大員追問曾靜所得消息的來源。曾靜既然沒有親見雍正所犯的「十大罪狀」，就只得承認自己是道聽塗說，據他交代，消息來自安仁縣生員何立忠和永興縣醫生陳象侯；朝臣審問何、陳時，二人說是從茶陵堪輿陳帝西那裡聽來的；陳帝西則說，在去衡州的路上，見到四個穿馬褂、說官話的旗人，他們在交談的時候，說出了宮廷的一些事兒……如此輾轉追問，頭緒越來越多，也越來越不得要領，但雍正判斷，一定是發配到南方邊境去的犯人說的，命各省官員再行追查。湖南巡撫王國棟等沒查出個眉目來，雍正很惱火，就把他們調離或革職。

繼任巡撫趙弘恩大概害怕重蹈前任的覆轍，終於順著雍正的思路報出了豐碩的成果，說允禩、允禟的黨羽在發配途中造謠惑眾、誣衊聖上云云，這樣，雍正便認為案件水落石出，真相大白。

雍正對此案的處理十分奇特，他認為曾靜所攻擊的不過是他一個人，而呂留良則誹謗康熙的盛德，因此罪大惡極。結果，呂留良雖死，也要砍頭戮屍；其子呂葆中、其學生嚴鴻逵也已死去，同樣砍頭戮屍；呂留良的另一子呂毅中、嚴鴻逵的學生沈在寬均斬首，子孫遣戍，婦女為奴。

但對兩名主犯曾靜和張熙，卻意外地施加恩典，予以釋放。什麼原因？他要留下他們，做活的反面教材。不但他自己不殺這兩個人，而且囑咐兒孫說：「朕之子孫將來亦不得以其詆毀朕躬而追究誅戮」。

在審理過程中，雍正針對曾靜攻擊他本人的言論逐一進行批駁，加上曾靜的攻擊言論和供詞，彙集成書，名曰《大義覺迷錄》，散發到全國各地，命令各府州縣學將其當作讀書士子的必修課程，否則治以重罪；而對曾靜和張熙，則讓他們用自我批判的方式去消除影響：命刑部侍郎杭奕祿帶領曾靜到江浙一帶等地宣講，命兵部尚書史貽直帶領張熙到陝西各地宣講。

聰明絕頂的雍正在這起案件中，可謂糊塗之至，他原本是想通過《大義覺迷錄》來洗刷自己，效果卻適得其反：其一，在封建社會，人們的心目中，帝王是至高無上的，草民則是卑賤的，雍正在《大義覺迷錄》中，與曾靜展開了一系列的辯論，無形之中就把自己與曾靜放在同等的地位了，這種對手的關係實際上抬高了曾靜而貶低了自己；其二，儘管雍正是辯論的勝利者，但人們知道，他的勝利是藉助於權力，就情理本身而言，他只是一個站在被告席上的自我申辯者；其三，他殺害兄弟和大臣的事，社會上雖有所聞，卻撲朔迷離，不知詳情，甚至許多人不信其有，《大義覺迷錄》一出，這些事卻鐵證如山，而且家喻戶曉了；其四，弒父逼母之說未必實有其事，許多人聞所未聞，如此一張揚，人們就不能不相信了。因此，雍正刻印《大義覺迷錄》和讓曾、張宣講的舉動，目的是為自己臉上添光，結果卻是抹了黑，真是應了「此地無銀三百兩」這句民諺。

頗有戲劇趣味的是，雍正十三年十月，乾隆剛繼位，就把父親雍正所說的「朕之子孫將來亦不得以其詆毀朕躬而追究誅戮」這句話拋到九霄雲外了，尚未改元就翻了此案，他降旨將曾靜、張熙解到京師，凌遲處死，並將《大義覺迷錄》列為禁書，予以銷毀。

那個在此案中立了大功的岳鍾琪，並未得到好報應，後來因征討準噶爾失利，大學士鄂爾泰參了他一本，雍正將他下獄判斬監候。熬到了乾隆朝，才被釋放。

三、兔死狗烹

雍正登上皇位，依靠了兩個特別重要的人物，一個是年羹堯，一個是隆科多，這兩個人物的下場都很慘！

年羹堯，字亮工，號雙峰，漢軍鑲黃旗人。他的父親遐齡官至工部侍郎、湖北巡撫。年羹堯於康熙三十九年中進士，不久授翰林院檢討，康熙四十八年遷內閣學士，又升四川巡撫。因屢建軍功，又升四川總督、川陝總督。年羹堯鎮守西北邊陲，是康熙朝重要的封疆大吏。

雍正登基之前，就與年羹堯交往篤深，年羹堯的妹妹是胤禛的側福晉，雍正登基後，封她為貴妃。

雍正登基之初，指使年羹堯嚴密控制正在四川的皇十四子允禵，使其不能舉兵奪取皇位；雍正元年十月，青海發生了羅卜藏丹津叛亂，雍正任命年羹堯為撫遠大將軍，次年二月，年羹堯指揮將士，冒著嚴寒，在半個月內一舉擊潰叛軍，一時威信大振。雍正晉升他為一等公。

雍正對年羹堯的信賴和依靠的程度，甚至超越了君臣界限。年羹堯轄區的官員任命，年羹堯一言而定。朝中之事，無論巨細，雍正總是跟年羹堯商量，而且尊重他的意見，比如，年羹堯參劾署直隸巡撫趙之垣庸劣，不能擔任巡撫，雍正便將趙之垣革職；再如，江西南贛總兵出缺，朝廷想派宋可進去，年羹堯不同意，認為黃起憲更合適，雍正又順從了年的意見。對年羹堯，雍正甚至充滿了感激之情，把年視為「恩人」，而且發自肺腑地說出了這樣的話：「不但朕心倚眷嘉獎，朕世世子孫及天下臣民當共傾心感悅，若稍有負心，便非朕之子孫也；稍有異心，便非我朝臣民也。」

雍正對年羹堯的恩寵，可謂無以復加，賜雙眼孔雀翎、四團龍補服、黃帶、紫轡等珍貴之物，至於珍饈佳餚、奇寶古玩更是不計其數。生活上，雍正對年羹堯也百般體貼，年羹堯臂膀有疾以及妻子得病時，雍正再三垂問，並賜送藥品，也時常將年貴妃的情況告訴年羹堯。一次，他送年羹堯荔枝，為了保鮮，便令驛站在六天之內送到西安。雍正很想樹立一對知遇君臣的榜樣，他情不自禁地說：朕不為出色皇帝，不能酬賞爾之待朕；爾不為超群之大臣，不能答應朕之知遇。……在念做千古榜樣人物也！更有甚者，雍正在年的奏摺的「朱批」中，竟說出「朕實不知如何疼你」這等話來，聽著都叫人起雞皮疙瘩。

莊子曰：君子之交淡如水，小人之交甘若醴。兩個人的關係達到如此親密的程度，幾乎沒有不鬧翻臉的，何況兩人還有君臣之別呢！

年羹堯自恃功高，便飛揚跋扈，傲視群臣。他贈物品給屬下，稱「賜」，屬下須北向叩頭謝恩；給屬下發佈的公文，有時竟稱「令諭」。他還注重培植自己的黨羽，凡他保舉的人選，吏、兵二部都優先錄用，號稱「年選」。有一個特別出格的例子：他參劾直隸巡撫趙之垣，雍正免了趙，趙轉而投靠年羹堯，送上了二十萬兩重禮，年羹堯就力保趙，說其人可用。

雍正二年十月，年羹堯第二次進京陛見皇帝的途中，命令都統范時捷、直隸總督李維鈞等跪道迎送；到了京城，朝中百官跪迎於路旁，而年羹堯卻驅馬而過，旁若無人。這種趾高氣揚、盛氣淩人的姿態已經使許多人怒目而視了，他卻渾然不覺。更要命的是，他在言語中，還流露出雍正的許多決策是聽了他的話才做出的。這就給人一種印象，是他在教導雍正怎樣做皇帝。

因此他回任後，雍正給他發出一道諭旨，其中說：「凡人臣圖功易，成功難；成功易，守功難；守功易，終功難。……若倚功造過，必致返恩為仇，此從來人情常有者。爾等功臣，一賴人主防微杜漸，不令至於危地；二在爾等相時見機，不肯蹈其險轍；三須大小臣工避嫌遠疑，不送爾等至於絕路。三者缺一不可，而其樞要在爾等功臣自招感也。」

從此，雍正就開始找年羹堯的岔子：有個叫揆會的朝臣誇年羹堯立了「奇功」，雍正將其監禁；甘肅巡撫胡期恒參劾陝西驛道金南瑛，雍正認為胡是年羹堯的黨羽，將奏摺駁回；年羹堯參劾四川巡撫蔡珽威逼所屬知府蔣興仁致死，刑部判蔡珽斬首，雍正反而召見蔡珽，將蔡珽逼死人命的事拋到一邊，不予過問，卻任命他為左都御史，作為打擊年羹堯的工具。雍正三年二月，出現「日月合璧，五星聯珠」現象，大臣們紛紛上賀表，年羹堯上表說皇帝「朝乾夕惕」（勵精圖治、勤於政務的意思），卻錯寫成「夕惕朝乾」，雍正抓住不放，認為年羹堯「不欲以『朝乾夕惕』四字歸之於朕耳」，又說「年羹堯自恃己功，顯露其不敬之意，其謬誤之處斷非無心」。

雍正還不斷將年羹堯的親信官員撤職或從年的轄區調走……

雍正又在給大臣們奏摺的朱批中煽風點火，鼓勵他們揭發年羹堯的問題。臣下自然知道雍正的意圖，參劾年羹堯的奏摺便一道又一道地送到了雍正面前。有趣的是，河南省河北鎮總兵紀成斌在奏摺中說年羹堯「背恩負國」，雍正大為惱火，嫌這個帽子扣得太小，就斥責他「頗留有餘不盡地步」，紀成斌只得再次上奏，說自己過去如何受年羹堯的壓制等等，雍正這才饒了他。

雍正三年四月，雍正覺得時機成熟了，就解除了年羹堯的川陝總督之職，令他交出撫遠大將軍印信，調任杭州將軍。

到這時，滿朝文武都知道了雍正對年羹堯的態度，為了表示擁戴皇帝的立場，官員們一窩蜂地揭發年羹堯，奏摺如雪片一般飛入紫禁城。雍正呢，則俯從群臣所請，盡削年羹堯官職，並將其逮捕，押送京師會審。朝廷議政大臣給年羹堯羅列了九十二條罪狀，有大逆罪、欺君罪、僭越罪、狂悖罪、貪婪罪、侵蝕罪等等。其中應服極刑的就有三十多條。

但雍正格外寬大，賜其在獄中自裁，家產籍沒。年羹堯之父遐齡、其兄年希堯均革職，其子年富斬首，其餘十五歲以上之子發配廣西、雲南邊陲煙瘴之地……

富有意味的是，雍正慷慨地把年羹堯在北京的一所房舍和兩百二十五個奴婢及無數綾羅首飾賞賜給了曾經逼死人命卻與年羹堯為敵的蔡珽。這是一筆多麼骯髒的政治交易啊！

附帶說一句，在此案的整個過程中，年羹堯始終對雍正抱有幻想，他不相信雍正會對他下如此毒手，直到身陷囹圄之後，還巴望著雍正的赦免令。比起隆科多來，他顯得特別愚昧遲鈍，竟然不知道雍正是怎樣一個人！

讓我們再看看隆科多的下場。

隆科多，其祖父佟圖賴是順治孝康章皇后的父親，以軍功卓著而歷任定南將軍、禮部侍郎，死後封一等公；其父佟國維是康熙孝懿仁皇后的父親，他既是康熙的舅舅，又是康熙的岳父。因此隆科多與康熙也有雙重關係，既是康熙的表弟，又是康熙的內弟。康熙除鼇拜時，隆科多參與其謀，康熙對他很重用，授以步軍統領（又稱「九門提督」），維持京城的防衛與治安）的要職，又兼任理藩院尚書。

在雍正登基的關鍵時刻，隆科多起了重要作用，是他封鎖了康熙寢宮與外界的聯繫，連康熙的後妃都被擋在外面；是他宣佈關閉京城九門六天，諸王非傳令不得進入大內。他為雍正保駕護航，使雍正安然地度過了繼位之初的危難時光。雍正對隆科多自然是百般恩寵，尊稱他為「舅舅隆科多」。隆科多地位的顯赫，朝臣們都看在眼裡，於是就有人稱隆科多為「柱石大臣」。

的確，隆科多與年羹堯是雍正的一對股肱之臣，隆科多為主內的文臣，年羹堯為主外的武臣。為了使這種君臣結合更有凝聚力，雍正極力撮合年羹堯與隆科多。年羹堯傲氣十足，看不起隆科多，雍正對年羹堯說：「舅舅隆科多，此人朕與爾先前不但不深知他，真正大錯了。此人真聖祖皇考忠臣，朕之功臣，國家良臣，真正當代第一超群拔萃之稀有大臣也。」雍正還自作主張，把年羹堯的長子年熙過繼給隆科多做兒子，隆科多喜出望外，將年熙更名為得住，於是君臣三人更加肝膽相照了。

隆科多比年羹堯世故得多，也精明得多，他雖然也暗結黨羽，作威作福，卻能克制自己，不像年羹堯那樣肆無忌憚，更重要的，是他對政治舞臺的險惡和雍正殘忍寡情的性格是十分清楚的。

但即使隆科多小心翼翼地走著政治鋼絲，卻仍不免出現疏漏。比如他對人說，九門提督權力很大，一聲號令就能調動兩萬人，這就戳中了雍正的心病；他又說康熙死時，他懷揣匕首，以防不測，這同樣是犯忌諱的；他看到雍正好抄家，就把自家的財產偷偷轉移到親友家中，事洩，雍正有了整治他的把柄。感官敏銳的隆科多深知雍正猜忌多疑，便於雍正二年辭去步軍統領之職，這一著正中雍正下懷，雍正立即讓鞏泰來接替這個職務。雍正收拾了年羹堯之後，就對隆科多下手。三年六月，雍正以庇護年羹堯罪免去了隆科多太保銜，將其發配到阿蘭善山修城墾地。

雍正五年，雍正命隆科多等代表清朝與俄國代表薩瓦進行關於中俄中段邊界的談判，隆科多據理以爭，寸步不讓，拒絕俄方的無理要求，堅持讓俄國歸還侵佔中國的大片蒙古地區。這期間，有人揭露隆科多私藏玉牒（皇帝宗譜），雍正如獲至寶，將其定為大不敬罪，降旨將隆科多撤出談判，回來受審，諸大臣提議等談判結束再行審理，但雍正剪除隆科多心切，哪裡有耐心等待？便急命和碩額駙策凌頂替隆科多，誰知策凌是個昏蟲，在談判桌上對俄國代表一讓再讓，最後於這年七月簽訂了臭名昭著的《布連斯奇條約》，次年五月，中俄雙方又在恰克圖正式簽字，稱《恰克圖條約》。條約中不但把自古屬於中國領土的貝加爾湖一帶讓給了俄國，而且也將唐努烏梁海以北的葉尼塞河上游地區劃入俄國版圖，俄國不費一兵一卒，就輕而易舉地從中國手裡搶走了三十多萬平方公里的領土。

由於俄國在談判中占了個大便宜，因此俄國沙皇十分滿意，升任薩瓦為樞密院大臣，並授予聖亞歷山大勳章級的爵士頭銜。

但對中國來說，這卻是一個地地道道的喪權辱國的條約，是一個令中國人痛心疾首的條約。當然，清朝後來簽訂了數不清的喪權條約，但那是在國力衰微、頂不住洋人大炮的情況下簽訂的，而《恰克圖條約》簽訂之時，中國有足夠的力量與俄國人抗衡，僅僅是因為朝廷內部君臣的恩怨，導致了大片國土喪失。雍正為了置隆科多於死地，棄國家的利益於不顧，其舉動是十分卑鄙可恥的，他對華夏民族的祖宗和後代都犯了不可饒恕的大罪！

這年十月，諸王大臣秉承雍正旨意議定了隆科多罪狀共四十一條，有大不敬、紊亂朝綱、密結黨羽、私藏金銀、私藏玉牒等。奇怪的是，其中一條罪狀是結交庇護年羹堯，真是欲加之罪，何患無辭，隆科多與年羹堯明明是雍正一手撮合的，是雍正拉的皮條，兩人的關係才密切起來，現在卻將屎盆子扣到隆科多的頭上，雍正的這股無賴氣在歷代帝王中實不多見！

還有更可笑的，隆科多的罪狀中有這樣一條：「聖祖（指康熙）升遐（去世）之日，隆科多並未在皇上御前，並未派出近御之人，乃詭稱伊身曾帶匕首以防不測。」竟然把多年前的定案翻了！雍正曾在上諭中說：「但皇考（康熙）升遐日，大臣承旨，惟隆科多一人。」兩則互相矛盾的說法意味著什麼呢？如果承認前一說，那麼隆科多就有冒功之嫌，可以在他的罪行中加一個砝碼，但既然康熙死時他不在場，那麼所謂「隆科多宣詔」就純屬編造了，雍正的繼位也就不明不白了；如果承認後一說，就維護了「隆科多宣詔」的事，雍正的繼位也就合法了，但必須免去隆科多的冒功之罪。

究竟是雍正慮事不密，還是大臣們無能？怎麼在登基問題上出了那麼多漏洞，竟至於到了捉襟見肘的地步？

雍正五年十月，雍正將隆科多圈禁在暢春園附近，次年六月，隆科多死於囚所。

年羹堯和隆科多作為權傾朝野的巨型重量級人物，作為雍正推崇備至的股肱大臣，在雍正登基不到五年的時間裡，竟相繼身首異處，這一前一後呈現出如此強烈的反差，實在是發人深省的。

年羹堯和隆科多的下場是可悲的，用中國古人的話說是「兔死狗烹」，或曰「過河拆橋」，這兩個人就是被烹的狗，被拆的橋。在被烹被拆的過程中，雍正顯得那樣從容不迫，那樣遊刃有餘，而年羹堯和隆科多則束手無策、任憑宰割，毫無疑問，雍正是絕對的勝利者。

但細一想又不儘然，雍正的勝利中，埋藏著失敗成分，或者說，他的勝利是代價慘重的勝利。

在雍正繼位的合法性問題上，邏輯上只存在兩種可能：一是正當繼位，即康熙有遺詔傳位於他；二是非正當繼位，即謀劃繼位或矯詔繼位。無論哪一種可能，雍正都把自己推向一個尷尬的境地：如果雍正屬於正當繼位，那麼他加害於年、隆的作為實際上是往自己的頭上潑了一盆髒水，這盆髒水使自己繼位的正當性在人們的心目中產生了懷疑和動搖；如果他屬於非正當繼位，那麼他的作為確實起到了殺人滅口、以絕後患的效果，但這也等於向世人公開了自己非正當繼位的不光彩內幕。

或曰，歷史上皇帝加罪於功臣者不勝枚舉，單是清朝就有順治報復多爾袞、康熙清除鼇拜，何以偏偏雍正要遭此譴責？答曰：這不一樣。多爾袞、鼇拜都是擅權的大臣，順治和康熙都吃過做傀儡的苦頭，即使如此，順治過分的報復也受到世人的非難，後來乾隆為多爾袞平反，就是明證。雍正與年羹堯、隆科多的關係則不然，其一，年、隆二人既沒有奪位的念頭，也沒有侵越皇權的作為；其二，改元前後，雍正與二人度過了同舟共濟的歲月；其三，雍正曾經不遺餘力、無以復加地吹捧過他們，比如稱年羹堯為「恩人」，又說「不但朕心倚眷嘉獎，朕世世子孫及天下臣民當共傾心感悅」，甚至說出「朕實不知如何疼你，方有顏對天地神明」這樣肉麻的話來，稱讚隆科多時則說他是「真正當代第一超群拔萃之稀有大臣」，他這樣做，就已經把自己的後路堵死了，他給年、隆設計的悲慘下場就更加暴露出自己內心陰暗的一面，儘管他曾經做了好多自我申辯，但都無濟於事，人們聯繫到他對兄弟們大開殺戒的行徑，就自然作出了「兔死狗烹」、「過河拆橋」的判斷，進而得出了矯詔奪位的結論。

四、獨裁之路

中國古代封建王朝，屬於中央集權的專制體制，但為了避免極端獨裁而導致政權的破壞和毀滅，古人發明了丞相制，丞相的作用是分擔皇帝的大量事務性工作，同時也在一定的範圍內限制著皇權，因此，丞相是專制體制的潤滑劑，許多王朝，丞相在治理國務方面都發揮過積極的作用。

朱元璋害怕皇權旁落，便廢除了丞相制，但他的那些沒有出息的後代，不是殘忍暴虐、肆無忌憚，就是把皇權交給了宦官，弄得朝廷烏煙瘴氣、混亂不堪。清朝（包括後金）原先實行的軍事民主制；皇太極時，設立秘書、弘文、國史內三院，分理庶政；順治改內三院為內閣；康熙時又設立南書房，實際上是秉承皇帝旨意，撰擬諭旨的機構。從這一發展趨勢看，是王公貴族特權逐漸被削弱、皇權逐漸強化的走向。這就是說，滿清入主中原以後，接受了漢人的政治體制，卻把丞相制丟到一邊，而片面地學了明代的模式，由皇帝總攬一切事務。

設立軍機處是雍正大權獨攬的重要方式。原先，政府有議政處，議政大臣由王公貴族擔任。後來效仿明朝設立了內閣，有內閣大臣。二者有了分工：議政處負責軍務，內閣負責政務。雍正七年，雍正對準噶爾策妄阿拉布坦用兵，為了戰爭需要，便設立了軍機處。軍機處的人員由雍正直接指定，多為大學士、尚書、侍郎等，稱「軍機大臣」，人數沒有定編，少則二人，多則九人。軍機大臣的職責是：與皇帝面議軍機，秉承皇帝旨意起草文書並轉發，因此軍機處實際上就是皇帝的「秘書班子」。

清代皇帝的指令稱為「上諭」，先前均由內閣抄寫和轉發。軍機處一立，上諭就分成了兩種：一是「明發上諭」，多是宣佈皇帝巡幸、經筵以及官員任免等事，由內閣抄寫發送，這種上諭保密性不強，且送達時間較長；一是「寄信上諭」，由軍機處撰寫，謄抄，密封，由朝廷直接發出，故又稱「廷寄」，封口處蓋有軍機處印信，這種上諭機密度高，送寄速度也快。

軍機大臣不是專職，他們各有自己的本職工作；他們的屬下是軍機章京，也沒有固定編制，由內閣、翰林院、六部、理藩院、議政處等機關選拔充任，他們的人事關係仍屬於原來的衙門。

軍機處的辦公地點在乾清門內，與南書房相鄰，離雍正的寢宮養心殿很近。最初只是用木板蓋成，很粗糙簡陋。

軍機處貌似不起眼兒，最早擔任軍機大臣的張廷玉，後來對乾隆陳述個人的經歷時，說遍了自己擔任過的所有職務，卻唯獨沒有提到軍機大臣。這也難怪，因為軍機處看上去不是一個正式的機構。

但軍機處的作用卻非同一般，軍機大臣如怡親王允祥、大學士張廷玉、鄂爾泰、領侍衛內大臣馬蘭泰、兵部尚書性桂、鑾儀使訥親等都是雍正的親信，他們每天都要接受雍正的召見，常常一天被召見數次，聆聽皇帝的機密部署。

軍機處的設立，悄然地削弱甚至取代了議政處和內閣的職權，但軍機處本身既然沒有什麼職權，那麼權力跑到哪裡去了？

權力全被雍正皇帝一個人攬過去了！就這樣，雍正建立了極端的獨裁體制。軍機處後來成了常設機構，一直延續到清朝末年。

密折制度是雍正強化皇權的又一舉措。清初，朝臣給皇帝的報告有兩種：題本和奏本。凡公事用題本，用宋體字繕寫，附有摘要（稱作「貼黃」），並蓋有公章，由通政司轉送內閣，內閣審核後呈送皇帝；私事用奏本，不用印，但也要通過通政司轉送。這兩種方式都不具有保密性質，因此朝臣的報告內容就受一定的限制，不利於下情上達。另一方面，因手續麻煩，傳送的速度也很遲緩。

據載，順治年間就有了密折（又稱「奏摺」）制度，這種報告不拘形式，寫在折疊的白紙上，書體自由，外面加上封套，無須經過通政司和內閣而直接送到皇帝手中，由皇帝親自撤封，這樣既可以保密，又很快捷。不過，順治朝的密折沒有留下實物。但康熙實行了密折制度則是毫無疑問的，至今還留存著三千多份密折。康熙用密折，主要是瞭解官場面貌、民情世態、水旱災異等，擁有呈送密折權力的人不多，只有一百多個官員。

雍正將密折制度推向了一個新的高度：首先，擁有呈送密折權力的人增加了，大約有一千兩百名官員，不但總督、巡撫這樣的封疆大吏有此權力，而且提督、總兵、布政使、按察使、學政等官員也有此權力，甚至一些級別低微的官吏，經過雍正的特許，也可以上密折。其次，密折的內容廣泛了，國家政務、地方吏治、百姓生計、官吏任免等等，無所不有。再次，皇帝閱罷密折後，必加批語，叫做「朱批」，再發還本人，因此形成了君臣之間不公開的雙向交流。

最值得注意的是，雍正朝的密折還有一個特殊的功能，那就是告密。這樣，官場的密語、藏匿的財物、家庭的隱私、筆下的心志等等，都成了密折的內容，而雍正對這些東西則一一審閱，逐件批答，通宵達旦，樂此不疲。所以他自豪地說：「朕勵精圖治，耳目甚廣。」如果說康熙推行密折制度是為了充分地瞭解下情，那麼雍正除此之外，還把密折當作一種特務行為方式。他這樣做，目的顯然是在最大的程度上強化皇權。對此，馮爾康先生在《雍正傳》中有一段評論：「奏摺制度是一種文書制度，它的確立，不像某個官銜的設置，似乎是無形的，其實，它的影響之大，遠遠超過一般衙門的興廢，它涉及到君臣之間權力的分配。」

對帝王來說，大權獨攬真是天大的好事，這樣他就可以按照自己的意志來統治臣民了。然而，攬權是要付出代價的，那就是要奉行事必躬親的作風。聽聽雍正自己對臣下說的話吧：「國家政治，皆皇考（指康熙）所遺，朕年尚壯，爾等大學士所應為之事，尚可勉力代理，爾等安樂怡養，心力無耗，得以延年益壽，是亦朕之惠也。」他代替臣子們做事，是為了讓他們安樂怡養、延年益壽，多麼好心的皇帝！骨子裡卻是奪了他們的權柄，牢牢地抓在自己手裡。

雍正是一個身體健壯、精力充沛的人，又是一個勞苦勤勉、仔細縝密的人，他執政期間，自朝至暮，日理萬機。僅雍正元年四月十六日這一天，他就分十一批接見了三十一名官員，決定任免補授等事宜。他批閱本章，從不積壓，據統計，在位十三年，共處理六部及各省題本十九萬兩千餘件，每天平均處理四十件以上。比本章更麻煩的是奏摺，他不但親自批閱，而且總是親自批發，不經他人，十三年中，他手批的奏摺大約在兩萬三千至三萬五千件之間，平均每天要寫八千字左右的批文，其數量確實是相當驚人的！

雍正的這種作風，實際上是把屬於「秘書班子」（即軍機處）分內的許多事務工作攬過來一個人做了，好處是保密程度高，有時效率也高，壞處是「秘書班子」閒散了，懶惰了，也變得無能了。

五、經濟舉措

在理財方面，雍正表現出特殊的才能，也取得了十分可觀的業績。

中國是個農業大國，因此歷代有作為的統治者都重視農業。農產品豐收了，政府的田賦就有了保證。但農民的利益與統治者的利益是不一致的，因此經常出現如下兩種情況：一是統治者好大喜功或者追求享樂，就增加農民的賦稅，結果是國疲而民窮；二是統治者為了增強國力而過度取之於民，結果是國富而民困。雍正則明智地認為，「裕國」與「安民」是統一的，而且安民是裕國的前提，他說：「國以民為本，民以食為天，能安民方能裕國。」而要做到這一點，就必須「無刻不以重農力穡為先務」。

雍正二年二月，雍正首次舉行了親耕禮，以後又舉行了多次。他這樣做，是效仿古代帝王。中國的耤田禮始於周朝，是天子鼓勵農耕的手段，到周宣王時停止了，大臣們就認為是國將不國了；漢文帝認為「農，天下之本」，因此很重視耤田禮；清代康熙帝於康熙十七年也舉行過。五十二年後，雍正再次舉行，真是實現了「五十餘年之曠典」。他曾賦〈耕耤〉詩一首：「農事惟邦本，先民履畝東。翠華臨廣陌，彩軛駕春風。禮備明神路，年期率土豐。勸耕時廑慮，何敢惜勞躬？」到雍正四年，雍正又下令在各府州縣設立先農壇，以此督促地方官吏力田務本，「存重農課稼之心」。雍正的這些做法對官吏和百姓都起了鼓動、宣傳和教育作用。

但耤田禮一類手段不是雍正的發明，雍正在推動農業發展方面，帶有開創性而且具有歷史意義的是兩大舉措：一是攤丁入畝，二是耗羨歸公。

清朝初年，田賦和丁役是分開徵收的，「丁自為丁，地自為地，本不相涉」。由於丁役繁多，無田者不堪重負，而富人可以規避丁役，這就迫使窮苦百姓隱匿人口，逃避徭役，如此一來，政府所計畫操作的工程就無法正常進行。因此賦稅制度已經成了一個嚴重的社會問題。

早在康熙初年，就有人提出將丁課均入田稅的建議，康熙沒有同意，但他宣佈以康熙五十年的人丁數為准，以後不再加征人丁稅。這是中國賦稅史上具有重要意義的舉措。因為人丁的總體趨勢是不斷增加，但稅收數目卻不變，這樣做，就逐漸地減輕了人民的負擔。

但這種改革也存在著一些問題，由於生老病死現象是每天都要遇到的，那就需要伴隨著定期的人口普查與核算，才能確定人均稅額，這是一件很麻煩的事。

康熙五十二年，御史董之燧提出了「攤丁入畝」的主張，就是把人丁平均攤入到田畝中，然後按田畝收稅。康熙先讓廣東和四川進行試點。

雍正元年，山東巡撫黃炳提出了按地攤丁的建議，沒有引起雍正的重視；不久，直隸巡撫李維均提出同樣的主張。雍正不能再置之不顧了，他責成戶部討論，戶部認可，於是，雍正二年開始實行。

先是在廣東、四川、直隸等地展開，逐漸推廣，一直到乾隆中期，這一政策才遍及全國。

「攤丁入畝」的政策具有非常積極的意義，它簡化了稅務手續，取消了田畝、人丁的雙重徵稅標準，實際上取消了人丁稅，按田畝的多寡來收稅（無地則無稅），減輕了窮困百姓的負擔，相對加重了鄉紳富豪的稅額，這就在一定程度上解決了賦役不均的問題。由於土地的肥瘠不同，於是再將土地分為三等，這樣就更準確。有的乾脆以產量來計算，因此攤丁入畝又稱為「攤丁入糧」。

因各地人口與土地的比例不同，田糧應負擔的丁銀也不一樣，大致說來，每地糧一兩，攤入丁銀二錢左右，官府只向田糧承擔者收丁稅，而不向人丁要丁銀。

攤丁入畝的政策有兩方面的積極意義：其一，它有一個明顯的傾向性，那就是損富利貧，因為富人具有繳納丁銀的能力，這就避免了過去窮人交不起稅而隱瞞人口或逃稅的情況，從而保證了國庫的收入。其二，由於取消了人口稅，政府也就減弱了對民眾的人身控制，這是一個歷史的進步。

當然，以當代人的觀點，攤丁入畝也是有負面影響的，那就是刺激人口的迅速增長，從而引發出新的社會問題。但在古人的心目中，人口增長是社會興旺、朝廷聖明的象徵。

再看耗羨歸公。什麼是耗羨呢？耗羨又稱「火耗」。地方官吏向百姓收賦稅時主要是收白銀，收上來的碎銀要熔煉成一定重量的銀錠，然後上交國庫。這樣，地方官就有了藉口，說碎銀熔煉成銀錠，再派人運送國庫，就需要一定的費用，於是在收賦稅時就額外加收一定數額的銀兩，加收的部分就叫做「耗羨」。加收多少？這要看地方官的貪廉狀況。

康熙初年，由於明清之間的長年戰爭和應付各地反清鬥爭，清廷的財政支出巨大，因此不得不效仿明朝的加派之法，對每頃農田加收一兩銀子的賦稅，因此在一定程度上緩和了財政的困窘。但總的看，仍然不能解決龐大的軍費開支和其他各項費用，康熙曾為此感歎道：「民未獲蘇息，正賦之外複有加征，小民困苦，朕心實為不忍。」但問題總要解決，因此他只能睜一眼閉一眼，允許地方官收取耗羨。

清朝官吏俸祿不高，其年俸，一品大員（如總督）為一百八十兩白銀，二品官一百五十兩（如巡撫、布政使），三品官（如按察使、鹽運使）一百三十兩，四品官（如道員、知府）一百〇五兩，五品官（如同知、知州）八十兩，六品官（如通判、州同）六十兩，七品官（如知縣、府學教授）四十五兩，八品官（如縣丞、教諭、訓導）四十兩，正九品（如主簿）三十三兩，從九品（如典史、巡檢）三十一兩。不在品級的吏員，薪俸就更低了：齋夫十二兩，鋪兵八兩，門子、皂隸、馬夫、庫事、轎傘扇夫六兩。如此微薄的俸祿，實在難以應付日常的開支。因此即使是清官，也不得不徵收耗羨。上一章我們談到，康熙朝清官多，但康熙也沒有禁止地方官徵收耗羨，他曾說：如州縣官只取一分火耗，此外不取，便是好官。但到康熙晚年，「好官」越來越少了，許多地方耗羨竟多出正賦的三至五倍，因此使百姓陷入了「不苦於賦，而苦於賦外之賦」的困境。

地方任意不斷加派耗羨做什麼呢？一是肥己，二是向上級送禮。上司得了好處，對下級額外徵收賦稅就睜一眼閉一眼，裝作不知，於是上下包庇，心照不宣，互利互惠，其樂融融。但這樣一來，卻苦了廣大老百姓。明朝，就是這麼亡的！

康熙時，就有人提出耗羨歸公的建議，康熙不同意，他接受明朝滅亡的教訓，認為耗羨一旦歸公，就成為朝廷加派的法定賦稅了，他可不願承擔這個醜名。雍正登基後，曾在給地方官的諭旨中說：「如今錢糧火耗，日漸增加，重者每兩加至四五錢，民脂民膏，朘削何堪？至州縣差徭，巧立名色，恣其苛派，揭小民衣食之資，供官司奴隸之用。」這段話是很中肯的，也是很嚴厲的。

山西巡撫諾岷和山西布政使高成齡先後提出耗羨歸公的政策，得到了雍正的贊同。雍正對地方官的橫徵暴斂十分厭惡，但又想使官吏們生活富足，因此，在實行耗羨歸公制度的同時，也實行養廉銀制度。具體辦法是：由州縣收取耗羨，一律上交到省布政司庫，然後由省統一分配。這種辦法儘管在手續上有些麻煩，但基本上杜絕了基層官吏加派耗羨的現象，因為所受款項一律上交，個人得不到任何好處，加派就徒勞無功了。

耗羨用於三個方面的開支，一是官員的養廉銀，二是辦公費用，三是抵補虧空。

耗羨歸公和養廉銀制度的實行結果是好的：首先，百姓的負擔減輕了。儘管各地收取的數目不一，但多是每兩銀子加收一錢左右，比過去減少了兩、三倍。其次，官員們的收入高了，這方面不同地區差別較大，比如總督的養廉銀最高的達三萬兩，高出自己原來的俸銀一百多倍，最低的是一萬三千兩；巡撫的養廉銀在一萬兩到一萬五千兩之間；知府多的有六千兩，少的也有一千兩；知縣數百兩至三千兩不等，連九品典史也有數十兩。有兩個突出的例子，河南巡撫田文鏡的養廉銀高達兩萬八千九百兩，等於原俸祿的一八六．五倍；山西巡撫諾岷的養廉銀為三萬一千七百兩，等於原俸祿的二〇四．五倍。再次，國庫充盈了，在這方面，意義尤其巨大。清代學者魏源曾經將康熙、雍正、乾隆三朝的情況作了對比，論證了雍正的功績。他說：康熙六十一年，戶部庫存八百餘萬兩白銀，雍正時漸增至六千餘萬兩（後用於戰爭消耗，還剩下兩千四百餘萬兩），到乾隆五十一年，增至七千餘萬兩。康熙經過了六十載的休養生息，為什麼庫存只有八百餘萬，不及乾隆的八分之一呢？這是雍正的功勞。

耗羨歸公和養廉銀制度的好處大致如上述，但這只是問題的一個方面，另一方面，我們還要看到其局限和弊病。馮爾康先生在《雍正傳》一書中對此做了深刻的分析：「清朝實行低俸祿制度，對官員的薪俸很吝嗇。雍正時地丁銀約為三千萬兩，鹽課、茶課約四百萬兩，還有糧食四五百萬石，王公百官的俸祿不及一百萬兩，卻不肯掏腰包，又不能阻止官僚貪污，只好拿耗羨銀送給官僚，最終還是要人民來負擔。因此耗羨歸公和養廉銀制度的確立，對非法的盤剝加以承認，把附加稅變成實質上的正稅，對官員的額外搜求給予有限度的認可，它的出現，使得加賦、貪污的醜行部分地公開化了，正常化了，合法化了。」

這就是耗羨歸公和養廉銀制度的實質！除了攤丁入畝和耗羨歸功以外，雍正的經濟舉措還有一個重要內容，就是制定錢法。

清朝像明朝一樣，社會上使用的貨幣是銀子和銅錢。銀子用於高金額的交換，日常所用的貨幣是銅錢。但清初在貨幣流通的環節上存在著一個問題，那就是貨幣數量少，因而出現了錢貴銀賤的現象。

按照朝廷的規定，每兩銀子兌換一千文錢，但在實際上，大多數地區換不了那麼多，為了調整銀與錢的不均衡問題，戶部曾建議每兩銀子兌換九百五十文錢，但這也不行。在山西，一兩銀子只能換八百文多一點。

貨幣數量少的原因是銅原料的缺乏。銅是稀缺金屬，價格較為昂貴，因此錢幣中銅的分量就直接影響著錢的貴賤。銅的分量表現在兩個方面：一是銅在錢幣中的比例，二是錢幣本身的重量。

錢的主要原料是銅和鉛。銅的比例越大，鑄出的錢就越光鮮，越美觀；反之，鉛的比例越大，錢就越暗淡，越粗糙。要保證錢的美觀，就要加大銅的比例，但銅貴而鉛賤，這樣會增加鑄錢的成本。

康熙年間，鑄錢的比例為銅六鉛四，錢幣的重量為一・四錢（一錢等於十分之一兩）。開始，是收集社會上的銅器，但這不能滿足貨幣流通的需要，康熙年間，曾打破海禁，從日本換取洋銅，但洋銅的價格昂貴，鑄一千文錢所需成本將近一兩半白銀，這樣，鑄錢就成了虧本的生意，鑄錢局損失嚴重；而且，由於錢幣中銅的比例較高，錢幣的重量也較大，因此不法分子就毀錢取銅，使得本來就很少的錢幣更加匱乏了，影響了貨幣的正常流通。針對這一現狀，康熙將錢幣的重量改為一錢，這樣，鑄錢的成本降低了，新的問題卻出現了，社會上冒出了大量私鑄的錢幣……

政府面臨著一個大大的麻煩：錢幣中含銅多，就有人毀錢取銅；含銅少，就出現私鑄之錢。

如何同時避免這兩種現象？

雍正正是在這個環節上作出了貢獻，他把錢幣的規格確定為：銅五鉛五，重量為一．二錢。這樣，毀錢取銅者和私鑄錢幣者均無利可圖，而錢幣的成本適中，鑄錢局不至於虧本。從此，這個規格就成為鑄錢的定制。

當然，雍正的鑄錢法並不能完全杜絕私鑄錢幣，為此，雍正採取了三項相應的措施，一是禁止民間（三品官以下的臣民）使用銅制器皿（國家出錢購買現有民間銅器，不准匿藏），二是禁止私人開採銅礦，三是對私鑄錢幣者進行嚴厲打擊。

按說，雍正的鑄錢法成本降低了，應當出現銀貴錢賤的現象，但由於實行了以上三項措施，貨幣流通領域仍然保持著銀賤錢貴的狀況，大約每兩銀子可以兌換八、九百文錢。這種狀況客觀上給官吏、士兵、工匠一類領取俸餉的人群帶來了一定的好處，因為它們的俸餉發放是銀七錢三，而錢是按政府的定例（即一兩等於一千文錢）發放的，他們拿到錢之後，只花八、九百文就可以買到一兩銀子所能買到的東西。

還有一種特別的聚財之道——捐納。

捐納，又叫「開納」、「捐輸」、「捐例」，也就是賣官鬻爵。這種制度起源很早，秦始皇就曾頒發「百姓納粟千擔，拜爵一級」的詔令，那以後，各個朝代承襲相因，成為慣例。清朝的捐納自順治朝就開始了，規定士子納粟可以入國子監學習。科舉不第或未經考試者，可以捐錢而得到秀才資格，稱為「監生」。康熙朝，為了平定三藩，允許士人納粟捐官，範圍限於知縣、知州這些基層官吏（捐一個知縣，大約需要四、五千兩白銀），兩年之間，捐納者有五百多人，全國收入了兩百多萬兩白銀。

康熙曾說，開展捐納不僅是為了籌餉，更是為了挖掘社會上的「異途人才」，來補充科舉考試的不足。這話究竟是出於真心，還是為捐納作遮羞式的辯解，很難考據。不過，當時有人曾提出反對，侍郎王掞認為捐納只能「開僥倖之路，辟言利之門」，但康熙提出反駁說：「天下何地無才？何途無品？資郎始自漢文，而文章如司馬相如，政事如張釋之皆以資郎顯，故國家用人不必分其門而阻其途，實政惠民，不必格于成議而徇迂見。」這裡所說的「資郎」，是指捐錢換取郎官的人，即以資為郎。資郎司馬相如是西漢著名的辭賦家，才華橫溢，其作品文辭華美；張釋之是漢文帝時資郎，歷任公車令、中郎將、廷尉，漢景帝時任淮南相，其人頗有政治才幹。康熙還規定，犯了罪過被革職的官員，只要繳納錢糧，就允許其官復原職。

康熙的捐納制度，以及他所發表的議論，貌似有理，其實不然，甚至大謬。我們且不說捐納對百姓是否有利，即使站在統治者的立場上，這一制度也是後患無窮。其一，司馬相如、張釋之在資郎隊伍中只是龍鱗鳳爪，百無一例，絕大多數資郎是蠅營狗苟、卑鄙頑劣之徒。其二，通過捐納而得官，勢必要通過一定的手段把捐出去的錢撈回來，怎麼撈？不必說，只有巧立名目搜刮百姓，因此，資郎們十有九貪，官場的腐敗主要體現在這些人身上。貪污之風盛行，社會財富落入官吏之手，勢必瓦解朝廷的統治。其三，捐納的開設，對科舉來說，是一股巨大的衝擊力，在科舉路上，數年不第乃至終生不第者不可勝計，而捐納一途，則輕捷得多，富商人家何樂而不為？於是，捐納一開，斯文掃地矣！知識被踐踏的結果，是官場整體素質的下降。因此捐納的開設，朝廷雖然得到了一些收入，卻吃了大虧，最終鬧得官場亂哄哄的，不可收拾。

雍正繼承了康熙的捐納政策，還有特別的目的，那就是利用捐錢得官的人來打擊科舉出身的官員，這一點下面還要具體談到。

最後一條財路是抄家。這筆收入數目極大，康熙朝鼇拜、蔡毓榮獲罪後，收抄家產無數，平定三藩時，破昆明時又獲巨額金銀珍寶。雍正抄家比康熙有過之而無不及，因此得到了一個「好抄人之家」的評語，下面也要談到。

在發展經濟的基本國策上，雍正也存在著一些失誤。

失誤之一，是授老農頂戴之制。雍正為了鼓勵農耕，諭令州縣各官每年從每鄉推舉一至兩名勤勞儉樸、踏實種地的老年農民，授予他們八品頂戴，以示表彰，希圖產生榜樣和模範效應，從而促進農業的發展。但在實踐中，卻完全走了樣兒，州縣官聽任紳衿推薦，紳衿受了富戶豪民的禮物，就將他們舉薦上去，真正的老實農民卻無此殊榮。被舉薦上去的人一旦有了頂戴，便以八品官自命，作威作福，欺壓百姓，甚至自選僕役，擊鼓升堂，比正式官吏還要威風。雍正發現了這些情況，就把其中品行不端的革退，並改為三年選拔一次，這樣一來，投機者更是趨之若鶩，賄賂更加升級。雍正的願望是好的，但他沒弄清官場的腐敗現實。乾隆繼位後，乾脆將授老農頂戴之制廢棄。

失誤之二，是忽視了經濟作物的發展。雍正指示，凡是適合種糧的地方，不要種經濟作物，不宜種糧之地如舍旁、田畔、荒山、曠野可以種植桑、棗、樹木等。雍正的這一傾向影響了經濟作物的生產，也就阻礙了商品經濟的發展。

失誤之三，是嚴禁開礦。禁止開礦始於康熙朝。康熙四十三年，康熙帝發佈了禁止開礦的上諭。他為什麼實行禁礦政策呢？當時，土地兼併失控，吏治異常腐敗，社會階級矛盾日益激化，全國各地的農民運動此起彼伏，這對朝廷來說，無疑是一個極大的威脅。礦場是民眾聚集之地，最容易出現「鬧事」的情況，為了免生事端，便出此決策。具體規定是：雲南銅礦為政府鑄錢所必須，礦業屬於官辦，直屬內務府，故照準開業；而其他省礦區，嚴行禁止開採。這一政策，不但堵塞了增加政府財政收入的一條有效途徑，而且違背了廣大民眾的利益，因此遭到強烈的反抗，礦民因失業而反對礦禁，就連地方官員也因減少了收入而心懷不滿。此後，私自開礦、盜礦的案件層出不窮，足見此策之不得人心。

雍正二年，通政司右通政梁文科奏請在廣東開礦，雍正徵求兩廣總督孔毓珣的意見，孔毓珣認為開礦有兩個好處，一能養窮民，二能增國課。雍正經過了一年的考慮，採取了與乃父康熙完全一致的態度：禁止開礦。到雍正十二年，廣東總督鄂彌達又奏請允許民人開礦，結果又被雍正否定了，理由如前。

瑕不掩瑜，儘管雍正的經濟舉措存在這一些失誤，但他與歷代帝王相比，不愧是一個理財能手。他將康熙末年庫存八百餘萬兩白銀增至六千多萬兩，可以說是一個奇跡，正是他，為乾隆盛世打下了堅實的基礎。

今人對雍正時代國庫充盈這一點總是稱頌備至，這是對的，因為國庫充盈要比國庫空虛要好得多。但我們應該看到，國庫充盈並不是經濟繁榮的惟一標誌，所謂經濟繁榮，應當是廣大民眾生活普遍富裕，市場能夠滿足人們多方面的需求，要做到這一點，就必須擁有發達的手工業和活躍的商業，我們這樣說，並不是以今天的眼光去要求古人，因為在唐代、宋代、明代，社會文明已經達到了這一高度，但雍正的思維卻倒退了，他在重視農業的同時，抑制了手工業和商業，使本來應當生動活躍、豐富多彩的社會生活變得狹窄了，單調了，甚至苦澀了。

從這一角度看，雍正致力於國庫的積累，就多少有些守財奴的味道了。守財奴只知道攢錢，卻不知道如何將錢周轉起來。歷史家們評論古埃及建造金字塔時，充分肯定了統治者對庫存的糧食和資金進行了大周轉的思路。

六、建立井然的秩序

建立井然的社會秩序，是雍正追求的目標，為此他做了多方面的努力，但主要有兩項。

第一項努力，是懲治官場的腐敗。清朝皇帝，大都有懲治官場腐敗的舉措，但力度大、出手狠者，莫過於雍正。

如何發現貪官？有兩個主要管道，一是清查，二是參劾。

雍正登基才一個月，就諭令戶部全面清查錢糧，不久，又設立了會考府，專管此事。他規定，無論哪一部，都由會考府經管出入帳目，並委派怡親王允祥等人統領清查事宜，交代說：「爾若不能清查，朕必另遣大臣；若大臣再不能清查，朕必親自查出。」足見其決心之大。

雍正四年，江西清查錢糧，各州縣倉穀虧空很多，巡撫伊都立為人軟弱，雍正特派吏部侍郎邁柱前往江西，又抽調數十名精幹的官員，一起進行清查。邁柱不徇私情，雷厲風行，使清查工作順利展開，受到雍正的贊許。

雍正五年，福建布政使沈廷正奏報說該省倉穀虧空嚴重，這時雍正對福建巡撫毛文銓產生了懷疑，他派遣楊文乾和許容為欽差大臣前往清查。雍正知道，許多地方在應付清查的時候，都臨時向民間豪紳挪借，等清查結束後再還給原主。因此他發佈上諭，告誡地方豪紳：有向官府出借錢糧者，錢糧一日送進官庫，即成官物，不再歸還。這樣一來，豪紳們就不敢協同貪官弄虛作假了……

通過清查，發現漏洞；同時，大臣的參劾，也能使雍正及時發現情況。這樣，清查與參劾互動，對官吏起到了一定的警戒作用。

發現了虧空和貪污現象，怎麼辦？

雍正的辦法：一是革職，二是索賠或追贓，三是處決。

雍正朝，凡是貪官被告發者，一經查實，即革職離任。雍正之所以不採取革職留任、令其退還贓款的辦法，是因為他認識到，留任官員要補償貪污揮霍的款項，就只有通過新的貪污管道來完成，因此他說：「虧空錢糧各官，若革職留任催追，必致貽累百姓。」雍正二年，河南巡撫田文鏡在清查虧空時發現，信陽知州黃振國「狂悖貪劣，實出異常」，將其參劾，並革職；克山知縣傅之誠貪污全縣耗銀一千四百多兩，亦參劾革職。兩年之中，被田文鏡參劾並革職的貪官達二十二人。

雍正三年，湖南巡撫魏廷珍奏稱，該省被參劾的官員已有大半；雍正十年，直隸總督李衛奏稱，該省廳州縣官，在任三年以上者寥寥無幾……

比前比後，雍正一朝，被罷免的貪官是最多的，至少有兩千人。

雍正心裡很清楚，僅僅革職抑制不住貪污腐敗，被革職的貪官依然可以給子孫留一筆豐厚的財產。因此，他採取了窮追到底的決策，貪官革職還不算，還要追回贓款，不給貪官留有餘地。

追贓最直接的辦法是抄家，雍正抄家很徹底，從貪官的現居地直抄到原籍，以防止貪官隱匿、轉移贓物，抄出的家產估價變賣。

在這方面，雍正做得大刀闊斧、雷厲風行，僅雍正元年被抄家的官員就有數十人……

值得注意的是，被雍正的抄家的有不少是三品以上的高級大臣甚至王公貴族，比如：雍正的十二弟履郡王允祹、內務府官員李英貴、江蘇巡撫吳存禮、山西巡撫蘇克濟等等，都被抄了家。雍正強調說：「若又聽其以貪婪橫取之貲財，肥身家以長子孫，則國法何在？而人心何以示儆？況犯法之人，原有籍沒家產之例，是朕將奇貪極酷之吏，抄沒其家資，以備公事賞賚之用。」

追贓和索賠是比抄家稍微緩和的一種手段。翰林院侍講廖賡謨任江西鄉試主考時受賄，雍正命他出八萬兩疏浚蘇淞河道，另交兩萬兩助修長城……

有些虧空查不出具體的貪污者，就採取官員們分擔賠款的辦法，比如，雍正元年清查戶部，發現虧空兩百五十萬兩，雍正命戶部歷任堂官、司官、部吏賠償一百五十萬兩，剩餘的一百萬兩由戶部逐年彌補……

貪污情節嚴重者，則處以斬首之刑。內務府官員張鼎鼐、張常住、李朝等虧欠庫銀數十萬兩而三年之內未能補清，均斬首；河南學政俞鴻圖受賄數額達一萬四千餘兩，斬首……

對於畏罪自殺的，雍正也不放過。貪官自殺，常有犧牲一己留財於後人的念頭，雍正乾脆切斷貪官們的這種僥倖心理。雍正四年，廣東道員李濱、福建道員陶範因貪污受賄而自殺，雍正下令籍沒其家產。雍正說：「絲毫看不得往日情面，眾人請托，務必嚴加議處，追到水盡山窮處，畢竟叫他子孫做個窮人，方符朕意。」

雍正之所以能夠在整肅官場方面取得明顯的成效，無非是兩個原因，第一，他深刻地認識到，貪污腐敗現象是動搖皇權的。一切貪污都索之於民，從而引起百姓對朝廷的不滿，而索取之財卻落入私人的行囊，這就瓦解著朝廷的秩序，為了維護皇權，他對貪官的打擊就毫不留情。其二，他登基時已經四十五歲了，已經積累了比較豐富的社會經驗，特別是對官場的現狀有比較深入的認識，對貪官的手段和伎倆也瞭若指掌，不會被矇騙，因此，他所採取的措施，每每能夠擊中貪官的要害。

《清史稿・食貨志》載：「雍正初，整理度支，收入頗增。」清代史學家、思想家章學誠作過這樣的評論：雍正朝「澄清吏治，裁革陋規，整飭官方，懲治貪墨，實為千載一時。彼時居官，大法小廉，殆成風俗，貪冒之徒，莫不望風革面。」應當承認，這段話十分中肯，沒有誇張的成分，正是由於雍正在懲治腐敗方面態度堅決、不留情面，才使得貪官污吏不敢肆意妄為。雍正之所以能夠「振數百年之頹風」，原因正在於此。

雍正為建立井然的社會秩序所做的第二項努力是整頓社會風氣。

雍正認為賭博是社會頹風之一，在他看來，「賭博之風，敗壞品行，蕩費家資，其為害於人心風俗者，不可悉數。」雍正四年九月，他頒發諭旨說：「賭博之事最壞人之品行。……若不嚴禁賭具，究不能除賭博之源，著京城內外及各省地方官，將紙牌骰子，悉行嚴禁，不許貨賣，違者重治其罪。」此後，雍正又三令五申，嚴禁賭博，以端正民風。

民間婚喪中的奢靡之風，也引起了雍正的重視。他諭令九卿滿漢官員制定婚嫁的禮儀規格：漢人納彩成婚，四品以上官員之家，綢緞首飾以八件為限，食物限十樣，五品以下官分別遞減，平民之家送綢絹、果盒限四種。舉行婚禮時，品官用本官執事，限用六盞燈，十二名吹鼓手，庶民限四盞燈，八名吹鼓手。

關於喪葬，規定兵民喪事前後斂衣五襲，鞍馬一具，棺罩用春布，秀才、監生可用春絹。雍正認為用金銀殉葬，對死者沒有好處，是愚昧之舉，應當曉諭勸阻；而對出殯時在佇列前演戲則嚴加禁止。

雍正對婚喪規格的限制，主要目的是樹立勤儉的社會風尚，他說：「國家欲安黎庶，莫先於厚風俗；厚風俗，莫要於崇節儉。」

或曰，雍正的後代如嘉慶、道光等也是提倡節儉的，甚至比雍正更有過之。其實不然，嘉慶、道光身處政府財力窮竭之時，節儉的治國思路隱藏著不得已而為之的濃重成分；雍正則不同，他是在國庫充裕的情況下宣導節儉的，因而顯得尤其可貴。

除豁賤民是雍正整頓社會秩序的又一主要政策。賤民是歷史遺留下來的問題，名目很多，比如京師中有「教坊司樂戶」，山西、陝西有「樂戶」，浙江有「惰民」，安徽寧國府有「世僕」，徽州府有「伴當」，廣東有「旦民」、蘇州有「丐戶」等等，這些人群都屬於賤民，如同奴隸，他們的歷史淵源都比較久遠，像惰民，其祖上可追溯到宋代，是當時的罪人，山西、陝西的樂戶則是明代被永樂皇帝貶入教坊司的官妓的後裔。凡是賤民，均不得讀書，不得充任吏員和里長，不得與良人通婚，世世代代備受歧視。雍正經過幾年的努力，將這些賤民一批又一批地免除他們現有的身分，改為普通良民。

雍正的這一政策，革除了數百年來壓抑賤民之制度的弊端，對緩和社會矛盾、促進社會的有序性，具有重要的意義，因此得到了「賤民」的擁護。

雍正年間，由於雍正重視對社會秩序的治理，因此沒有發生大規模的民眾起義，對小規模的農民暴動，雍正從兩個方向進行解決，一是追查有關官員的責任，一是對「鬧事者」予以打擊和鎮壓。至於盜案，雍正則嚴厲查辦。

民間祕密結社是當時存在的一個明顯的社會問題，如清淨教、無為教、白蓮教、羅門教、悟真教、三元會、祖師教等等，不一而足。這些教會分佈的範圍極廣，成員複雜，難以尋根摸底。對此，雍正採取了嚴格控制和祕密偵察相結合的手段，加以應對。

當然，對農民起義、盜案、祕密結社的鎮壓、打擊和取締，成效都是有限的、局部的、暫時的，封建社會機體本身的性質和局限，已經決定了這類社會現象不可能完全消除，雍正所能做的，只是把這些事端限制在儘量小的範圍之內而已。

七、互參案

雍正四年三月，廣西巡撫李紱調任直隸總督，路過河南時，巡撫田文鏡對他進行了禮節性的接待，面談之中，李紱毫不客氣地指責田文鏡「有心蹂踐讀書人」。

李紱何出此言呢？

原來這田文鏡是監生出身，是未經科考而通過捐納做的官，不久前，田參劾了信陽知縣黃振國、汝寧知府張玢、息縣知縣邵言綸、固始縣知縣汪鋮，而被他參劾的這四個人，都是康熙四十八年進士，恰巧，李紱本人也是。

李紱到了北京，對雍正面陳田文鏡的種種劣行，隨後又上疏參劾田文鏡專信署理知州張球。而張球乃「市井無賴」，曾向息縣知縣邵言綸索要錢財，邵不買他的賬，張球就轉而向田文鏡誣告邵言綸，致使田文鏡參劾邵言綸；李紱又說田文鏡把黃振國害死在獄中，企圖殺人滅口云云。

田文鏡是雍正十分信賴的大臣，但李紱也是他所倚重的，為了慎重，他責成田文鏡審查張球的問題。田文鏡立即斷定，是李紱向朝廷奏了一本，於是當即回奏，理直氣壯地說：黃振國沒死，他還活著；而張球，是優秀賢能之官員。奏摺中，田文鏡巧妙地捎帶出一句話，說指責張球為「市井無賴」的人，必為進士。

這一句話，不偏不斜地戳進了雍正的心窩！

中國的科舉制度造成了一種現象，那就是官場中存在著交錯的門第師生關係，比如某人任巡撫，而他的下屬某知府正是他的弟子。有時上下級官員本不是師生關係，但新官到任前後，也常拜上司為師。清朝當然也莫能外。歷代皇帝對官場中的這種現象都沒有制定避嫌政策，但雍正卻看在眼裡，覺得是個嚴重問題。這，的確是他隱藏多年的一塊心病！

早在康熙時代，做皇子的胤禛就感受到一股強大的壓力。壓力來自皇八子胤禩，胤禩以寬仁著稱，博得了大批士人（科舉出身的知識份子）的擁戴，即使是皇三子胤祉，身邊也圍繞著一批學富五車的才子，那時候，胤禛就對科甲人存有隱約的、莫名的反感。日月運行，水流山轉，如今胤禛做了雍正皇帝，當科甲人與非科甲人發生衝突的時候，舊日的心病便迅速發作——科甲人倒楣的時代來到了！

田文鏡沒有罷手，再次參劾黃、張、邵、汪等人，說他們是同年兄弟，互相包庇，結成朋黨，危害朝廷。他很聰明，沒有提到李紱，但李紱作為這四個人的同年進士，實際上已經被列到朋黨之中了。

雍正一下子就將天平的砝碼放在田文鏡這一端了。

他派刑部侍郎海壽、工部侍郎史貽直為欽差大臣前往河南調查，結果是：黃振國沒有死，張球確系貪婪不法之徒。這就是說，李紱對田文鏡的參劾，一條是錯的，一條是對的。

這時冒出了兩根新的枝節，使案情朝著不利於李紱的方向急轉直下：一根是，河南管河道員佟鎮參劾道員陳世倕。陳世倕是田文鏡的親信，而佟鎮則是隆科多的親戚。這使雍正懷疑：佟鎮皆參劾陳世倕來反對田文鏡，因而與李紱是一黨。另一根枝節是，黃振國原是四川巡撫蔡珽（蔡珽現任兵部尚書）的屬員，一度被參革職，是蔡珽保舉他做了知州，李紱替黃振國鳴不平，說明他與蔡珽結成一黨了，

田文鏡上疏，承認了自己受了張球的矇騙……

李紱上疏，申明自己沒有結黨，因為他曾經參劾過張玢、陳世倕、孫來賀，這些人都是他的同年進士……

但是，田文鏡的檢討得到了雍正的賞識，雍正特地賜給他風羊、荔枝；李紱的辯解卻引起了雍正的厭惡，說他「喋喋之辭，而見輕於朕」，並將他調離直隸總督，改任工部侍郎……

不久，又一根新的枝節生了出來：浙江道監察御史謝濟世參劾田文鏡「營私負國、貪虐不法」等十大罪狀，雍正斷定這是李紱背後操縱的，一怒之下，將謝濟世革職，發往阿勒泰軍前效力贖罪。謝濟世後來迫於壓力，不得已承認自己參劾田文鏡是受了李紱、蔡珽指使，雍正當即將李紱逮捕入獄。

這李紱也算是個硬骨頭，據文學家袁枚記載，兩次決囚，雍正命將李紱綁縛刑場陪決，用刀架在他的脖子上，問：「你現在知道田文鏡是公忠之臣了嗎？」李紱回答說：「李紱愚鈍，雖死也不知道田文鏡的好處！」

後來，那蔡珽因為其他的案子被雍正判為斬監候。田文鏡呢？雍正將他升任為河南總督，加兵部尚書銜，又升河南山東總督，加太子太保，後又兼北河總督。真可謂一路飆升，扶搖直上。

李紱田文鏡互參案，就其事情本身而言，雙方是各有是非的，李紱誤參黃振國被害致死，這是他的錯處；但田文鏡包庇張球也是事實。然而，李紱與田文鏡的命運之所以有天壤之別，其中的隱情無非是：雍正並不關心案件本身孰是孰非，他只不過是要找個機會打擊科甲人而已，用今天的話說，就是打擊那些有學歷（有文憑）的官員。

雍正對科甲人存有很大的偏見，他說：「若科目出身者徇私結黨，互相排陷，必至擾亂國政，肆行無忌。」又說：「師生同年之聯絡聲氣，徇私滅公，惑人聽聞之邪說，其害于世道人心者更大。」他認為，科甲流品相誇尚，是唐宋以來的流弊。他甚至說，科甲人比非科舉人更壞，因為後者易於識破，而前者作弊，則巧詐隱秘。他還表示，為了杜絕科甲人擾亂綱紀、營私舞弊，他寧可廢除科舉取士的制度。可以說，雍正對科甲人的痛恨，已經到了咬牙切齒的程度。

在科甲人中，李紱是一名佼佼者。康熙朝的大臣李光地說，六百年來，沒有人能超過歐陽修和曾鞏的，而李紱大有希望；詩壇領袖王士禎也說，當時的文人中，沒有一個能頂得上李紱的。因此雍正把李紱當作打擊對象，就具有相當大的震懾力。

在忌恨心理的支配下，雍正對科甲人故意找茬。吏部尚書、雲貴總督兼管雲南巡撫事的楊名時並無什麼過失，卻屢遭雍正呵斥，雍正撤其職務，只讓他署理滇撫事務。楊名時離任前奏請用鹽務盈餘銀兩修浚洱海河道，這本來是一項很好的建議，雍正卻火冒三丈，說他沽名釣譽，想博得世人的讚譽，而不把這樣的好事留給後任，罵了一通之後，又蠻不講理地命令楊名時自己出錢修洱海河道。這年秋天，新任雲南巡撫朱綱奏報說楊名時在任時雲南錢糧虧空，雍正明知責任應由布政使常德壽來負，但他說，既然楊名時不彈劾布政使，就是樂於為此負責，於是勒令楊名時賠償，而與布政使不相干。次年正月，雍正命楊名時進京，又特地給地方官下達諭旨：不許對楊名時以禮相待。雍正把事情做到這一步，簡直是小肚雞腸到極點了！

對於李紱與田文鏡互參案，目前的史書多是客觀介紹，少有評論，有的認為確實存在著科甲人拉幫結黨的現象，雍正這樣做，對於抑制朋黨，起了一定的作用。

但我認為，雍正打擊科甲人的所作所為是錯誤的、偏執的，甚至帶有病態的成分。

首先，雍正的大方向是錯誤的，他一面打擊科甲人，一面鼓勵捐納（賣官鬻爵），起用那些未經科舉或科舉落第卻捐錢得官的人，使官場注入了更多污濁的血液。誠然，科舉制度有它的弊病，師生聯絡的現象也確實存在，但與賣官鬻爵相比，科舉要好得多。當然，就個例看來，科舉得官者有貪官昏官，捐納得官者有清官好官，田文鏡就是個很有作為的官員。但問題不在這裡，而在於雍正藉助非科甲人來抑制、打擊科甲人，其客觀效果是為腐敗的、被世人所不齒的捐納制度張目，為那些不學無術、專事鑽營的紈絝子弟大開方便之門。

其次，雍正懷著對科甲人的成見，因而幾乎完全喪失了評判是非的起碼標準。李紱與田文鏡明明是各有對錯，最後竟是一個治罪，一個榮升。楊名時無過而被免職，建議修河而遭罰，又要替常德壽頂罪賠償損失，等等，作為一言九鼎的君王，竟如此胡攪蠻纏、顛倒是非，他所靠的是什麼呢？是權力，是淫威，而威信，卻在人們心目中黯然消退。

又次，雍正袒護非科甲人，打擊科甲人，說是掃除朋黨，實際上他自己已經加入了朋黨（像他的父親康熙一樣），即加入了非科甲人一黨。何謂朋黨？朋黨者，拋棄是非而同氣相求也。雍正就是這麼做的，為此，他丟棄了帝王的大半尊嚴！

歷史嘲笑了雍正，乾隆繼位以後，李紱恢復官職，判了死刑的蔡珽獲釋，謝濟世也被釋放，仍舊當御史。楊名時得到乾隆的召見，入京的路上，「天下想望其風采，滇黔人狂走歡告，老幼相率觀公，或張酒宴羅拜，繼以泣，至環馬首不得前」。人們奔相走告，揮淚送別，馬不得前，其場面何等感人！為什麼？因為人們知道楊名時受了雍正的無端迫害。

八、迷信祥瑞

在清朝的帝王中，對祥瑞達到癡迷程度的，可以說惟雍正一人。

最初上報祥瑞消息是在康熙六十一年年底，侍郎李紱發現，雍正繼位前幾天，天氣陰沉慘澹，登基這一天，忽然轉晴，到第三天，空中出現了祥雲。

雍正元年四月，馬蘭峪總兵范時繹呈獻順治帝孝陵長出的蓍草，在古代的傳說中，只有伏羲的陵墓才有蓍草。因此雍正格外高興，命廷臣傳閱，廷臣們皆「驚喜讚頌以為奇瑞」。

這年八月，有大學士奏稱，江南、山東出產的麥穀大多是一莖雙穗，認為這是「皇上聖德之所感召」，要求宣付史館，得到雍正的首肯。雍正二年，順天府尹張令璜所報的瑞穀增加到一莖四穗，不久又有大學士報說雍正親自種的豐澤園稻田出現多穗稻，穗長超過一尺，且「珠粒圓堅」。

雍正三年二月初二，發生了「日月合璧，五星聯珠」的天文現象。所謂「日月合璧」，就是太陽和月亮同時能夠被人們看到；所謂「五星聯珠」，就是太白（即金星）、歲星（即木星）、辰星（即水星）、熒惑（火星）、鎮星（土星）五顆行星同時出現在太陽一側四十五度角的範圍之內，這種現象數百年才發生一次，古人視為祥兆，恰好讓雍正趕上了，這自然就是他治國功德圓滿的上天感應。

雍正四年，河道總督齊蘇勒、陝西巡撫法敏、河南巡撫田文鏡、山東的督撫塞冷額、漕運總督張大有不約而同地報說，黃河之水，清澈見底，接著山西巡撫德明也奏報說黃河水清，甘肅巡撫許容也如此說，督撫們異口同聲地頌贊雍正之恩德，雍正卻謙虛地說，這都是上天與皇考賜福，自己不願獨享而轉賜群臣，於是將朝廷內外官吏均升一級，以示恩典。君臣之間，你唱我和，歌舞昇平，好不熱鬧。

雍正五年，河南巡撫田文鏡奏報說，河南出產的穀子有一莖十五穗者，雍正大喜，當即表揚說，這是田文鏡忠誠任事感動了上天，誇獎了一下臣子。這之後，麥穀多穗的消息就接連不斷，數位越報越多，順天府的嘉禾竟到了一莖二十四穗。那麼，每穗有多少粒呢？有的說穀子一穗四百多粒，有的說多達五百粒，最多的達七百餘粒……

雍正七年，浙江觀風整俗使蔡仕舢奏稱，正月二十二日天降甘露，遍結於樹枝之上，其味甘美無比，乃是太平上瑞。雍正深信不疑，回旨對蔡仕舢進行勉勵。還是這一年，署理浙江總督性桂上奏，湖州民人萬蠶同織瑞繭一幅，長五尺八寸，寬二尺三寸，當地人都說這是前所未有的事。雍正懷疑是人為加工的，命性桂詳查，性桂回奏說，確實是天然渾成的。雍正不再懷疑，把這一大好消息向眾臣宣佈……

雍正八年，大臣常明奏報，房山縣採石工地上飛來一隻鳳凰，「五色具備，文采燦然」，接著又有人報說有神鳥，高五六尺，「群鳥環繞，北向而鳴」……

更有奇者，雍正十年，山東巡撫岳濬上奏，說鉅野縣民人家的一頭牛生下了麒麟，鹿身牛尾，遍身鱗甲，甲縫中有紫毫，頭頂色彩斑斕。次年四川總督黃廷桂奏報說，鹽亭縣一民人之牛生下麒麟，並將麒麟繪成圖畫，呈獻給雍正。雍正十二年，山東又報上了好消息，寧陽縣出了麒麟。雍正一朝，華夏大地竟然有三隻麒麟降生，若不是上天褒獎垂憐，哪裡會有這等奇事！

最不靠譜的自然現象要算是雲彩了。雲彩時隱時現，時聚時散，其形變化萬千，過後全無憑證，要阿諛帝王，沒有比「祥雲」、「慶雲」、「卿雲」之類的消息更便利、更能討皇帝歡心的了。因此，雍正朝的祥瑞奏章，以祥雲為最多，可以說是喜報頻傳。貴州、山東、湖廣、山西、雲南等地的捷報紛至遝來，致使雍正應接不暇……

對祥瑞的奏報，雍正都給予熱情的回報，除了書面表彰以外，還提升報喜者的官職。雍正六年十月二十九日，正是雍正的生日，不幾天，雲貴總督鄂爾泰就奏報說，聖壽節這天雲南出現了「五色卿雲，光燦捧日」，次日更是「絢爛倍常」，他還在奏摺裡引用《孝經》中的話：「天子孝，則卿雲見。」雍正看了，樂不可支，在朱批之寫道：「朕每遇此祥瑞，蒙上天慈恩，豈有不感喜之理？」接著便誇獎鄂爾泰是「不世出之良臣」，之後就將鄂爾泰從頭等輕車都尉超授為三等男爵，巡撫、提督、總兵各提二級，知縣、千總各提一級，一時間，雲貴官員彈冠相慶，皆大歡喜……

相反，對那些報憂的官員，雍正十分反感，鄂爾泰奏報祥雲的時候，大理縣姓劉的知縣說，我怎麼看不見祥雲啊？雍正火了，指責他懷著幸災樂禍的邪念，有意攻訐賢者……

由於雍正熱衷於祥瑞，因而對漢代大儒董仲舒的「天人感應」學說特別推崇，他認為上天以特定的方式表示對人間社會治亂進行賞罰。比如，雍正二年，他命令刑部釋放了數百名犯人，此事感動了上天，三月初三便普降大雨；雍正三年，他聽說河南乾旱，便在四月初一這天祈禱神明，結果到初三河南就降了雨……那麼，他執政期間，出現了數不清的祥瑞現象，意味著什麼呢？不必說，是他的輝煌政績感動了上天。

遇到水災旱災怎麼解釋？雍正是勇於承擔責任的，他首先檢查自己的過失，用他的話說，是「內省行事之過愆，詳察政治之闕失」，比如，雍正九年上半年的天旱，雍正就認為是他「一人之咎」。水旱災是歷代王朝普遍存在的、司空見慣的自然現象，它們本身往往不會造成太大的損失，而且可以採取補救措施，因此雍正把這些一般性的災害歸之於他個人，是無損於他的神聖形象的，相反這只能顯示出他勇於承擔責任的高尚品格。

但是，上天還真有不作美的時候，一旦它發起脾氣來，就連最善於阿諛奉迎的大臣也理屈詞窮！

雍正八年六月初一，發生了日食。古人一向把日食當作不詳的徵兆，這比水災旱災要嚴重得多。但就是這樣的不祥之兆，也被大臣們視為向皇帝逢迎討好的機會，山西巡撫石麟奏報，太原日食時，濃雲遮天，又降大雨，等到天晴，已經可以看到太陽了，因此是祥兆，值得慶賀。江寧織造隋赫德也報說日食之前，有陰雨，天晴後，並無日食現象，可喜可賀。對這些牽強附會的、馬屁味兒十足的賀折，雍正沒有任何回應，其懊喪之情可以想見。

更有甚者，這年的八月十九日，北京發生了七到八級的強烈地震。民間房屋倒塌、百姓死傷自不必說，就連圓明園、暢春園也遭到嚴重破壞，紫禁城的太和殿也坍塌了一角，雍正逃到船上，之後住在臨時搭起的帳篷裡，其狼狽處境被朝鮮使臣看在眼裡，後來竟受到朝鮮皇帝的嗤笑。

其實，不論是日食，還是地震，都是正常的自然現象，雍正是沒有任何責任的，他逃到船上，住進帳篷，是為了安全，無可厚非，問題在於，雍正對祥瑞的偏好到了執迷不悟的地步，以至於沒給自己留條後路，遇到日食、地震這類「大不祥」的災難，就無法對世人解釋了！

有趣的是，雍正的父親康熙是很厭惡祥瑞的，他認為慶雲、麒麟、靈芝、鳳凰、甘露之類的東西，只能給後人留下笑柄；雍正的兒子乾隆跟他的爺爺康熙一樣，不信這一套，他登基以後，視祥瑞這種把戲為敗政之一，乾脆俐落地將其取消了。

與迷信祥瑞相聯繫的，是雍正癡迷於營造歌舞昇平的社會面貌，比如樂善好施、拾金不昧等等，以此顯示社會的完美，更展現王者的德政。

雍正為了鼓勵臣民樂善好施的作風，就採取獎勵措施，規定捐助數量巨大的，可以給官做，數量少的，發給匾額，登記入冊，免除差役。這樣一弄，捐助活動就成了地方官的政績標誌了，於是便授意屬下捐助，甚至規定數額，強迫人們掏腰包，本來是自願性的活動，竟變成了官方攤派，性質完全變了。乾隆登基，將這項活動廢除了。

拾金不昧開始於雍正五年，一個鍘草夫在送糧時發現車子裡有一枚元寶，就交給了上司。雍正說，一介夫役能拾金不昧實屬可貴，便將元寶賞給了他，並號召人們向他學習。

這一號召立竿見影，次年六月，河南巡撫田文鏡奏稱，孟津縣農民翟世有在地裡拾到一百七十兩銀子，之後交給了失主秦泰，秦泰要分給他一半，他堅決不要，他的妻子徐氏支持他的行動。田文鏡得知，賞給翟世有夫婦五十兩銀子，並送給他們「士女純良」的匾額，又為他們立碑。一個月後，田文鏡又報說商丘貧民陳懷金拾到二十四兩八錢銀子，交給失主，失主回贈，陳懷金堅辭不受，田文鏡總結說，這都是聖上諄諄教導的結果。雍正興奮不已，當即賜給陳懷金九品頂戴，賞銀五十兩。

這樣一來，各地拾金不昧的事蹟便層出不窮：平善縣農民郭見忠、景州民人李世齊拾金不昧，雍正各賞八品頂戴，紋銀五十兩；川陝總督岳鍾琪奏稱，綠營兵劉子奮拾到銀子若干，還給失主；雲貴總督鄂爾泰奏稱雲南兵李應芳拾金不昧。雍正說，事情出在邊疆，尤其可貴，除了賞賜銀兩外，還授予把總之銜；直隸監察御史鄂昌奏稱，文安縣織席民婦盧梁氏拾金不昧，雍正賞給米、布和匾額；刺州佃農楊進朝拾銀四十兩，交給失主，雍正也按例賞賜；臺灣高山族母女二人拾得銀錢衣物，還給失主，雍正賞銀三十兩……

拾金不昧的事蹟此起彼伏，鬧得華夏大地紛紛揚揚、熱火朝天！

人們開始弄虛作假了，謊報虛報優秀事蹟，官員們明知其假，也不過問，因為這可以為自己臉上貼金，說明自己政績突出，可以為今後的升遷打下基礎，何樂而不為？

幸虧雍正只做了十三年皇帝，要是像他父親康熙那樣在位六十年，這項活動不知要被他鬧騰成何等模樣！

乾隆登基伊始，便規定若確實屬於拾金不昧，可酌情獎勵，但不許上報；督撫大臣亦不許以此陳奏。

九、文字之獄的蔓延

雍正朝，將康熙朝的文字之獄推向了更高的階段。限於篇幅，我們只能略舉數例。

例一：「名教罪人」案。此案發生在雍正四年。江蘇武進縣文人錢名世是康熙四十二年殿試一甲第三名探花，授翰林院編修。他與年羹堯有些舊交，曾寫過幾首吹捧年羹堯的詩。年羹堯死後，有人彈劾錢名世為年賊張目。雍正最恨年羹堯，對錢名世自然是咬牙切齒，或許覺得要錢名世的命太便宜了他，就想出了一個極其惡毒、也極其下作的招術，降旨說「錢名世頌揚奸惡，措詞悖謬，自取罪戾」。將錢名世革去職銜，發回原籍。雍正還親自書寫了「名教罪人」四個大字，製成匾額，命錢名世掛在自己的家門上，以此來羞辱他，令其終生不得抬頭。

這還沒完，雍正決定搞一場大批判運動，來教育天下臣民。他命令在京所有科舉出身的官員各寫一首批判錢名世的詩，按詩的品質定賞罰。結果官員們搜索肚腸，生拼硬湊，炮製出一批文理不通、胡罵亂咬的「狗屁詩」來，請看吏部尚書蔡珽的「佳作」：「工諂媚能竭其力，事奸逆能致其身。詩文中之下品名士，科甲內之上等罪人。」

看看，這還叫詩嗎？但不會寫詩的雍正居然煞有介事地一一審閱評判，褒獎了一些他認為寫得好的人，而將他認為不合格詩的作者遣回原籍或發配到寧古塔。

雍正把自己關於錢名世的諭旨，連同官員們寫的批判詩三百八十五首集結成冊，命令錢名世出錢刊印出來，書名為《御製錢名世》，分發到全國各地，作為反面教材。

頗有意味的是，那些參加批判的官員們沒有一個以此為榮的，他們一定知道這些臭詩會大丟自己的臉面，因此在他們後來的自選詩集中，不約而同地「忽略」了這些受到雍正首肯的作品。比如詩集中有桐城派大師方苞的一首，方苞在他的《望溪文集》一書中就未收此詩。更有意思的是，《常州府志》、《武進縣誌》的錢名世傳，都不記載此案。

在「名教罪人」一案中，雍正暴露出自己的愚蠢、偏狹、小器與可笑，全然不像一個大國皇帝的作為，倒像是一個心眼兒不正、半瘋癲的村婦，從病理學上看，他有虐待狂的傾向。此一案，他在國人面前出了大醜。

還有一個富有戲劇性的情節：參加批判錢名世的官員中，查嗣庭、謝濟世兩人的作品都入選到詩集中了，但不久，他們便成了新一起冤獄的主角。

例二：查嗣庭案。查嗣庭，字潤木，號橫浦，浙江海寧人。康熙四十五年進士，官至內閣學士兼禮部侍郎。雍正四年，主持江西鄉試，以「維民所止」為題。四字出自〈詩經・商頌・玄鳥〉，維，是；止，居住。全句意思是：這裡是人民定居的地方。結果被人劾告「維止」二字暗含著「雍正」去頭的意思，又查查嗣庭的筆箚詩鈔，認為「內容悖亂荒唐，怨誹捏造之語甚多」，雍正遂以「諷刺時事，心懷怨望」等罪，將其逮捕下獄。

雍正還費盡心血對查嗣庭典試江西的試題進行仔細的琢磨和推敲，找出了如下罪證：首題：「君子不以言舉人，不以人廢言。」雍正認為，用此為試題，就是對朝廷保舉人才之令有所不滿。三題：「介然用之而成路，為間不用則茅塞之。」雍正認為出此題實為居心叵測。策題：「君猶腹心，臣猶股肱。」雍正帝說查嗣庭不尊君為「元首」，有辱君威。《易經》次題：「正大而天地之情可見矣」；《詩經》次題：「百室盈止，婦子寧止」（所有的倉庫都裝滿了，婦女孩子過得很安寧），這兩個「止」字都是助詞，沒有實意。雍正卻認為，這是暗示人要把「正」和「止」兩字聯繫起來思考，「止」字暗含斬雍正頭之意。如此深文周納、穿鑿附會，真堪前無古人！

查嗣庭被判凌遲處死。到雍正五年五月結案時，他已經死在獄中，仍被戮屍梟示，查嗣庭之子十六歲以上的被處斬刑，十五歲以下的兒子均流放。

例三：屈大均案。屈大均，字介子，號翁山，廣東番禺人，清初文學家，曾參加過抗清運動，失敗後削髮為僧。雍正八年，廣東巡撫傅泰從屈大均所著《翁山文外》、《翁山詩外》等書中發現「多有悖逆之詞，隱藏抑鬱不平之氣」。於是，又一起思想「悖逆」案被揭發。此時屈大均已死三十多年，其子屈明洪（任惠來縣教諭）自動到廣州投案，交出父親的詩文著作和雕板。案情上報，刑部擬屈大均戮屍梟首；因屈明洪自首，故免死，僅將屈明洪及其二子遣戍福建，屈大均詩文禁毀。

例四：裘璉戲筆案。雍正七年又發生了裘璉戲筆之禍。裘璉是浙江慈溪人，年少時曾戲作〈擬張良招四皓書〉，其中有「欲定太子，莫若翼太子；欲翼太子，莫若賢太子」、「先生一出而太子可安，天下可定」等句，當時頗為世人傳誦。康熙末年，七十歲的裘璉中進士，不幾年致仕歸鄉。不料想，到八十五歲時，裘璉突然被捕，原來有人告發他那篇〈擬張良招四皓書〉，是替廢太子允礽出謀劃策。第二年六月，裘璉卒於京師獄中。人們提起此案，常以「少年戲筆，老年得禍」歎之。

例五：徐駿案。雍正八年，翰林院庶起士徐駿在一份奏章裡，把「陛下」的「陛」字寫成了「狴」字，雍正怒不可遏，當即將徐駿革職，並派人對他過去寫的詩文進行審查。結果發現了「清風不識字，何事亂翻書」、「明月有情還顧我，清風無意不留人」一類詩句，龍顏大怒，以誹謗朝廷罪將徐駿論斬。

十、雍正之死

雍正十三年八月二十一日，雍正突然生病，兩天後的清晨駕崩，在位的時間只有十三年。

他的死，屬於猝死，或曰暴死，大清的宮廷史上，又多了一樁疑案。

雍正的死因，說法有四種：

第一種是呂四娘刺殺說。呂四娘是呂留良的女兒，呂留良事發之際，呂四娘帶著母親逃出。為了替父報仇，她跟江湖武林高手習武，功成，入宮，尋機殺掉了雍正。又說呂四娘的師傅是一位僧人，原為雍正身邊的劍客，雍正得到皇位後，就將原來替他賣命的人拋棄了，於是他就培養了呂四娘報仇。一九八一年曾經發掘雍正地宮，但未打開棺木，卻有另一種說法流傳於世，說當時開棺了，發現雍正沒有頭，說明確實是被呂四娘殺死的。

這個故事是雍正死因諸說中最靠不住的說法。呂留良一案中，除戮屍、斬首以外，其孫輩一律流放寧古塔，他們的行動受到嚴格控制，是沒有自由的，漏網的情況是不可能的，更不會混進皇宮。

與此類似的說法是湖南婦女盧氏刺殺了雍正。盧某因謀逆罪被處死，其妻盧氏精通劍術，祕密進入暢春園，殺死雍正，然後自刎。這個傳說也無根據，況且把雍正死的地方弄錯了，雍正死在圓明園。

第二種是太監、宮女縊死說。太監吳守以、霍成與宮女一起，趁雍正睡熟時，用繩子緊勒其頸，氣將絕，後來被太醫張某以藥救之。這種傳說張冠李戴，明代嘉靖皇帝被宮女楊金英等人縊而未死，被太醫許紳之救活。恰巧，嘉靖和雍正的廟號都是「世宗」，於是，以訛傳訛，把嘉靖的事套在雍正頭上了。

第三種說法是死於勞累。雍正大權獨攬，搞獨裁政治，事必躬親，宵衣旰食，天長日久，健康狀況逐漸下降，最後積勞成疾，於是在盛年之際就耗盡了自己的生命。

雍正勤於政務，在歷代帝王中是很突出的，說他勞累，是事實，因過度勞累而致病，而致死也有可能。但雍正肯定不屬於這種情況。因為勞累致死，是一個漸變的、漫長的過程，身體狀況是一步一步下降的，而雍正，死前身體沒有病重、病危的跡象，甚至沒有任何身體不適的徵兆。請看他死前幾天的情況：

八月十八日，與辦理苗疆事務的大臣議事，命哈元生、張照清除苗患；

二十日，聽政如常，諭軍機大臣關於北路軍營駝馬事務，引見寧古塔將軍杜賚諮送補授協領、佐領人員（雍正接見的是一般官員，處理的是一般的事務，如果身體患病，就無須此時處理）；

二十一日感覺不適，卻未休息；

二十二日白天大學士張廷玉見過雍正（這期間張廷玉「每日進見，未嘗有間」）；

當天晚上二更時分，親王、大臣們就奉召前往圓明園，到子時（實際上就是二十三日凌晨），雍正逝世。

從上述情況看，雍正是突然死亡，而不是積勞成疾而死。

第四種說法是死於丹藥中毒。筆者認為，此說理由最為充分。

歷史上的帝王，大都有長生不老的夢想；而要長生不老，又大都極力尋找靈丹妙藥。秦始皇、漢武帝是在大自然中尋找，派方士跋山涉水，後代皇帝則求助於煉丹術。具有諷刺意味的是，這些皇帝幾乎都活不到正常的壽限，東晉哀帝、唐太宗李世民、明憲宗朱見深等十五、六個皇帝都死於丹藥之毒。

丹藥中含有鉛、水銀、硫磺、砷等成分，這些物質對人體都很有害。在科學不發達的古代，人們不瞭解它們的性質，卻迷信其功效。但後來的人只憑前人的經驗教訓，也是應該想到其後果的。

可悲的是，雍正對前朝的教訓視而不見。他在早年就對道家的藥石感興趣，曾經作〈燒丹〉詩頌揚煉丹之神奇。登基後，他極力推崇道士張伯端，封他為「大慈圓通禪仙紫陽真人」，為他修建道院。雍正八年，他給河東總督田文鏡、浙江總督李衛、雲貴廣西總督鄂爾泰、川陝總督查郎阿等許多官員發出文字完全相同的手諭，囑咐他們細心訪查道家術士，而且要嚴格保密。按慣例，文字相同的手諭都是由親信大臣抄寫的，但是，訪查術士的這道手諭今存十五份，均為雍正本人親筆謄寫，字跡十分工整。這說明：一，雍正把尋訪丹藥看成是十分機密的大事，連親信大臣都不讓知道；二，雍正對此事高度重視。

很快就有了回應，四川巡撫憲德推薦了一個叫龔倫的人，人稱「龔仙人」，已經八十六歲了，他的小老婆還新生了個兒子。雍正急命召其進宮，但那龔仙人卻歸天西去了，雍正不勝惋惜。

浙江總督李衛推薦了一個叫賈士芳的河南道士，雍正當即召進宮中。賈士芳使用按摩和念咒之法，為雍正健身除病。雍正有所不適，按摩之後就好了；但要想讓雍正不適，也按摩念咒，雍正果然覺得不適。雍正大怒，說：我的安與不安都操縱在此人手裡，便以「妖妄」之罪將其斬首。

雍正與道士們的交往十分頻繁，他在太和殿、乾清宮安放道神符板，在自己的寢宮養心殿安設鬥壇，以求道神護佑。雍正不但密令臣下推薦道家精於煉丹之人，還把道士張太虛、王定乾請到圓明園，為其煉丹。

圓明園東南角僻靜隱秘的秀清村，就是煉丹處，那裡先後運進四千多斤木柴和各種礦物，煉丹爐一開，就沒有熄滅，從雍正八年到雍正死前，五年中雍正降旨向圓明園運送原料達一百五十七次，累計起來，共用煤一百九十二噸，木炭四十二噸，還有大量鐵、銅、鉛制器皿，以及銀、紅銅、黑鉛、硫磺等礦物……張太虛、王定乾很是賣力，果然真的煉出了丹藥。雍正很愛服用丹藥，他常將丹藥賞賜給臣下（如鄂爾泰、田文鏡等）服用，他對田文鏡說：自己正在服用，從未間斷，並說丹藥「性不涉寒熱溫涼，征其效亦不在攻擊疾病，惟補益元氣，是乃專功」。又說「此丹修合精工，奏效殊異，放膽服之，莫稍遲疑，乃有益無損良藥也」。

就在雍正死的前十二天，又有兩百斤黑鉛運入圓明園，黑鉛，是一種劇毒金屬！

從上面的事實看，雍正死於丹藥的說法是最為可靠的。

雍正死去的第三天，他的兒子、新繼位的乾隆皇帝便把雍正請來的道士張太虛、王定乾驅逐出圓明園。

既然雍正是為道士的丹藥所害，那麼為什麼乾隆不將張太虛、王定乾斬首呢？其實，此類事已經有了前車之鑒。唐太宗服用了印度方士羅爾婆娑寐的丹藥而暴亡，朝中有的大臣主張將方士處死，但新登基的唐高宗擔心此時張揚出去必定惹人嗤笑，便將羅爾婆娑寐放還本國了。

現在雍正的情況跟唐太宗一樣，已經二十五歲的乾隆自然不願將真相公之於世，如果將二人處死，那就等於承認雍正上了當，這對帝王來說就太不光彩了。怎麼辦呢？只能將兩個道士驅逐出宮，然而，如果他們把真相洩露出去豈不是更糟糕！於是乾隆發佈了一道妙不可言的上諭：

「皇考（指雍正）萬幾餘暇，聞外間爐火修煉之說，聖心深知其非，聊欲試觀其術，以為遊戲消閒之具，因將張太虛、王定乾等數人置於西苑空閒之地，聖心視之與俳優等耳，未曾聽其一言，未曾用其一藥。且深知其為市井無賴之徒，最好造言生事，皇考向朕與和親王面諭者屢矣。今朕將伊（他）等驅出，各回本籍。……伊等平時不安本分，狂妄乖張，惑世欺民，有幹法紀，久為皇考之洞鑒。茲從寬驅逐，乃再造之恩，若伊等因內苑（皇帝居所）行走數年，捏稱在大行皇帝（剛死去的皇帝）御前一言一字，以及在外招搖扇惑，斷無不敗露之理，一經訪聞，定嚴行拿究，立即正法，決不寬貸。」

乾隆的意思很清楚，一是要洗刷父親癡迷於丹藥這個污點，二是要震懾張太虛、王定乾，不准他們把實情洩露出去。但這一來反而暴露了真相：既然雍正不相信爐火修煉之說，何必讓張太虛這等「市井無賴之徒」在內苑「行走數年」？如果說雍正讓他們來到身邊是為了「遊戲消閒」，那麼現在不需要消閒了，讓他們走就是了，何必在登基之初萬事待舉之際如此大動干戈？最後，既然是「遊戲消閒」，又何必警告張太虛們不許透露「一言一字」？總之，這道上諭漏洞百出，其效果是「此地無銀三百兩」，它正好為我們提供了一個新的證據：雍正確實死於丹藥中毒。

與以前幾朝皇位更替之際劍拔弩張、陰謀迭出的爭權場景不同，雍正死後，弘曆平靜而順利地登上了皇位，沒有發生任何波瀾。

這要歸功於雍正所開創的祕密立儲制度，這是他的一項發明。

雍正元年八月，雍正把皇位繼承人的名字寫在詔書中，密封，然後將詔書放在乾清宮「正大光明」匾額後面。為了防止意外，他又寫了一份文字完全相同的詔書，藏在圓明園內，這樣，兩份詔書可以互證。皇位繼承人是誰？只有雍正一個人知道，而其他人（包括繼承人）均不知曉。雍正駕崩後，他的親信張廷玉、鄂爾泰當著眾王公大臣的面，命太監將詔書取出，然後在燈下當眾宣佈。雍正選定的繼承人是皇四子弘曆。

那以後，這種祕密立儲的方式就成為皇權交接的制度延續下來。到咸豐帝，因為只有載淳（同治）一個兒子，無可選擇，也就無須祕密立儲；同治帝沒有兒子，慈禧指定了他的族弟載湉（光緒），光緒的繼承人是慈禧指定的溥儀（宣統）。因此，從咸豐起，祕密立儲的皇位傳遞方式就停止了。採用這一方式的只有雍正、乾隆、嘉慶三朝。

與漢族王朝傳統的嫡長制相比，祕密立儲的制度無疑是優越的。

第一，嫡長制規定有嫡立嫡，無嫡立長，它的好處是打消了非嫡非長的皇子們的夢想，從而可以在很大程度上避免皇位的爭奪戰。但這種鬥爭難以完全避免，由於其他皇子也覬覦著皇位，太子在明處，其他皇子在暗處，這就避免不了其他皇子對太子進行栽贓誣陷的事端發生。而祕密立儲卻不然，只要皇帝在世，皇子們就都能看到有兩個前程：繼位或者不繼位，而他們的最後命運，操縱在父皇手裡，爭也無用，他們所能做的，只能是虔誠地聽命於父皇，好生表現，給父皇一個好印象，創造繼位的條件，在漫長的歲月中耐心地等待。這樣，不論是皇帝活著，還是死後，宮廷中都不會發生蕭牆之禍。

第二，嫡長制排除了優選原則，把王朝未來的命運交給上天，交給偶然，因為嫡子或長子未必賢，也未必能，因此王朝的走向就有極大的或然性，繼承人可能是勵精圖治的，也可能是殘忍暴戾的，這要聽天由命。祕密立儲制度卻奉行了優選原則，獲選者是皇帝從眾多的皇子中反覆衡量比較才確定下來的，誠然，皇帝的選擇未必準確，也未必周全，但這總要比嫡長制的聽天由命要好得多。

第四章　如日中天

根據雍正的遺詔，弘曆於雍正十三年九月初三在紫禁城太和殿正式登基，改明年為乾隆元年。乾，為六十四卦之一，代表天、君、父，又象徵陽性或剛健；隆，是興盛，發達。

乾隆是一個非常非常幸運的皇帝，至少比起他的上三輩來是這樣。順治六歲登基，康熙八歲登基，都是童年天上掉餡兒餅，算是幸運了。但順治當了八年傀儡，在多爾袞的陰影籠罩之下，過著危如累卵、戰戰兢兢的日子；康熙呢，也當了八年傀儡，前六年不用說，即使親政後的頭兩年，仍然要受鼇拜的窩囊氣，身為皇帝，連首輔大臣（蘇克薩哈）都保護不了，眼睜睜地看著鼇拜將其一家人害死，致使此案成為他的終生憾事；雍正一登基就說了算，沒有當傀儡，但彼時已經四十五歲了，在此以前的三十多年裡，他為了有朝一日能夠坐上龍椅，可以說是絞盡了腦汁，費盡了心機，平日裡忍氣吞聲，小心翼翼，韜光養晦，暗窺動靜，好不容易真的登了極，還要忙不迭地給兄弟們羅織罪名，大肆殺戮，又要清除功臣，然後炮製《大義覺迷錄》來洗刷自己，這個皇帝做得可真夠累的！

乾隆不，他是在想做皇帝又有能力做皇帝的時候做了皇帝，這年他二十五歲。

一、乾隆身世之謎

皇帝這塊餡兒餅，是怎麼落到他身上來的？

這就不能不涉及到他的身世，然而，這又是一個謎！

首先，乾隆出生在哪裡？有兩種說法，一是出生在北京的雍和宮。雍和宮在康熙時代是一座喇嘛廟，康熙的四皇子胤禛被封為雍親王後就以此為府邸，乾隆繼位後，就將父親的這座府邸命名為雍和宮。

乾隆在自己的詩中，曾經多次提到自己出生在這裡，比如：在〈新正詣雍和宮禮佛即景志感〉這首詩中，有「到斯每憶我生初」之句，詩中的「斯」字，即指雍和宮。在〈新正雍和宮瞻禮〉一詩中，又有「齋閣東廂胥熟路，憶親唯念我生初」兩句，更具體地指明了自己生在東廂房中。在〈人日雍和宮瞻禮〉一詩的小注中，乾隆寫道：「余實康熙辛卯生於是宮也。」在另一首〈新正雍和宮瞻禮〉一詩中的小注中說：「予以康熙辛卯生於是宮，至十二歲始蒙皇族養育宮中。」最有代表性的是他於乾隆四十五年寫的〈新正雍和宮瞻禮〉：「雍和宮是龍躍邸，大報恩宜轉法輪。例以新正虔禮佛，每因初地倍思親。禪枝忍草青含玉，象闕蜂台白積銀。十二幼齡才離此，訝今瞥眼七旬人。」

詩下小注說：「康熙六十一年始蒙皇祖（指康熙）養育宮中，雍正年間遂永居宮內。」在這裡，乾隆四次強調自己的出生地：第一句，「雍和宮是龍躍邸」，「龍」字一是指雍正，一是指他自己；第四句中的「初地」二字又一次說自己出生在這裡；第七句「才離此」是說自己直到十二歲才離開這裡，仍然是強調自己生於此地，十二歲以前一直住在這裡；小注的意思是第七句的重複。這首詩實在很值得琢磨，如果說其他的詩（連同小注）是順筆捎帶出自己的出生地，那麼這首詩簡直可以稱作「關於朕之出生地的詩」了。

以此看來，乾隆確實是出生在雍和宮。

但這已經令人生疑了：其一，一個九五之尊的帝王，何必不厭其煩地申明自己的出生地？顯然，這不是順便流露，而是在有意強調。因為在乾隆活著的時候，就有關於他的出生地的不同說法，為了澄清，他才一而再、再而三地嘮叨個沒完。其二，「余實康熙辛卯生於是宮也」一句中的「實」字最為可疑，當一個人說「我確實是生在這裡」的時候，究竟意味著什麼呢？其三，在一首詩中，通過不同的方式四次強調自己的出生地，這能算是詩嗎？

第二種說法是出生於避暑山莊。乾隆朝有個軍機章京管世銘（此人精通詩文，又任過戶部主事、御史），曾跟隨乾隆去避暑山莊，在一次秋獮之後，他創作了《扈蹕秋獮紀事三十四首》，其中第四首寫道：「慶善祥開華渚虹，響聲猶憶舊時宮。年年諱日行香去，獅子園邊感聖衷。」管世銘在詩後的小注中說：「獅子園為皇上降生之地，常於憲廟忌辰臨駐。」這裡說得很明確，乾隆生於避暑山莊的獅子園。當年康熙常到避暑山莊來，身為皇子的雍正隨行，他的一家就住在獅子園。管世銘作為乾隆的隨行人員，他留下的文字應該是相當可靠的。

乾隆朝，是文字之獄的頂峰（下文要具體談到），許多雞毛蒜皮的小事都被乾隆上綱上線，將當事人凌遲、斬首或流放，這個管世銘的詩集當時就刻印發行於世了，如果他把皇帝的出生地都說錯了，乾隆豈能饒他？

更有力的證據是乾隆的兒子嘉慶皇帝所寫的詩。嘉慶元年八月十三日，已經做了太上皇的乾隆在避暑山莊過八十六歲的生日，嘉慶也去了，寫下了〈萬萬壽節率王公大臣行慶賀禮恭紀〉的詩篇，其中有「肇建山莊辛卯年，壽同無量慶因緣。」詩後小注雲：「康熙辛卯肇建山莊，皇父以是年誕生都福之庭。」第二年，乾隆又到避暑山莊過生日，嘉慶照例又寫〈萬萬壽節率王公大臣等行慶賀禮恭紀〉的詩，再一次在詩的小注中說：「敬惟皇父以辛卯歲，誕生於避暑山莊都福之庭。」嘉慶兩次強調他的父親出生在避暑山莊的都福之庭。

清人石韞玉在《存悔齋集序》中提到，早在乾隆朝，皇宮中的太監、宮女就私下流傳著乾隆生於避暑山莊的消息。

問題就來了，乾隆屢次申明自己出生在北京雍和宮，而他的兒子嘉慶卻屢次告訴人們其父是生在避暑山莊。誰的說法更可靠？按說應該是乾隆比他兒子更知道自己的底細，但問題是，嘉慶的說法是從那裡聽來的呢？總不至於是聽了民間傳說和小說家言而搞錯了吧！

如果在亂世，出生地鬧不清是情有可原的，但乾隆是在大清早已坐穩了江山的時候誕生的，又是堂堂的皇子，怎麼連這個起碼的問題都弄亂了呢？

奇怪的是，到嘉慶十二年，嘉慶修改了自己的意見，大臣們編撰清高宗（乾隆）《實錄》和《聖訓》的時候，嘉慶指示他們將乾隆的出生地改為雍和宮。這樣，乾隆誕生於避暑山莊獅子園的說法就被放棄了。

然而，嘉慶二十五年嘉慶死於避暑山莊，《遺詔》中卻留下了這樣的文字：「古天子終於狩所，蓋有之矣。況灤陽行宮（即避暑山莊）為每歲臨幸之地，我皇考（指乾隆）即降生避暑山莊，予複何憾？」意思是，我父親就是在避暑山莊降生的，我死在這裡還有什麼遺憾的呢？一下子，此案又翻過來了！

《遺詔》頒佈了，也向琉球、越南、緬甸等附屬國發送出去了。新繼位的道光皇帝急忙令六百里加急，將正在路上的使者追回，將《遺詔》改成了如下模樣：「古天子終於狩所，蓋有之矣。況灤陽行宮為每歲臨幸之地，我祖、考御（即乾隆的畫像）在焉，予複何憾？」

把出生地改成了畫像，儘管牽強附會，卻也管不了那麼多了。

接下來，道光就動手篡改父親的那幾首詩，把嘉慶詩中說到乾隆生於避暑山莊的文字全改成了雍和宮。然而，嘉慶的那些詩早就在社會上流傳了多年，這一改，反而引起了更大的混亂，人們愈加相信乾隆出生於避暑山莊了。

由於乾隆的出生地弄不清，因而連他的生母也沒法確定了。

按《清高宗（即乾隆）實錄》和《清高宗聖訓》的記載，乾隆的生母是雍正的熹妃鈕祜祿氏，作為清朝皇室宗譜的《玉牒》也是這樣寫的。

問題又來了！按《清世宗憲皇帝（即雍正）實錄》記載，雍正元年二月十四日「格格鈕祜魯氏，封為熹妃」；但在《雍正朝漢文諭旨彙編》中卻說這天「格格錢氏，封為熹妃」。一說是鈕祜魯氏，一說是錢氏，看看，連熹妃到底是誰，也成了一筆糊塗賬！

《實錄》和《彙編》都是清宮文件，為什麼出現這樣的矛盾？閻崇年先生作了這樣的分析：「格格錢氏與鈕祜魯氏是一個人，因為他們都是同一天、都是受皇太后的懿旨受封，所以熹妃只能是一個人。雍正元年八月十七日，正式設立祕密立儲制，指定弘曆為皇太子。他的母親總要有一個高貴出身，因此將熹妃錢氏篡改為鈕祜魯氏。」這種推斷是頗有力度的。

但新的疑問又來了。康熙五十年七月二十六日，雍正赴避暑山莊向正在那裡的父親康熙請安，十七天後，乾隆就降生了。如果說乾隆出生在避暑山莊，那個被雍正改為鈕祜魯氏的熹妃錢氏就要挺著大肚子從北京趕往避暑山莊，這顯然是不合情理的。那麼，生乾隆的，必定是另一個女人。

那麼這個女人是誰呢？諸多的故事就從這裡展開。

故事一：乾隆的生母是大學士陳世倌的夫人。陳世倌是浙江寧海人，人稱「陳閣老」，康熙時入朝為官後，與雍親王常有來往，其妻恰與雍正的福晉同時懷孕，在同一天生孩，當時雍正派人把陳世倌的孩子接到雍王府去，說是看看，但孩子送回來的時候，原來的男孩竟變成了女孩，陳世倌夫婦恐慌不已，哪裡還敢聲張？就把那個女孩當自己的孩子養著；而送到雍王府去的那個男孩，後來就成了乾隆皇帝。乾隆心裡惦記著自己的生身父母，因此他六次南巡，就有四次住在寧海陳閣老家。乾隆將陳閣老家的隅園賜名為「安瀾園」，還題寫了「愛日堂」、「春暉堂」等匾額。

這則故事遭到許多學者的否定，理由：其一，乾隆出生時，其父雍正才三十四歲，正值盛年，此前已經生了三個男孩，雖然長子、次子夭折，但第三子已經八歲，另一個妃子也臨產，他沒有必要玩弄偷樑換柱的把戲。其二，清朝皇子皇孫誕生，有一套嚴格的制度，有驗看奏報程序，還要作記錄，生孩子時，有產婆、宮女、御醫一群人圍著忙活，幾乎沒有偷換的可能。其三，乾隆南巡住在陳家，同浙江海塘工程有關，他將陳家的隅園改名為「安瀾園」寄予著海瀾平安之意。其四，陳家確實有「愛日堂」、「春暉堂」的題字，但題字者是康熙，編故事的人移花接木，按到乾隆頭上了。其五，海寧是個小縣城，沒有皇帝專門的行宮，而陳家擁有寬敞、清幽的園林，皇帝在這裡落腳，是很自然的事，與認親毫無關係。

結論：乾隆的生母是大學士陳世倌夫人的說法純屬子虛烏有。

故事二：乾隆的生母是山莊醜女。一次，雍正隨康熙狩獵，射得一鹿，宰而飲其血。鹿血性熱，有壯陽功效，但秋獵是不能攜帶嬪妃的，雍正無處發洩，恰好他與大隊失散了，來到熱河行宮，有漢族宮女李氏，面貌奇醜，但雍正饑不擇食，與之交。次年秋天，康熙又到避暑山莊，發獻醜女即將分娩，大為震怒，立即追查此事，雍正不得不承認是自己所為。康熙害怕家醜外揚，指一草棚馬廄令醜女進入，醜女就在裡面生下了一個男嬰，他就是後來的乾隆皇帝。

最早講述這段故事的是清朝遺老冒鶴亭，據他講，故事是從熱河當地宮監那裡聽來的，清廷每年都撥專款修葺那間草屋。後來乾隆奉母南巡，江南命婦們見了都說太后醜陋。官修的《熱河志》中提到過這間不像樣子的草屋，如果沒有特別的價值和典故，何必保留下來？又何必記入地方誌？

相信此說的還有歷史學家莊練、小說家高陽等。

不少人指出，這則故事很不真實。其一，這畢竟是民間傳說，沒有佐證。其二，據考，圍獵的地方離避暑山莊有幾百里的路程，雍正離隊，怎麼能跑那麼遠？其三，是時間不對頭。《清世宗實錄》載：胤禛（即後來的雍正）於康熙四十九年五月初一隨父外出，九月初三返回北京。如果他與醜女李氏結合按照最晚的時間算，那麼李氏生產的時間應該是在次年的六月上旬或中旬，但乾隆的生日卻是在八月十三日，晚了兩個月。其四，草屋寫進《熱河志》不足為奇，是雍正為了「綴景」和「示儉」而特意設置的「陋所」，不能說明就是醜女李氏的生子之處。其五，退一步說，即使真有其事，雍正立儲的時候，也不可能讓一個身分如此卑賤的宮女所生之子繼承皇位的。

這些反駁是有道理的，不過第四條很可疑：一，在豪華的莊園中，草房達不到「綴景」的效果，只能產生不協調的感覺；二，「示儉」就更可笑了，避暑山莊是占地五百六十四萬平方米、設有七十二景的皇家園林，在世界上都是聞名的建築奇觀，怎麼能用一間草屋來「示儉」呢？這就如同皇帝穿一身價值連城的綢緞龍袍，為了示儉，就在胸前綴一片劣等粗麻布。

故事三：乾隆生母是鈕祜魯氏，但她家境貧寒。晚清文人王闓運，曾做過大學士肅順的家庭教師，他在《湘綺樓文集》中寫道：鈕祜魯氏跟隨母親時，居住在承德城裡，家境貧窮，十三歲時來到京師，恰好皇宮裡選秀，她因體貌俊美而當選，被分配到雍王府。一次，胤禛生病，她精心照料，數月後，胤禛病癒，她便懷了孕，後來就生下了乾隆。

這則故事受到清朝遺老金梁的反駁，他認為，清廷選秀制度十分嚴格，一個承德地方的普通女子不可能混進王公貴族之女的群落中去。

故事四：乾隆之生母是「傻大姐」。

此說見於《胡適之日記》。民國時期曾經任國務總理的熊希齡從老宮役那裡聽說，乾隆之生母是南方人，諱名「傻大姐」，隨家人到熱河營生，他把這個故事講給了胡適。

此說同樣不被人們承認，一來語焉不詳，二來「老宮役」的話難說有多大可靠性。

總之，關於乾隆的生母，陳世倌的夫人說、山莊醜女、貧女入宮說、傻大姐說都被近年的歷史家們所否定。

在乾隆的出生地和生母問題上，目前多數學者的意見是：乾隆於康熙五十年八月十三日生於北京雍和宮，其生母是四品典儀官凌柱之女，熹妃鈕祜魯氏，即後來的孝聖憲皇后。

我認為，有關著述對陳世倌的夫人說、山莊醜女、貧女入宮說、傻大姐說的反駁是有力的，可信服的，但都沒有敢於正視或者有意巧妙地迴避了最實質的問題：管世銘和嘉慶為什麼把乾隆的出生地說成是避暑山莊？有的著作雖然沒有直接回答這個問題，但從其敘述方式上能夠看出一種傾向，那就是暗示讀者嘉慶弄錯了，後來知道了，就改了。但這又解釋不了為什麼嘉慶臨死的時候又翻了案，仍說乾隆是生在避暑山莊。於是就說是「軍機大臣撰寫的遺詔」，這種敘述可謂用心良苦，實際上是一種誤導，它企圖給人們一種印象，好像遺詔把出生地說成是避暑山莊責任在軍機大臣。但誰都知道，皇帝的遺詔有兩種寫法，一是皇帝自己動筆寫，一是自己口述，由他所信任的大臣代筆。但「代筆」不等於「撰寫」，更不等於「杜撰」，而且，大臣代筆之後，都要讀給皇帝聽，得到認可之後才能生效。嘉慶遺詔中關於乾隆出生地的話，要是嘉慶不說，哪個大臣敢擅自「撰寫」（杜撰）？

因此，管世銘的詩，嘉慶的詩和遺詔，是不可動搖的鐵證，我們根本無法迴避。

讓我們作出兩種假設，看看哪一種假設更說得通。第一種假設是，乾隆的出生地是雍和宮。那麼我們就必須承認：一，乾隆是個嘮叨鬼，不厭其煩地告訴人家自己的出生地；二，管世銘是個膽大包天的傢伙，他居然造謠說乾隆生於避暑山莊，寫了詩還不算完，更變本加厲地刊印出來公之於世；三，嘉慶是個糊塗蟲，其父多次強調自己的出生地他卻視而不見，偏要往錯處寫；四，嘉慶臨死前思維出於混亂狀態，有狂想症的跡象，所以又一次把父親的出生地弄錯了。

第二種假設是，乾隆出生在避暑山莊。那麼我們就會得出這樣的結論：一，乾隆做了皇帝以後，想使自己的出生顯得高貴一些，或者其中有難以告人的隱情，就一再強調自己生在雍和宮；二，管世銘說的是實情，乾隆明知他說的對，就不能發作，不能加罪於他，只得裝聾作啞；三，嘉慶沒有弄錯；後來改口說父親生於雍和宮，是因為經人點撥之後而意識到了其中微妙的政治影響；臨死前翻案乃是內心的真實流露。四，道光篡改嘉慶的遺詔，再篡改嘉慶的詩，完全是政治需要，弄虛作假。

這兩種假設哪一種更合邏輯、更合情理呢？顯然是第二種。就是說，乾隆生於避暑山莊的可能性比生於雍和宮要大得多。

我認為，在這個問題上，不會再出現什麼新的成果了，它跟雍正死因不同，我們可以通過開棺屍檢的辦法確定雍正是否死於中毒，但即使再發現幾種宮廷文件說乾隆生於雍和宮也無濟於事，因為管世銘的詩、嘉慶的詩、嘉慶的遺詔像三顆鉚釘一樣焊接到歷史的巨大鐵柱之上了，誰也拔不掉！

至於乾隆的生母究竟是誰？我認為，這永遠是一個解不開的謎。既然乾隆生於避暑山莊是更合理的解釋，那麼我們已經說過，鈕祜魯氏不可能在臨產前的十七天從北京跑到避暑山莊，生乾隆的極可能是另外的人。在這個問題上，我們同樣不能依賴所謂《實錄》之類的清宮文件，因為這些「文件」已經露出了太多的馬腳和破綻，摻雜了太多的政治目的，不能作為我們的確鑿憑據（我不是說清宮文件都不可信，而是說不都可信），而民間傳說則更是離譜。但是，說熹妃鈕祜魯氏是養育過乾隆的人，我們是沒有理由反駁的，這從乾坤對她的深厚感情和孝敬行動上可以看得出來。

結論：乾隆生於雍和宮的說法很值得懷疑，生於避暑山莊的可能性更大，他的生母多半不會是熹妃鈕祜魯氏，但說她是撫養過乾隆的人，是可信的。

史家們有一種心理傾向，那就是儘量給讀者一個確切的答案。乾隆生於雍和宮、其生母是鈕祜魯氏這個結論就是這樣得出來的，因為它確切，讀者就有放心的感覺。但這樣一來，就把管世銘的詩、嘉慶的詩、嘉慶的遺詔這三顆鉚釘迴避了。其實，在資料模糊或互相矛盾的情況下，或出於某種目的而炮製出來的資料面前，我們很難得出確切的結論。

前面也說過，陳世倌夫人說、山莊醜女、貧女入宮說、傻大姐說（我們姑且稱之為「四說」），都被歷史家們否定了，因為它們不能作為我們研究乾隆身世的依據，但對於考察彼時的社會心理，「四說」卻具有極高的價值：它顯示出民眾對極權的挑戰，儘管這種挑戰是粗淺的、朦朧的、自發的，儘管這種挑戰帶有鬧劇的性質，甚至有「歪門邪道」之嫌，但它所採取的蔑視和戲謔態度卻有效地挫傷了統治者至高無上的尊嚴。「四說」的矛頭瞄準了雍正、乾隆兩代皇帝，因為正是這兩代皇帝，把中國的文字之獄推到了高峰。於是，民眾就以一種曲折的方式做了機智的、巧妙回報。在「陳世倌夫人」說中，雍正是一個卑鄙小人，利用權勢偷換了人家的孩子；在「山莊醜女」說中，雍正則是一個性欲發作、饑不擇食的禽獸。至於乾隆，在替父親受過的同時，落了個「私生子」、「雜種」的名分，而且他的生母不是「醜女」、「貧女」就是「傻大姐」。看吧，帝王的光環在民眾的口碑中蕩然無存。

中國的封建極權制度發展到清朝，已經進入了衰微階段，統治者越想把自己裝扮得神聖無比，民眾就越不買帳。因此，關於乾隆身世的種種「靠不住」的傳說，實際上是一種隱約的信號，這信號與白蓮教、天理教以及後來的太平軍、捻軍的「犯上作亂」是互為表裡的。

二、勵精圖治

乾隆與他的祖父康熙、父親雍正都是很有作為的皇帝，但在治國主導方略上卻顯示出三個帶有轉折性的階段，康熙尚寬仁，雍正尚嚴狠，乾隆又尚寬仁。用哲學上的話說，康熙是肯定，雍正是否定，乾隆是否定之否定。

本來，因改朝換代而引起治國思想的變化，是很正常的現象，但乾隆卻有些特別，他與雍正很像一對父子冤家，在許多事情上，兒子專門跟父親反著幹：

雍正為了長生不老，請來了張太虛、王定乾兩位道士為他煉丹，雍正死去的第三天，乾隆就將二人驅逐出圓明園；

雍正為了辯解自己是正當繼位而炮製了《大義覺迷錄》，又把曾靜、張熙當作反面教員，讓他們到處宣講，並且許諾「朕之子孫將來亦不得以其詆毀朕躬而追究誅戮」，但乾隆剛一登基，尚未改元就翻了此案，降旨將曾靜、張熙凌遲處死，並把《大義覺迷錄》列為禁書，通令全國，予以銷毀；

雍正為了打擊科甲朋黨，將李紱逮捕入獄，將蔡珽判了斬刑，乾隆繼位，將李紱官復原職，又將蔡珽釋放；雍正降罪於楊名時，乾隆繼位，立即為他平反，並召見他；雍正癡迷於祥瑞，乾隆偏不信那個邪，一登基，就予以取消；雍正發起了樂善好施的運動，乾隆繼位後，將其廢除；雍正發起了拾金不昧的運動，乾隆繼位後，基本上將其廢除了；雍正為了鼓勵農耕，實行授老農八品頂戴之制，乾隆即位後，予以廢止……

應當說，不論乾隆反對父親出於什麼動機，他的做法在主導方向上都是正確的，他糾正了父親的錯誤和偏頗。

但有一件事乾隆做錯了，錯得十分荒謬：雍正執政十三年，撤掉了兩千一百多個貪官污吏，乾隆剛一登基，就將他們官復原職。

雍正擒虎入牢，乾隆放虎歸山！這是乾隆寬仁政治的側寫。

誠然，乾隆在理論上是主張「寬嚴相濟」的，他登基伊始，就宣稱「治天下之道，貴得乎中，故寬則糾之以猛，猛則濟之以寬」，但其父雍正是以嚴猛為原則的，他在糾偏的時候，表面上的彎子不能拐得太大，只得將寬與嚴並提，而骨子裡，卻是尚寬的。

在關心民生這一點上，乾隆像康熙、雍正一樣，做了很大努力。乾隆執政期間，多次豁免天下錢糧。據統計，乾隆十年、三十五年、四十三年、五十五年、嘉慶元年，乾隆先後五次普免全國一年的錢糧，又於四十五年、五十九年兩次豁免全國漕糧，再加上部分地區錢糧的減免，累計約二五〇〇〇萬兩，相當於五年全國財政的總收入。豁免天下錢糧數量之巨大、地域之廣泛，中國的歷史上，是絕無僅有的。乾隆這樣做，與他「重農務本」的思想是分不開的。

但寬仁原則用於整頓吏治方面，效果就適得其反了。放出老虎，等它們危害一方之後，再去調查、審核、治罪，其結果是貪案迭起，破不勝破，乃至乾隆不得不改變初衷，而採取強硬措施。

乾隆六年，據參劾揭發，挖出了一批貪污案犯，有山西布政使薩哈諒、山西學政喀爾欽、浙江巡撫盧焯、步兵統領鄂善、護軍統領阿琳等等，為了煞住這股歪風，乾隆將喀爾欽、薩哈諒斬首，賜鄂善自盡……同時降旨對乾隆元年以來所有的貪污案件重新審理，對案犯從嚴處置。

乾隆十八年，江南河道財務虧空十餘萬兩的情況被發現，乾隆將經管河務的高斌、張師載革職。這年九月，黃河在徐州境內決口，四十多個州縣的百姓流離失所，乾隆將管理該段河務的守備張賓斬首，並向其家屬和高斌、張師載追賠，又將乾隆十年以後歷任河庫道一律革職，並殺掉未能完納虧空的官員。

乾隆二十一年，湖南布政使楊灝利用經管發放銀兩買補常平倉谷備荒的機會，貪污了三千兩銀子，經審理屬實，乾隆判決為斬監候。但次年秋審時，湖南巡撫蔣炳竟以楊灝已經賠償贓款為由，建議緩決。乾隆極為惱怒，認為這是官官相護的惡劣風氣，嚴令將楊灝立即正法，將蔣炳革職，並籍沒家產。

乾隆二十二年，山西布政使蔣洲升任山東巡撫，繼任山西布政使的塔永寧發現他虧空庫銀二萬餘兩，而且發現蔣洲離任前勒索屬員、砍伐官家樹木賣銀彌補虧空的卑劣行徑，便立即上奏朝廷，乾隆派員調查，情況屬實，同時，拔蘿蔔帶出泥來，又查出山西巡撫明德、按察使托穆齊圖、知州朱廷揚、守備武璉均有貪污罪行。乾隆將蔣洲、朱廷揚等官員正法，將明德革職。

乾隆三十年十一月，新任湖南巡撫李因培按照慣例上報本省錢糧無虧空的奏章，但常德知府錫爾達揭發了武陵縣知縣馮其柘庫銀虧空二萬餘兩的事實。李因培十分惱火，從此懷恨在心。他暗地裡授意桂陽知州張宏燧替馮其柘彌補虧空，然後命錫爾達前去盤查，以此證明錫爾達謊報。誰知一年後，張宏燧犯了其他的案子，審訊時，把自己為馮其柘彌補虧空的事交代了。乾隆降旨，將張宏燧、馮其柘斬首，賜李因培自盡。

乾隆三十四年，又發生了頗為離奇的貴州威寧州鉛廠虧空案。貴州巡撫良卿參劾威寧州知州劉標、專管鉛務的糧驛道永泰歷年虧空銅鉛和庫銀二十餘萬兩，乾隆派內閣學士富察善前往貴州，會同良卿審理此案。不料，富察善剛離開北京，乾隆就收到劉標和永泰的奏摺，他們控告良卿貪贓枉法，並申明銀庫虧空是由於上司的勒索造成的，奏摺中還附有歷年上司勒索的清單。乾隆立即調湖廣總督吳達善、刑部侍郎錢維城前往貴州審理此案。調查很快就有了結果：原來是良卿夥同身邊的官員私分公帑，又怕暴露，便惡人先告狀，把劉標和永泰當作替罪羊，往他們身上栽贓。乾隆得知，深有感慨地說：「自來侵虧帑項犯案，從未有若此之甚者。」他將良卿立即正法，其子發配新疆。

乾隆三十七年，錢度貪污的劣跡暴露，一時成為要案。錢度任雲南布政使期間，侵蝕庫銀四萬餘兩，又以索取賄賂等手段貪污數萬兩，他將錢財藏在地窖、夾壁中，以作長久之計，由於他案牽扯，其罪行才被揭發。乾隆將錢度正法。

甘肅布政使王亶望為首的侵吞監糧案情節更為嚴重。王亶望到任僅半年，就於乾隆三十九年上奏皇帝說，甘肅參與捐納者一萬九千〇七十一名，得豆麥八十二萬七千五百餘石，乾隆對這個數字產生了懷疑：甘肅人民生活困苦，哪會有將近兩萬人捐納監生？民食尚且不足，怎能有這麼多糧食用於捐納？詢問陝甘總督勒爾謹，勒爾謹回奏說，捐監者多為外省商民，甘肅為新疆門戶，是商民必經之地，所以出現這種情況。乾隆派刑部尚書袁守侗前往甘肅調查，沒發現什麼問題。到乾隆四十二年，甘肅的監糧累計達六百多萬石，王亶望因功晉升為浙江巡撫。

乾隆四十六年，甘肅爆發了蘇四十三領導的回民起義，乾隆命大學士阿桂（還有和珅）去甘肅督辦軍務，他們在奏本中提到，甘肅今年雨水太多，妨礙征戰。乾隆心中暗驚：該省年年上報旱情，怎麼冒出這麼多雨水來？便命令阿桂細查，查出的真相是：王亶望夥同全省官員共同舞弊，他年年上報旱情，而把捐監銀藏入私囊，王亶望家資多達三百餘萬兩，均由此管道而來，其他省府州縣官員侵吞二萬兩以上者二十人，一萬兩以上者十一人，一千至九千兩者二十九人。乾隆當即降旨，將勒爾謹、王亶望斬首，同案犯五十六人陸續正法，情節稍輕的四十六人受重罰，甘肅各級府衙的官員幾乎一掃而空。

出人意料的是，在查辦王亶望一案的過程中，又冒出了新的案子。

早先王亶望曾向乾隆進獻過珠寶珍玩，乾隆收下幾件，其餘的退還。現在，王亶望暴露了，乾隆在審閱查抄清單時發現，當年他退還給王亶望的珍玩居然無一存在，於是產生了懷疑。他命新任浙江布政使盛柱祕密調查，後來又派戶部侍郎福長安、刑部侍郎喀寧前往查辦。原來負責查抄王亶望家產的是原浙江糧道王站柱，查抄時，有金葉、金錠四千七百四十八兩，還有玉子、玉瓶等物，但在後來上報的清單中，這些東西沒有了，銀子卻多出了七萬三千五百六十四兩。王站柱理直氣壯地說：當時是許多人一起查抄的，當眾造冊三份，一份呈給閩浙總督陳輝祖，兩分存藩司、糧道衙門，我要是作假，就不會造冊給人留下把柄。顯然，問題不在王站柱身上。經過進一步調查，真相大白了：原來陳輝祖勾結浙江布政使國棟、衡州知府王士翰、嘉興知府王仁譽、杭州知府楊先儀等人，侵吞了大量字畫、黃金和玉器，又以銀換金，以普通的朝珠換上等朝珠，然後另外造一份假清單。

乾隆對此案處理較輕，只判陳輝祖斬監候，其他人發配新疆贖罪。但不久又發現陳輝祖在閩浙總督任上有貪污舞弊的劣跡，乾隆便令他自盡。

浙江錢糧虧空案要算是乾隆朝的特大案件。

乾隆四十八年，乾隆降旨命各省督撫清查倉庫錢糧，浙江省報告虧空一百三十餘萬兩，乾隆勒令補足。到乾隆五十一年再查，仍欠缺三十三萬兩，浙江巡撫福崧上奏要求寬限時日。乾隆對國庫虧空「乃曆三四年之久，竟未彌補」的結果十分生氣，便派戶部尚書曹文埴、刑部左侍郎姜晟、工部右侍郎伊齡阿前往浙江調查。為了使調查順利進行，他革去福崧的巡撫之職，由伊齡阿補授浙江巡撫。

不久，乾隆接到曹文埴的奏摺，說浙江錢糧虧空三十三萬兩，這與福崧上報的一樣。但同時又接到學政竇光鼎的奏疏，內稱浙江虧空未補者較多，僅嘉興、海鹽兩縣就各虧空十萬，同時又揭露了地方上的若干腐敗現象：永嘉知縣席世雄借諸生穀輸倉；仙居知縣徐延翰於獄中害死了諸生馬寘；平陽知縣黃梅以彌補空缺為名勒索百姓，且於其母死亡之日演戲；布政使兼杭州織造盛柱去京師送禮，包括皇十五子永琰……這一來，浙江省就不僅是錢糧虧空的問題了，其性質要嚴重的多，尤其意外的是，皇十五子乃乾隆內定的儲君，竟然捲入了賄賂案件！

乾隆立即派大學士阿桂查辦此案，調查結果是：浙江錢糧虧空二十五萬三千七百餘兩，比福崧原來上報的還少，證明福崧沒有貪污嫌疑，於是乾隆調他任山西署巡撫。

阿桂又奏報說，永嘉、平陽沒有挪移勒派之事，至於黃梅演戲是為了慶祝母親九十大壽，其母是演戲之夜死去的。這一下可惹惱了乾隆，儘管竇光鼎堅持己見，再三解釋，乾隆全然不聽，立即諭令浙江巡撫伊齡阿調查竇光鼎在浙江的行蹤和劣跡。

不久，伊齡阿作了彙報，說竇光鼎到了平陽後，召集生監，嚴刑逼供，勒令他們寫供狀，污蔑朝廷命官。乾隆見奏，怒不可遏，當即下令將竇光鼎交刑部治罪。

誰知還沒等到將竇光鼎捉拿歸案，乾隆又收到竇光鼎送來的奏摺，其中說：「黃梅以彌補虧空為名，計畝攤捐，每一畝捐大錢五十文，又每給官印田單一張，與徵收錢糧無異，又採買倉穀，並不給價。勒捐錢文，蒞任八年所侵不下二十萬。」竇光鼎還搜集了各監生繳出的田單、印票、收帖兩千多張，他從中各選一紙呈送乾隆審閱。

真相大白了，乾隆命阿桂再次審訊，結果，黃梅對自己向百姓勒派錢糧以肥己的行徑供認不諱，案子終於告破。

最後，福崧、盛柱對貪官不據實參奏，革職；伊齡阿誣告竇光鼎、阿桂理案不明，均與曹文埴交刑部議處。

上面所舉案例，僅僅是被揭發之案件的一小部分，未發之案更是數不勝數。乾隆朝的貪污案，顯示出這樣幾個傾向：一是案犯的職位高，不少是總督一級的，巡撫、布政使就更多了，至於府縣，簡直紛亂如麻；二是團夥作案，集體貪污，互相包庇，通風報信，上下勾結，利益共得；三是貪污數額巨大，動輒數千兩、上萬兩、十幾萬兩；四是調查困難，調查人常常與案犯一起矇騙朝廷，或者勒索案犯，混淆是非，將水攪渾。

三、十全武功

乾隆晚年，自詡為「十全老人」，曾作《御制十全記》，頗為自得地羅列出自己武略方面的十大功績：十功者，平準噶爾為二，定回部為一，掃金川為二，靖臺灣為一，降緬甸、安南各一，即今二次受廓爾喀降，合為十。我認為，這十次用武，真正稱得上「功」的，其實只有五次，那就是兩次平準噶爾、一次定回部、兩次打廓爾喀。

先說兩次平定準噶爾。準噶爾問題由來已久，早在康熙、雍正年間，就先後發生過噶爾丹、策妄阿拉布丹、噶爾丹策零的叛亂，到乾隆年間，達瓦齊奪得準噶爾汗位，並企圖做厄魯特蒙古四部的首領，各部不服，輝特部首領阿睦爾撒納請清朝派兵征討達瓦齊，並自願做先鋒。

乾隆二十年春，五萬清軍分兩路踏上了西北征途，北路由定北將軍班第率領，阿睦爾撒納被任命為定邊左副將軍，西路由定西將軍永常率領。西征大軍氣勢豪壯，所經之地，蒙古各部民眾送乳酪，獻牛羊，絡繹道旁。那達瓦齊卻蒙在鼓裡，毫無準備，清軍出師一個月後，他才得知消息。因達瓦齊不得人心，部眾渙散，只好帶領萬餘人逃至格登山。五月初，清軍佔領準噶爾首府伊犁，接著便向格登山進發。夜晚，清將阿玉錫率二十二名騎兵探路，以迅雷不及掩耳之勢衝撲敵營，敵軍大亂，以為清軍主力已到，結果被俘虜七千人，達瓦齊領殘部逃至烏什。烏什城主霍吉斯將他捆綁，連同三十二年前逃到這裡的叛亂頭子羅卜藏丹津一起交給了清軍。

清軍出師不到三個月，便平息了準噶爾叛亂，可謂神速。乾隆喜出望外，登臨午門，達瓦齊和羅卜藏丹津伏地認罪，乾隆予以赦免，阿睦爾撒納被封為親王並任杜爾伯特汗。

乾隆將這一勝利佈告天下，並指示臣下議定祭告天地、太廟、社稷禮儀，辦理筵宴、賞賜、勒石紀功（將功績刻在石碑上）和開館纂修《平定準噶爾方略》等項事宜，一時間，朝廷上下，忙裡忙外，文武群臣，皆大歡喜……

乾隆和朝臣們都疏忽了，過早地將平叛大軍撤回。原來阿睦爾撒納對乾隆讓他當杜爾伯特汗十分不滿，又豎起了叛旗。他領兵攻打伊犁，因清軍主力已撤，定北將軍班第孤立無援，自殺殉國。

這年九月，乾隆命策楞為大將，玉保、富德、達勒當阿為參贊，再次西征。十二月，在博羅塔拉激戰兩日，阿睦爾撒納大敗，逃往伊犁；清軍及時將伊犁包圍。

次年正月，阿睦爾撒納棄城而逃，奔向哈薩克；玉保帶兵追擊，眼看追上了，阿睦爾撒納卻施了個詭計，他叫人向玉保報說阿睦爾撒納已經被部下擒拿，準備前來獻俘。玉保信以為真，當即報告主帥策楞；策楞也輕信了，趕緊上報朝廷。乾隆又是一陣高興，將喜訊頒佈中外，對西征各大臣加官進爵，又到易州泰陵向父親雍正的亡靈彙報這一輝煌戰果。不多日，真實的消息傳來了，原來是阿睦爾撒納的緩兵之計，乾隆的惱怒可想而知，他立即下令將策楞、玉保押解京師治罪，又任命達勒當阿為將軍繼續剿敵，命兆惠為定邊右副將軍作為後援。

這個達勒當阿比策楞、玉保更愚蠢，居然重複了玉保的錯誤，他一路追擊阿睦爾撒納，相距只有二、三里了，忽然有個哈薩克人來報說：「阿睦爾撒納已被哈薩克人擒獲，正準備送過來，請貴軍耐心等待。」達勒當阿命令軍隊停止前進，派使者前往聯絡，結果曠廢時日，毫無結果。達勒當阿在哈薩克邊境屯兵數月，毫無作為……

這個空當兒，阿睦爾撒納潛回伊犁，重新組織反叛勢力，將準備解往京師的策楞、玉保殺害。兆惠聞訊，急帶一千五百人趕往伊犁，與叛軍廝殺，殺敵數千，但因寡不敵眾，只得退回烏魯木齊，恰好這時朝廷派來援軍，才算穩住了局勢。

乾隆命令將達勒當阿解京治罪，讓兆惠主持平叛軍務。兆惠英勇多謀，吸收先前的教訓，整頓軍紀，士氣為之一振。此時叛軍內部勾心鬥角，混亂不堪，乾隆二十二年，兆惠進軍伊犁，勢如破竹，叛軍不能敵，阿睦爾撒納再次逃入哈薩克境內，兆惠追至邊境，阿睦爾撒納卻又遁入俄羅斯境內。

乾隆令理藩院與俄羅斯交涉，要求將阿睦爾撒納交出，俄羅斯一再推諉。九月，阿睦爾撒納死於天花，俄方才將他的屍體送至中俄邊界。

清軍又花費了三年的時間，將叛軍餘孽掃除淨盡。延續康、雍、乾三朝，長達七、八十年的準噶爾叛亂，到此總算徹底蕩平。

次說平定回部。康熙年間，噶爾丹叛亂，將維吾爾族首領阿布都什特囚禁於伊犁，噶爾丹兵敗自殺後，康熙下令釋放了阿布都什特。阿布都什特死後，其子瑪汗木特繼任。後來策妄阿拉布坦作亂，將瑪汗木特和他的兩個兒子博羅尼都和霍集占一同囚禁。乾隆二十年，清軍征討達瓦齊的時候，瑪汗木特已死，清軍將博羅尼都和霍集占釋放，並讓他們主持回部（當時清朝稱維吾爾族為回部）事務。

誰知在清朝掃平了阿睦爾撒納叛亂以後，博羅尼都和霍集占兄弟倆卻恩將仇報，起而反叛清朝。因為兩人是回教始祖穆罕默德的後裔，而回語中稱後裔為「和卓木」，因此博羅尼都就稱「大和卓木」，霍集占則稱「小和卓木」。大小和卓木糾集軍隊，對維吾爾族人民實行殘酷統治，徵調兵餉，攤派徭役，又自封教主，煽動數十城的城主叛清，囚禁、殺害清朝使者。

乾隆二十三年五月，乾隆命雅爾哈善為靖逆將軍，率軍直奔叛軍的盤踞地庫車，在庫車城外，雙方展開激戰，清軍殲敵數千，大小和卓木帶殘兵躲進城內固守。

雅爾哈善將庫車城包圍，想等待叛軍糧盡而自動投降，自己在城外終日飲酒作樂。結果大小和卓木趁夜出逃。乾隆得知此事，立即將雅爾哈善以怠忽職守之罪正法，由兆惠主持軍務。

再說大小和卓木逃至阿克蘇城，城主閉門不納；又逃烏什城，城主亦不納。不得已，大和卓木奔喀什噶爾，小和卓木奔葉爾羌。

由於乾隆的催促，兆惠等不得大軍到來，便率軍四千，自烏什出發穿越一千五百多里的大沙漠，來到葉爾羌城東的葉爾羌河，此河俗稱「黑水」。因清軍孤軍深入，後援不及，霍集占便出城向清軍發動猛烈攻擊，清軍奮勇殺敵，殲敵甚眾，但自身也傷亡慘重。叛軍將清軍團團圍住，企圖長期相持，等待清軍糧儘自斃。兆惠指揮士兵構築寨壘，挖掘當地人的窖藏米糧，又殺駝馬，以供軍食。叛軍掘水淹清軍，清軍挖溝排水；叛軍以蘆葦蔽體進攻清軍，清軍則以火反攻。這樣，相持了三個月，叛軍竟無寸功。這時，清軍援兵趕到，大小和卓木不堪一擊，慌促之間，挾持數千名民眾逃往巴達克。清軍晝夜兼程，窮追不捨，終於在邊界線上將叛軍截住。但大小和卓木已入巴達克國境，清政府派人交涉，二人被當地酋長擒獲並斬殺。

從此，西北疆域置於清朝的控制之中，征討大小和卓木的戰爭，對國家的統一具有重大的意義。

再說打廓爾喀。廓爾喀是尼泊爾王國的一個民族，十八世紀中葉，其首領統治尼泊爾後不斷向外擴張。乾隆五十三年，廓爾喀首領蘇爾巴爾突然派兵兩千餘人入侵西藏，佔領了聶拉木、宗喀、濟嚨等地。乾隆為了安定邊疆，派理藩院侍郎巴忠為欽差大臣，與四川提督成德、成都將軍鄂輝帶兵進藏援助，這年冬天，清軍集結於拉薩，廓爾喀見清軍人多勢眾，便請求和解。廓爾喀提出讓西藏每年賠償三百錠白銀，作為歸還聶拉木、宗喀、濟嚨三地和退兵的條件。巴忠、成德、鄂輝等人不顧達賴的反對，竟表示同意。他們害怕乾隆不准，就謊報說敵首已經認罪投誠，要求封王納貢。乾隆不知底細，就准奏了。第一次抗擊廓爾喀之戰，就這樣以虛假的勝利而結束。

不料三年之後，廓爾喀再次大舉入侵西藏，佔據聶拉木、濟嚨等地，並派遣三千兵力偷襲日喀則，洗劫班禪的住地紮什倫布寺，將塔上的綠松石、珊瑚搶走，金銀佛像也被劫走大半。鄂輝、成德畏敵如虎，眼睜睜地看著敵軍大燒大搶、滿載財寶而去，不敢接戰。

消息傳到京師，龍顏大怒，巴忠畏罪自殺。次年春，清政府調集大量兵力和物資，以兩廣總督、協辦大學士福康安為大將軍，以領侍衛內大臣海蘭察為參贊大臣，率一萬四千大軍進藏，並撥庫帑六百萬兩作為軍需。閏四月，清軍連續攻克擦山、甲山梁、聶拉木、濟嚨等地，全部收復失地，廓爾喀軍隊被驅逐出境。

清軍兩次入藏，雖然第一次打得很糟糕，但最後還是達到了目的，解除了西藏人民的威脅，鞏固了清王朝的西南邊陲。

戰後，福康安遵照乾隆的諭旨，與達賴、班禪代表議定《欽定藏內善後章程》，於乾隆五十八年正式頒行。在拉薩大昭寺前立下征廓爾喀紀功碑，以紀念驅逐廓爾喀入侵西藏戰爭的勝利。

另外的五項「武功」實在不值得稱道。先說掃金川之戰。掃金川是指平定大小金川的兩次戰役。大小金川是四川大渡河上游的兩條支流，其居民領袖為世襲土司，大金川土司叫莎羅奔，小金川土司叫澤旺。雍正曾封莎羅奔為安撫使，衙門設在大金川東岸的噶爾崖。

莎羅奔將女兒阿扣嫁給了澤旺，因此兩金川有著親緣關係。但乾隆十一年，莎羅奔忽然將澤旺劫走，吞併了小金川，又侵犯革布希笴和明正兩個土司。

乾隆聞訊，急將雲貴總督張廣泗調任川陝總督，率兵征討莎羅奔。張廣泗調集了三萬兵馬前往。莎羅奔與其侄郎卡在山上築起許多碉堡，張廣泗採取了「以碉逼碉」的戰術，把攻堅戰變成了對峙戰，結果白白耗費時日與糧餉。莎羅奔派澤旺的弟弟良爾吉為間諜投降清軍，張廣泗信以為真，重用之。結果清軍轉戰兩年，疲於奔命，除了損兵折將外，竟一無所獲。

乾隆又命大學士訥親為經略，赴四川督戰，並起用原川陝總督岳鍾琪為四川提督（岳鍾琪於乾隆二年從獄中釋放，一直賦閑在家）。訥親下令三天之內攻下莎羅奔的據點噶爾崖。但激戰三天，噶爾崖安然不動，清軍卻傷亡慘重，總兵任舉陣亡。訥親奏請乾隆再派三萬人，等明年再打。不久，他又改變了主意，上奏說不必派兵來，可以拖上兩三年，等待機會。乾隆大怒，官軍共有四萬多，居然勝不了三千叛軍，便將張廣泗押送京師斬首；訥親作為堂堂經略大臣，主張前後矛盾，全無章法，也召他回京，半路上就將他賜死。

乾隆任命大學士傅恒為經略大臣，傅恒來到大金川，查明良爾吉的間諜身分，將其斬殺。他信用岳鍾琪，岳鍾琪出兵迅疾，將叛軍打得潰不成軍。莎羅奔早年曾做過岳鍾琪的部下，對岳鍾琪又敬又怕，現在吃了敗仗，只得派人乞降，表示歸還侵佔鄰近土司的土地、解散武裝，承擔朝廷的徭役。第一次平定大小金川戰役到此結束，時間是乾隆十四年四月。

乾隆恢復了岳鍾琪的公爵爵位，賜號「威信」，又加太子少保銜；封傅恒為一等公，賜號「忠勇」。

乾隆二十七年，莎羅奔年邁退位，他的侄子郎卡繼任土司。他當年便出兵入侵丹壩（此時岳鍾琪已死，他曾駐軍於此）。四川總督開泰進剿不力，乾隆將其免職，命阿勒泰接任其職。乾隆三十一年，郎卡又一次作亂，出兵入侵丹壩和巴旺，阿勒泰調集丹壩、巴旺等土司共同圍攻大金川，郎卡見事不妙，就向阿勒泰表示屈服，阿勒泰只想息事寧人，也不再追究。

後來，小金川土司澤旺因年邁，其子僧格桑代主土司；郎卡死，其子索諾木與僧格桑狼狽為奸，欺壓周圍的土司，並反叛朝廷。乾隆為阿勒泰的姑息養奸十分惱火，罷其官，仍在軍中效力。又命戶部侍郎桂林為四川總督、吏部侍郎溫福為定邊右副將軍，討伐大小金川。此番征伐，有小勝，但由於配合不當，使參將薛琮陷入叛軍重圍，三千人馬全軍覆沒。乾隆又將桂林罷官，將溫福提升為定邊將軍。

溫福兵分六路進剿，但督運糧餉的阿勒泰行事倦怠遲緩，致使軍隊常常斷糧，乾隆將他押回京師處死。

轉眼到了乾隆三十八年，溫福照搬張廣泗那一套已經被實踐證明是錯誤的戰術，以碉逼碉，在大小山頭上築起了上千座碉堡。叛軍卻輕易地從背後摸了上來，官軍大亂，大營被攻破，溫福中槍身亡。

乾隆又命副將軍阿桂為定西將軍，因阿桂指揮有方，軍紀嚴明，故官軍所向披靡，只七天，就收復了小金川。次年正月，阿桂進剿大金川，叛軍退守喇穆山。這裡地勢險要，易守難攻，阿桂派參贊海蘭察率敢死之士六百人攀援峭壁，一舉攻克叛軍山頭碉卡，叛軍大亂。官軍趁勢進擊，大獲全勝。索諾木見敗局已定，便把僧格桑毒死，派人將其屍首及妻妾、大小頭目獻給了官軍。

但索諾木本人卻不投降，乾隆四十年，阿桂繼續進剿，戰鬥打得很順利，叛軍步步退卻，最後退到噶爾崖。次年正月，索諾木要求與官軍和談，阿桂拒絕，勒令他投降，一面向山上發炮。炮聲震盪山谷，叛軍血肉橫飛，索諾木知道自己已經山窮水盡，只得下山投降。

兩次平金川之役，拖拖拉拉，打打停停，折騰了二十九年，總算告一段落。從表面上看，仗是打勝了，實際上卻是乾隆的一大敗筆。大小金川，地盤不過二三百里，人口不過三萬，官軍卻調動了十數萬兵眾，耗資無算，而且大臣訥親、張廣泗、阿勒泰被處死，任舉、溫福、薛琮等將領戰死，士兵死傷無數，因此可以用「損兵折將，勞師傷財」八個字來概括這兩場戰役。

次說靖臺灣。乾隆五十一年十一月，臺灣彰化知縣俞峻、副將赫生額、遊擊耿世文等帶了三百名清兵到大墩去捉拿天地會成員，他們漫無目標，亂抓一氣，還燒了許多房屋，當地民人林爽文召集群眾，進攻大墩，將俞峻、赫生額、耿世文和三百個清兵全部結果了。緊接著，起義隊伍打到彰化縣城，恰好臺灣府知府孫景燧在此，便做了起義軍的刀下鬼。林爽文又帶領起義軍佔領了淡水廳、鳳山等地，署理閩浙總督常青帶領五千五百名兵眾前往鎮壓，結果五戰五敗。乾隆派福州將軍恒瑞、總兵普吉保率一萬兩千清兵渡海征剿，但二人膽小如鼠，龜縮在諸羅城裡不敢出戰。

乾隆怒不可遏，罷了兩人的官，又派福康安和海蘭察前往。這一次總算扭轉了局勢，起義軍由於缺乏嚴密的組織，又有叛徒出賣而潰敗。

靖台之役只是小規模衝突，朝廷尚且罷官換將，實在難以稱為「武功」。

降緬甸的過程很可笑，也很荒誕。緬甸不斷侵犯中國雲南邊區，乾隆三十一年，乾隆派大學士、陝甘總督楊應琚為雲貴總督，處理對緬事宜。楊應琚為了迎合乾隆擴展疆土的心理，便調集全省兵力一萬四千人征討緬甸，但一接戰，清軍就兵敗如山倒，緬甸兵深入中國內地，肆意橫行。

一個泱泱大清帝國，敗在小小的緬甸手裡，乾隆氣得五臟俱焚，第二年，他將楊應琚革職，派明瑞為總督，調集三萬軍馬再次討伐緬甸。緬甸人採取堅壁清野、誘敵深入之策；清軍因不明地理，不服水土，征途艱難，苦不堪言。待清軍孤軍深入後，緬甸軍便不停地襲擊騷擾，明瑞不得不指揮隊伍後撤，但歸途卻被切斷，繼而被圍困，明瑞自殺。第二次征緬又失敗了。

緬甸畢竟是個小國，見清朝不依不饒的架勢，覺得耗不起，便遣使求和。乾隆卻不肯下這個臺階，雖然是屢戰屢敗，卻非要屢敗屢戰，他又命大學士傅恒為經略、阿里袞和阿桂為副將，統領三萬兵將，調撥庫銀兩百萬兩，再次大張旗鼓地討伐緬甸。時間正是夏季，緬甸炎熱異常，瘴氣彌漫，而緬甸軍又壁壘森嚴，清軍連戰死加病死，出征僅四個月，隊伍就只剩一萬三千人了，副將阿里袞也染疫而死。這時緬甸又遣使求和，並表示向清朝稱臣進貢，給乾隆留了個大面子。

降緬甸之役，歷時四年，先後調動軍隊七、八萬，花費庫銀一千三百餘萬兩，數萬名將士死於異域，實在是得不償失！但不知道乾隆是怎麼想的，居然把三戰三敗的、令人啼笑皆非的征緬之戰列入了「十全武功」。

征安南之戰打得同樣糟糕。安南是越南的前身，它一直是清朝的藩屬，定期向清朝進貢，其國君是由清王朝冊封的，但在乾隆五十二年，阮文惠起兵趕走了國王黎維祁，乾隆感到自己的權威受到侵犯，命兩廣總督孫士毅率兵征討，結果一敗塗地，非但沒消滅阮文惠，阮文惠反而趁機統一了安南全境。這阮文惠學了緬甸的法子，雖然打贏了，卻派使者求和，並且把清軍的六百多名俘虜送往內地。乾隆只得順水推舟，冊封阮文惠為安南國王。

乾隆朝，還發生了一件大事，雖然沒有被乾隆列入「十全武功」，卻是他應當感到榮耀的功德之舉，那就是土爾扈特部回歸祖國。

土爾扈特部原是漠西蒙古四部之一，居住在天山以北，因長年受準噶爾部的欺凌，其首領和鄂爾勒克便率領本部五萬多帳牧民向西遷移，來到伏爾加河下游一帶，定居在這裡。在以後的一百多年中，他們一直與漠西各部、清朝保持著聯繫。康熙末年，康熙就曾派專使探望土爾扈特部人民。

但土爾扈特部卻一直受俄國沙皇的欺壓，雙方戰爭不斷，和鄂爾勒克就是在與俄國人的戰鬥中陣亡的。俄國人一步步加緊對土爾扈特部的控制，不但強迫他們信奉東正教，而且大批徵調他們的壯丁參加與瑞典、土耳其的戰爭。該部人民思念祖國，回歸的願望日益強烈。清朝平定準噶爾，使他們感到條件成熟。於是，在乾隆三十五年十一月，十七萬土爾扈特人在渥巴錫的領導下，發動了反抗沙俄的大起義，踏上了返回祖國的漫長征途。一路上，他們阻擊沙俄軍隊的追趕，抵抗哥薩克人的侵犯，排除布魯特等部的騷擾，艱難地前進……經過了八個月的跋涉奔波，行程一萬數千里，他們終於在乾隆三十六年六月回到了祖國，倖存者只剩下七萬人。

乾隆得知這一消息，立即派大臣舒赫德前往迎接，並指令土爾扈特人所經之地的官員動用庫存供應食糧、牛羊、衣物、用具，將他們安置在科布多、珠勒都一帶，還從庫帑撥出二十萬兩白銀作為安置費，供應馬牛羊近二十七萬頭，米麥四千餘石，布六萬匹，棉約六萬斤，等等。之後，乾隆又在避暑山莊接見了渥巴錫等首領，對他們大加封賞。

十九世紀英國作家德昆西在《韃靼人的反叛》一書中對土爾扈特人的這一壯舉作了熱情的讚揚：「從有最早的歷史記錄以來，沒有一樁偉大的事業，能像上個世紀後半期一個主要韃靼民族跨越亞洲無垠的草原，向東遷逃那樣轟動於世與那樣激動人心的了。」的確，土爾扈特部的回歸是華夏歷史上無比壯闊的一幕，而乾隆，則充分顯示出英明君主的博大胸懷，在這件事情上，他無愧於前輩，有功於後人。

四、六下江南

康熙曾經六次南巡，其主要目的是治理何務，就是說，南巡是康熙操作國政的內容之一；乾隆效仿乃祖，也南巡過六次，但他除了關心水利民生以外，還抱有遊覽名勝、施恩天下、炫耀盛世的動機。康熙六巡是勞作，乾隆六巡是享樂。

早在乾隆十四年十月，乾隆就下了兩道上諭，提出將於十六年巡幸江南，理由有四：一是江浙官員請皇上臨幸；二是仿聖祖（即康熙）南巡之例；三是考察民情；四是恭奉母后，遊覽名勝，以盡孝心。這四條理由，除了第三條以外，均與治國大計無關，我們可以從中看出，乾隆的閒情逸致佔有很大比重。

也難怪，雍正給國庫積累了那麼多銀子，乾隆也該拿出來花花了。

江、浙兩省地盤不大，人口也不多，大約只占國土面積和總人口的2%，但它是魚米之鄉，兩省上交的賦銀賦糧約占全國的30%，鹽課銀占全國鹽課銀總數的68%，關稅占全國稅額總數的一半；江、浙又是山清水秀、風景佳美之地，有無數的名勝古跡……

第一次南巡是在乾隆十六年，規模很盛大，王公貴族、文武官員、內宮後妃一千人兩千多名，乘船一千多艘，浩浩蕩蕩，途徑直隸、山東、江蘇、浙江，所經之地，民人應繳納的賦稅均豁免十分之三，歉收區豁免十分之五，江寧（南京）、蘇州、杭州三城是乾隆駐蹕之地，賦稅全部豁免。總計諭免乾隆元年至十三年江蘇積欠賦銀兩百二十八萬兩、安徽積欠三十萬餘兩，及浙江本年應徵銀三十萬兩。每到一處，乾隆必召見地方官員，瞭解民情風俗，視察水利工程，也遊覽名勝，他還對江浙士子舉行了一次考試，從中選拔了有才學的人，賜舉人，並與考取候補人員一體補用，以此籠絡江浙文人學士。回程時，乾隆繞到江寧，祭奠明太祖陵；經山東，則至泰山岱廟焚香。

第二次南巡是在乾隆二十二年，渡黃河時視察了天妃閘，然後沿運河至蘇州，著名學者顧棟高獻上自己所著的《詩書兩義》，乾隆賜以國子監祭酒；又有著名詩人沈德潛接駕，乾隆賜以禮部尚書銜；在杭州，對士人舉行考試，考取一等的照乾隆十六年例，賜舉人，並與考取候補人員一體補用。之後，乾隆巡視了洪澤湖，指示加固徐州一帶石堤。經山東時，到曲阜瞻仰孔子古跡。這次南巡，諭免江、浙、皖三省乾隆二十一年以前積欠錢糧，又免浙江漕銀二十餘萬兩。

乾隆二十七年，乾隆第三次南巡，先到清江，視察河堤，對預防水患做了一些指示；過了長江，在焦山檢閱水師操練；在蘇州，召見了前朝老臣梅玨成、著名文人沈德潛；又照例對士人進行考試，授銜；回程時，在江寧祭奠明太祖陵；渡黃河閱視新築堤壩；又去鄒縣祭奠孟子；到曲阜祭孔；登泰山焚香祭天。此番南巡，諭免乾隆二十二年至二十六年三省積欠錢糧，又免浙江漕銀等項二十七萬餘兩。

第四次南巡在乾隆三十年，由清口徐家渡過黃河，閱視清口東壩木龍、惠濟閘；入江南後，遣官前往古聖賢祠廟焚香祭奠，有周代的泰伯、春秋時吳國的季札、宋代的宗澤、范仲淹、韓世忠，也祭奠清代亡故的要臣，如張玉書、趙申喬、陳鵬年、湯斌、張伯行等；到浙江後，去了海寧巡視繞城石塘，並觀看錢塘江大潮；在杭州仍舉行考試。回程中在江寧祭奠明太祖陵，閱兵，沿運河北上，視察高家堰堤工。此次南巡，諭免江蘇、安徽錢糧一百四十三萬餘兩及浙江錢糧十三萬餘兩。

這次南巡，發生了一件意外的事，乾隆的第二位皇后（第一位皇后富察氏已於乾隆十三年去世）烏拉那拉氏忽然剪斷了自己的頭髮。這種行為，在滿洲習俗中是犯忌的，只有親人亡故才能這樣做，因此惹惱了乾隆，被打入了冷宮，第二年她便去世了。當時乾隆正在圍獵，聞訊毫不悲傷，只派烏拉那拉氏的兒子（皇十二子永璂）回京奔喪，並只是按照皇貴妃的規格安排葬禮。

烏拉那拉氏為何剪髮？蔡東藩在《清史演義》中說，和珅陪同乾隆遊秦淮河，乾隆在船上感歎道：「北地胭脂，究不及南朝金粉。」於是擁妓酣飲，色迷心醉，卻被皇后發現了，她規勸乾隆不要尋歡作樂，乾隆大發雷霆。這則故事沒有其他史料支持，很難確信。

乾隆四十五年，乾隆進行了第五次南巡。這次，他對海寧石塘做了認真的考察，發現石塘歷年久遠，為潮汐沖刷，底樁腐朽，而且有的地方塘身單薄，微有裂縫，又發現柴塘不如石塘堅固，指示進行加固。兩浙商人捐銀六十萬兩，對乾隆的意圖表示支持。在江寧，乾隆照例祭奠明太祖陵，北上渡黃河後，又一次閱視高家堰堤工。第五次南巡，乾隆諭免了江蘇、安徽三十九年至四十四年欠銀一百三十餘萬兩。

最後一次南巡是在乾隆四十九年，這一年他已經七十四歲了，興致卻不減當年。他到山東時去岱廟行禮，謁少昊陵，祭奠周公廟，至孔廟瞻禮，渡黃河後沿運河至浙江石門縣，又去海寧觀閱海塘，登尖山觀海潮。這時，《四庫全書》已經編纂完畢，謄寫出七套，乾隆命將其中三套珍藏於揚州大觀堂的文匯閣、鎮江金山寺的文察閣、杭州西湖孤山的文瀾閣，以示對江南士人的關懷。回程時，最後一次祭奠明太祖陵。第六次南巡，諭免江蘇、安徽欠銀一百三十餘萬兩。

乾隆六次南巡，其內容大致包括：減免賦稅、巡視河工、籠絡士人、觀民察吏、祭典聖賢、縱情山水。

應當說，乾隆南巡是有一定積極意義的，尤其是減免賦稅、巡視河工、籠絡士人三方面。

首先是減免賦稅，乾隆帝在六下江南期間，多次下諭，蠲免江、浙、皖錢糧，總計免銀在一千萬兩以上，這在一定程度上減輕了農民的負擔。

其次視察河工，他說，「南巡之事，莫大于河工」，又說，「六巡江浙，計民生之最要，莫如河工海防」。六巡期間，乾隆對黃河、淮河的河工及浙江、江蘇的海塘，下達的諭旨數以百計，提出了許多具體的治理方案。乾隆朝河工興修規模大，投入財力多，興修時間長，在古代帝王中是首屈一指的。單是經費投入，每年就多達三百八十餘萬兩，約占每年朝廷經費支出總額的十分之一還多。

再次，南巡期間，乾隆通過考試選拔了一批又一批士人，六次南巡，增加了江蘇、浙江、安徽三省生員名額五千六百六十四名，這不但為朝廷的機構輸入了人才，更重要的，是籠絡了漢族知識份子，從而淡化了滿漢之間由來已久的民族矛盾。同時，他又召見有聲望的舊臣和文人，顯示了盛世帝王的博大氣度，比如，曾任大學士的陳世倌、史貽直和大學士江南河道總督高斌，都是當時的賢臣，只是因小過而被革，現在借南巡之機，乾隆將他們官復原職；原禮部侍郎沈德潛、原刑部尚書錢陳群均名馳文壇，乾隆南巡時，對二人十分優遇，君臣之間多有詩酒唱和，這在士人中一時傳為佳話。

最後，乾隆南巡期間，並沒有荒廢政務，各地的奏章，直接送到他沿途的行宮，他總是親自審閱批答，比如第二次南巡時，正值平准戰爭，他始終關心著前方戰局，制定方略，並下達一系列的指令。

但是，乾隆六次南巡畢竟帶有炫耀盛世、遊山玩水的濃重成分，因此其負面影響也是非常明顯的。

其一是耗資巨大。儘管乾隆三令五申，巡遊期間要「力戒紛飾增華」，「毋事浮靡，務從簡樸」，但這些諭令都變成了官樣文章。每次南巡，都提前一年準備，巡遊全程大約要四、五個月的時間，隨駕之官兵約為三千名左右，需用馬六千匹、船上千艘，還有役夫、縴夫無數，僅乾隆乘坐的禦舟安福艫，就需三千六百名拉「龍鬚縴」的河兵（每班六百人，共六班）。巡遊隊伍旌旗蔽日，浩浩蕩蕩，所經之地，三十里內的地方文武官員均穿朝服前來接駕，村夫鄉紳則於空曠之處排列跪伏。在揚州、蘇州、杭州等繁華城市，均以彩綢搭成棚帳，設立香案。乾隆游揚州大虹園時，一時心血來潮，說：「此地好像南海的『瓊島春萌』，可惜缺少一尊喇嘛塔。」接駕的揚州鹽商領袖江某立即調運材料，雇請工役，連夜築造出一座白石塔。第五次南巡時，地方官在無錫城附近架設黃布城，占地六百多畝，黃布城對岸是二里長的「照牆」，占地一千畝。

據載，乾隆進膳之時，酒肴香飄數里。乾隆所飲之水，在直隸則必用北京香山靜宜園水，在山東則必用濟南珍珠泉水，在江蘇則必用鎮江金山泉水，在浙江則必用虎跑泉水。不但皇親貴族生活奢靡，而且隨行官員也趁機榨取地方官的錢財，中飽私囊。問題就來了，一方面減免了農民的賦稅，另一方面地方官又高規格接待皇帝，受隨行官的盤剝，這些錢從哪裡來？其實，這個道理再簡單不過：每次南巡之後，地方官都變著法兒從百姓那裡把接駕中花費的錢再搜刮回來。

侍讀學士紀曉嵐向乾隆建議：東南財力竭矣，請皇上考慮救濟他們。乾隆怒斥道：「朕以汝文學尚優，故使領四庫書館，實不過以倡優蓄之，汝何敢妄談國事？」從此，無人敢講話了。

其二是皇帝所到之地，百姓均受騷擾。雖然乾隆也強調，「經行所至，不得稍有滋擾」，事實卻完全相反，每次巡遊，地方官府都要忙於修建行宮、開闢禦道、佈置景點、迎來送往，鬧得興師動眾、熱火朝天。為了解決皇帝扈從人員的住宿，每夜都要佔用四、五百所民宅；為了使景點美觀，地方官就拆毀民房，使許多百姓流離失所。對於巡遊活動，不少大臣是反對的。第一次南巡到蘇州時，乾隆見靈岩之梅樹粗可合抱，讚歎不已，內大臣博爾奔察聽了，竟拔出劍來，要砍那樹，乾隆驚問其故，博爾奔察說：「恨它不生在圓明園，致使皇上遠途跋涉，歷盡江湖之險。」乾隆聽出這是在諷刺這次南巡，心中十分不悅。第四次南巡時，乾隆召見前來迎駕的前禮部侍郎齊召南，問他天臺山、雁蕩山有什麼名勝古跡，齊召南回答說沒有遊覽過，乾隆問其故，齊召南答道：山勢崎嶇，溪流深險，臣有老母在，孝子不登高，不臨深，故不敢遊覽。這次南巡乾隆是帶著皇太后一起來的，聽了這番話，便打消了進山的念頭。第五次南巡，乾隆要去湖州，並申明自己並非是遊玩，而是瞭解蠶桑之法，但大學士程景伊堅決反對，他說，皇上至湖州，將使當地百姓累世不得複業。還有更蹊蹺的事，浙江巡撫讓紹興知府沿河試探御舟行走的水路，這位知府居然想出了一個餿點子，他派人偷偷在河裡投放了許多木石，致使河道堵塞。誰知事情竟洩露了，乾隆將他罷了官。他離任時，鄉民士人號泣相送百餘里。

乾隆晚年，對南巡的勞民傷財作了反省，他對軍機章京吳熊光說：「朕臨禦六十年，並無失德，惟六次南巡，勞民傷財，做無益，害有益。」

附帶說幾句，乾隆一生的遊歷活動，絕不僅是這六次南巡，還有五次巡幸五臺山，五次祭祀曲阜孔廟，七次東謁，兩次巡幸天津，一次登嵩山，至於去避暑山莊、去木蘭秋獮，幾乎是每年一次，各種巡幸不下一百五十次。總之，這位皇帝是個旅遊迷，不願意在皇宮裡待著，難怪有人稱之為「馬上朝廷」，他的這些巡遊活動，耗費了多少金錢？給百姓帶來多少麻煩？是沒法計算的。

五、《四庫全書》

乾隆在六十歲以後，覺得自己一生武功赫赫，文治卻無建樹，便想在這方面來一場前無古人的驚世之舉，遂決定編纂一套百科全書型的叢書，定名為《四庫全書》（以下簡稱《全書》）。於是，乾隆三十八年二月，「四庫全書館」在翰林院正式成立。

首先碰到的難題是向民間徵集書籍。但由於文字之獄留下了後遺症，不但民間藏書者不願多惹是非，就連各級官員也按兵不動。乾隆不得不再次降詔，解釋說「朕辦事光明正大，可以共信於天下，豈有下詔求訪遺籍，顧於書中尋摘瑕疵罪及藏書之人乎？」又說「書中即有忌諱字面，與藏書之人並無關涉」。乾隆考慮到獻書之人擔心有借無還，便信誓旦旦地承諾「俟校辦完竣日，仍行給還原獻之家」。乾隆還採用親筆題詞、賞賜圖書等方式鼓勵獻書。這樣，民間的書籍便源源不斷地送到了翰林院，總數達萬種以上。

從乾隆三十八年二月開始，到乾隆五十二年六月完成；以後又校對錯誤漏缺、補充篇目，到乾隆五十八年書稿全部告竣，前後長達二十年。

參與《全書》編纂的共有四千一百八十六人，當時知名的學者如紀昀、姚鼐、劉統勳、劉墉、任大椿、戴震、邵晉涵、翁方綱、王念孫、朱筠等都參與了此項工程。名列正總裁的有十六人，前三名是乾隆的三個皇子：皇六子永瑢、皇八子永璿、皇十一子永瑆，劉統勳名列第四。其中有兩個大貪官，那就是和珅、於敏中。副總裁二十五人，其中有劉墉（劉統勳之子）。總纂官三人：紀昀、陸錫熊、孫士毅。總校官為陸費墀。

《全書》共收書三千五百〇三種，七萬九千三百三十七卷，三萬六千三百〇四冊，十億多字，是中國古代官方修訂的規模最大的叢書，卷數相當於明朝《永樂大典》的3.5倍。全書分為經、史、子、集四部，經部包括易類、書類、詩類、禮類、春秋類、孝經類、五經總義類、四書類、樂類、小學類，共十大類；史部包括正史類、編年類、紀事本末類、雜史類、別史類、詔令奏議類、傳記類、史鈔類、載記類、時令類、地理類、職官類、政書類、目錄類、史評類，共十五大類；子部包括儒家類、兵家類、法家類、農家類、醫家類、天文演算法類、術數類、藝術類、譜錄類、雜家類、類書類、小說家類、釋家類、道家類，共十四大類；集部包括楚辭、別集、總集、詩文評，詞曲五大類。各類前有小序，條理分明，便於檢索。

《全書》卷帙浩繁，共謄寫七套，分別藏於宮內文淵閣、圓明園文源閣、奉天文溯閣、承德文津閣、揚州文匯閣、鎮江文宗閣、杭州文瀾閣，以供官員和讀書人抄閱。

《全書》完成後，紀昀等又撰寫《四庫全書總目提要》兩百卷，把每本書的淵源、版本、內容作簡要介紹，是一部重要的目錄學著作。

乾隆主持編纂《全書》，對整理中國古代文化典籍作出了重要貢獻，但這項工程也存在著若干弊端。

弊端之一，是錯誤較多。由於參與者在抄寫、校對、整理過程著存在著敷衍了事、互相欺瞞的現象，因而出現了大量筆誤和遺漏。總纂官陸錫熊曾到奉天文溯閣，從《全書》中查出了漏寫書二部，錯寫書三部，錯寫和漏寫書名者達五十七部；紀昀也曾在承德文津閣查出空白和錯誤一千多處。

弊端之二，除了農、醫、天文演算法等內容外，科學技術方面分著作幾乎都被忽視了，就連著名的《天工開物》（宋應星著）都在被禁毀之列。

弊端之三，是篡改經典。滿清統治者諱言「胡」、「戎」、「夷」、「虜」一類字眼兒，因此對典籍中的犯禁之字詞肆意篡改。比如岳飛的《滿江紅》中有「壯志饑餐胡虜肉，笑談渴飲匈奴血」二句，《全書》改為「壯志饑餐飛食肉，笑談欲灑盈腔血」；張孝祥的《六州歌頭．長淮望斷》中有「洙泗上，弦歌地，亦羶腥」之語，《全書》將「羶腥」改為「凋零」；陳亮的《水調歌頭．不見南師久》中有「恥臣戎」一語，改成「挽雕弓」；辛棄疾《永遇樂．京口北固亭懷古》中有「斜陽草樹，尋常巷陌，人道寄奴曾住」之語，寄奴是南宋武帝劉裕的小名，《全書》編者認為直呼皇帝的小名是大不敬，於是改成了「宋主」二字。這些篡改視經典為兒戲，表面上刪去了「羶腥」等語，卻放散出一股羶腥之氣。

弊端之四，也是最為後人所痛恨的，是在編纂《全書》的同時，大量銷毀珍貴的古代典籍，凡是明末清初史跡而對清方不利的，一律在銷毀之列，比如顧炎武、錢謙益、張煌言、黃宗羲、黃道周等人的作品，都被銷毀。就連宋代對遼、金、元稍有微詞的，也沒逃脫付之一炬的命運，比如錢綵的《說岳全傳》就在其列，因為作品歌頌了岳飛抗金的壯舉。被銷毀的書籍，書名被列在「存目」之中，有多少呢？有六千七百六十六部，九萬三千五百五十六卷，多麼驚人的數字！就是說，被銷毀的典籍，遠遠超過收入《全書》的典籍。據統計，被銷毀的書籍達三千多種，六、七萬部，這無疑是一場空前的文化浩劫，有人認為，此場浩劫超過秦始皇焚書坑儒，這種看法是有道理的。

魯迅曾深有感慨地說：「現在不說別的，單看雍正乾隆兩朝的對於中國人著作的手段，就足夠令人驚心動魄。全毀，抽毀，剜去之類也且不說，最陰險的是刪改了古書的內容。乾隆朝的纂修《四庫全書》，是許多人頌為一代之盛業的，但他們卻不但搗亂了古書的格式，還修改了古人的文章；不但藏之內廷，還頒之文風較盛之處，使天下士子閱讀，永不會覺得我們中國的作者裡面，也曾經有過很有些骨氣的人。」（《病後雜談之餘》）當代學者吳晗也說：「清人纂《四庫全書》而古書亡矣！」

當然，文化典籍並不是乾隆憑藉權勢所能全部銷毀的，偏偏有一些不怕死的人，將珍貴的文化遺產保留了下來，使得今人有緣瞻仰之。

六、面對洋人

乾隆二十年，英國商人洪仁輝依照慣例來到廣州做生意，但他受到清朝官吏們的高額勒索，一怒之下，來到浙江寧波，另開通商口岸。對此，乾隆很不放心，認為外商有可能「滋事」，但寧波是四大通商口岸之一，不好拒絕，便命令閩浙總督楊應琚調查此事。楊應琚原任兩廣總督，多年來與洋人經營商務，是個吃肥了的主兒，自然不願意貿易基地轉移，便以浙江民心不穩為由，上奏朝廷。乾隆於是降旨，只許外人在廣州通商，不得再赴寧波。

英商需要大量茶葉，產地多在江蘇、浙江、福建一帶，他們希望從寧波採購，這樣既可以保證茶葉新鮮，成本又低；而從廣州購買，茶葉品質得不到保證，加上運費提高了成本。因此洪仁輝不放棄努力，他於乾隆二十四年到天津向海關道衙門投遞訴狀，控告廣州海關官吏敲詐勒索、百般刁難的卑劣行徑，並要求在寧波進行貿易。乾隆一面懲治了粵海關監督李永標，一面將洪仁輝圈禁在澳門，並批准了兩廣總督李侍堯制定的《防範外夷規條》，規定外商只能在廣州進行貿易活動。

此後，清廷對外商的限制越來越多，如外商不准在澳門長期居住，不得乘坐轎輿，不得向官府直接送遞文書，外國婦女不准來廣州等等。

乾隆五十七年十月，乾隆忽然接到廣東巡撫郭世勳的奏本，說英國國王特派使團來華，慶賀皇帝的八十三歲壽辰。乾隆並不知道英國在哪裡，但這個消息使他很振奮，當即命令各地官員積極籌備，對來客好生款待。

英國使團是英王喬治三世派來的，團長是喬治·馬戛爾尼，團副是喬治·斯當東，還有大小官員、隨從、船員等八百多人，他們沿大西洋繞過好望角，再經印度洋，經過了九個月的風浪顛簸，終於到達了澳門，之後又來到天津。天津官府已經得到朝廷的詔令，熱情招待，送去了大量米麵、肉蛋、蔬菜、瓜果、茶葉、酒，英船竟無法存放，只能留下一小部分。

乾隆的生日典禮在避暑山莊舉行，英國師團也到達那裡。這時，為了禮儀，雙方發生了糾紛，清朝把英國使團當作藩國向「天朝上國」進獻貢品，理所當然地要行三跪九叩之禮，但馬戛爾尼認為三跪九叩之禮有損大英帝國尊嚴，因此提出採用單膝下跪的英國禮節，但不行吻手禮。雙方爭論不休，都不肯讓步。乾隆得知，龍顏不悅，認為英使妄自尊大，不值得優待，於是清方立馬把接待規格大大降低了。

據李國榮先生考據，爭執的結果，乾隆與英使見面的禮節是這樣處理的：在萬樹園，英使行單膝跪禮，在淡泊敬誠殿的萬壽慶典上行三跪九叩禮。

英國使團送來的禮品共十九種，五百九十餘件，總價值約一萬三千英鎊，有天文地理儀器、槍炮、車船模型、玻璃火鏡等，這些禮品多是近代科學技術的產物，但在乾隆眼裡，卻是略覺新奇的玩物。比如，使團的人把一塊金屬放在派克氏透光鏡的焦點上，金屬很快就熔化了，乾隆絲毫沒留意這一試驗的科學價值，反而嗤笑為兒童玩具。再如禮品中有六門先進的銅炮，可以連發，又有安裝一百五十門大炮的戰艦模型，乾隆均未加注意。

是乾隆不喜歡洋貨嗎？不，他早年曾對西洋的鐘錶、油漆器皿、金銀絲緞、氈毯等消費類的物品表現出極大的興趣，歷年來他所搜集的洋古董不計其數。

被人們稱為「一代明君」的乾隆，其興趣所至居然專注於奢侈類而排斥科技類，這實在是令人大惑不解的現象。他不知道，他的這種愚蠢的、沒有出息的偏好，使中國喪失了引進西方先進文化的大好機會！

在尚未進入近代科技的中國，如果說康熙是皇室中科技的巨人，那麼他的孫子乾隆則是不折不扣的侏儒！

至於禮貌性的回報，乾隆自然要顯示一下帝國的「浩蕩皇恩」，「賞賜」物品的價值高出了英使的「貢品」的若干倍：共一百三十餘種，約三千件，包括絲綢、瓷器、玉器、茶葉及各類工藝品，使團成員們還與朝廷君臣一起聽戲，欣賞歌舞表演，觀看燈火……

但不愉快的事兒還是來了。馬戛爾尼向乾隆遞上了一封信，信中向清廷提出了六項要求：一，允許英國商船在珠山、寧波、天津等處登岸經商；二，允許英人在北京開設洋行；三，在珠山劃出一個小島，歸英人使用，以便存放貨物；四，在廣州附近撥出一地供英人居住，且可自由來往；五，英國商貨自澳門運至廣州，免稅或減稅；六，英國船貨按照中國稅率繳稅不得額外加征。這才是英國使團來華的真正目的。

乾隆對英國使團的要求十分反感，他斬釘截鐵地拒絕了使團的全部要求。乾隆又一次暴露了自己的固執和偏見，英國使團的要求，除了第三條涉及領土主權外，其他條目都是可以考慮的，即使不能完全接受，也可以通過協商為清廷爭得更多的利益，但乾隆夜郎自大，故步自封，他不瞭解洋人，已經是一個不小的遺憾，他根本就不想瞭解洋人，這就更是誤國，也誤了他的子孫。

馬戛爾尼一下子成了不受歡迎的人，被勒令限期離境，但他沿途考察了中國的軍事要塞、河水航道（作了精確測量）、官場風氣、民間萬象，因此，他雖然沒有完成英王交給他的使命，卻也不虛此行。使團發現，中國人一直閉關自守，不模仿和學習外國人的經驗和發明；中國「下級向上級，當事人向法官送禮的風氣是很盛的」；「在中國，窮而無靠的人處在官吏的淫威之下，它們沒有任何訴苦伸冤的機會」……馬戛爾尼信心十足地得出了如下的結論：清帝國好比是一艘破爛不堪的頭等戰艦，而英國將會比任何國家從清帝國得到更多的好處。

可惜乾隆聽不到馬戛爾尼的話，他正端坐在龍椅上，笑吟吟地抬眼注視著自己頭頂上燦爛的光環……

七、文字之獄的頂峰

乾隆朝是清朝文字之獄的頂峰，共發生重大筆墨冤案一百三十多起，可謂觸目驚心。

乾隆十五年，民間流傳出一份孫嘉淦的奏稿，洋洋萬言，內容是指責朝廷的，不但說乾隆失德，而且列舉了廷臣鄂爾泰、張廷玉、訥親等人的罪狀，後面還偽造了皇帝的批語。奏稿流傳很廣，幾乎遍及全國各地。這孫嘉淦歷任吏部尚書、刑部尚書、直隸總督、湖廣總督等要職，其人以敢於直諫、清廉自律著稱，頗得乾隆信任，在百姓中也有較高的威望。

次年，乾隆得知這一情況，惱怒不已，認為是大逆不道的犯上之舉，但他想，如果公開追查此事，勢必成為一種宣傳，於是責成各省督撫祕密緝訪。

不久，山西巡撫阿思哈上奏說，山西介休縣有個王肇基，呈獻詩聯，語言狂妄放肆，乾隆命他追根尋源。阿思哈查明：王肇基所獻的詩聯是為了取悅皇帝的，企圖受到皇帝的恩寵和重用，與偽奏稿無關。

又有人揭發說，山東巡撫准泰在追查偽奏稿時有瀆職行為，乾隆立即將准泰革職拿問。

乾隆想，偽奏稿已經流傳如此之廣，肯定「黨羽」很多，他也覺察到，地方官員對此案故意推諉、應付、拖延，便向各省督撫提出警告，如若姑息養奸，潦草從事，則按准奏之例嚴加處置。

諭旨一下，督撫大員們不敢再怠慢了，破案成果也隨之豐碩。各地搜出了大批偽奏稿抄本，紛紛送往京師，有關人犯也不計其數，僅四川一省，就有兩百八十多人。到乾隆十七年，祕密緝訪就變成公開查辦了。

案子的難處在於，涉嫌者不是推卸責任，就是互相指斥，再不就是把責任推到已經死去的人身上；有些人在嚴刑之下招供，一松刑就翻供喊冤。涉嫌者越抓越多，案件的偵破卻仍然沒有深入。乾隆沉不住氣了，再次發出上諭斥責督撫們說：偽奏稿案查辦一年而無頭緒，原因是督撫大員們只是把案子委託給屬員，虛文塞責，才導致了線索迷亂、首犯逍遙的結果。

御史書成上疏說，偽奏稿案株連太廣，懇請將現有人犯寬釋。乾隆大怒，將他革職。

正當乾隆一籌莫展之際，江西巡撫鄂容安提供了一條重要線索：盧魯生父子所抄的偽奏稿得自南昌守備劉時達、劉守朴父子。乾隆認為，劉氏父子是偽奏稿的源頭，遂降旨將其押解至京。

不料，劉守朴的幕友孔則明供稱，給劉時達的偽奏稿得自江蘇。這樣一來，案情又節外生枝、墮入困境。

乾隆如今是騎虎難下，中止追查吧，太窩囊；繼續追查吧，決不會有結果的。但儘管不會有結果，卻必須拿出個「結果」來，怎麼辦？只有找替罪羊。於是，乾隆十八年二月，乾隆宣佈：偽奏稿案業已告破，主犯盧魯生凌遲處死；傳抄各犯均加恩寬免；但傳抄偽奏稿之官員照例治罪；審理不力之官員，均革職拿問。

至此，歷時一年七個月、轟動全國的追查「偽孫嘉淦奏稿」案終於以自欺欺人的成果草草收場了，這期間，被捕者上千人，革職拿問的督撫十餘人，乾隆為此發佈的上諭累計三萬多字……

從作案者的動機看，是抨擊朝廷的，這一點毫無疑問，但它的客觀效果卻要深遠得多：首先，案件從祕密緝訪發展到公開追查，這本身就是一種宣傳，對統治者而言，就是自揚其醜；其次，區區一份假奏稿，竟把整個朝廷上上下下攪得人仰馬翻，從皇帝到小吏，一個個焦頭爛額，惶惶不可終日，充分暴露了帝王統治虛弱的一面；再次，此一案儘管許多人受到莫名其妙的懲治，那個盧魯生甚至做了替罪羊，但從總體看，作案者成功了，他巧妙地戲弄了至高無上的統治者。

乾隆十八年，乾隆發現了《佐理萬世治平新策》一書，作者是江西金溪生員劉振宇，其中有「更易衣服制度」的內容，一時龍顏大怒，批道：劉振宇「乃敢逞其狂誕，妄訾國家定制，居心實為悖逆」。命地方督撫嚴辦，湖南巡撫范時綬將劉振宇革去生員資格，杖責一百，永遠禁錮。乾隆嫌不解氣，改判斬刑，書版銷毀。

乾隆二十年三月，乾隆發現內閣學士胡中藻的《堅磨生詩鈔》中有許多犯禁的詩句，比如「斯文欲被蠻」，「南斗送我南，北斗送我北，南北斗中間，不能一黍闊」，「雖然北風好，難用可如何」等等，最刺眼的是「一把心腸論濁清」一句，乾隆暴跳如雷，批道：「加『濁』字於國號之上，是何肺腑？」遂降旨將胡中藻凌遲處死，全家監禁，財產籍沒。此案連胡中藻的老師鄂爾泰也受了連累，儘管鄂爾泰已死，乾隆仍以「私立朋黨」之罪名將他撤出了賢良祠。

乾隆二十一年，山東日照瘋人劉德明胡亂塗抹了「興明興漢及削髮擰繩」之語，地方官視為大案上奏乾隆，乾隆不相信是瘋人所為，說：「當此光天化日之下，如此肆行狂吠，豈瘋癲人語耶？」當即降旨將劉德明斬首，劉的親屬雖然身居外鄉，並不知情，也被發配到黑龍江給披甲人（八旗兵）為奴。

乾隆二十六年，又發生了三樁瘋人案件。江西瘋人李雍和、甘肅瘋人王寂元、浙江瘋人林志功皆以忤逆之語而獲罪，李、王凌遲處死，林被流放。

江蘇華亭人蔡顯，是雍正朝舉人，在家鄉以教書為業，他將自己的著述刊印成書，有《紅蕉詩話》、《閑閑錄》等，其中有揭露地方官員不法行為的內容，地方豪紳指責他污蔑朝廷。乾隆三十二年，蔡顯迫於壓力，便帶著書去官府自首，結果被判了死罪。乾隆得知，竟從《閑閑錄》中發現了新的「大逆不道」之辭，如「風雨從所好，南北杳難分」，「莫教行化烏腸國，風雨龍王欲怒嗔」，更有「奪朱非正色，異種也稱王」兩句，這兩句詩引自沈德潛的《詠黑牡丹詩》，前一句出自《論語．陽貨》：「惡紫之奪朱也。」孔子以紅色為主色，他對魯桓公、齊桓公穿紫色衣服表示不滿。在乾隆看來，這兩句詩惡毒之極：明朝的皇帝姓朱，「奪朱非正色」自然是指清朝奪了明朝的天下不是正統。於是斥責蔡顯「有心隱約其辭，甘與惡逆之人為伍，實為該犯罪案所系」，降旨立斬，書籍銷毀，與印書相關的二十四人均發配邊遠。

乾隆三十九年，廣東官府查獲了清初文學家屈大均的族人屈稔禎、屈昭泗所藏《翁山詩外》。屈稔禎只是略通文墨，屈昭泗則目不識丁，二人收藏這本書完全出於無意，但由於此書已列為禁書，因此督撫不問青紅皂白，就依「大逆」論處，判處著書者戮屍，藏書者斬首。因當時正是編纂《四庫全書》之際，乾隆號召各地官民獻書，對此案總算放了一馬，特予寬免。這個屈大均在雍正朝被折騰了一回，現在又遭了一劫。

江西新昌縣有個名叫王錫侯的士人，通訓詁、善詩文、能觀天文氣象，他認為《康熙字典》不完善，收字太多，難以貫串，便花費了十七年的心血，編成了一本《字貫》，意謂「以義貫字」，就是用字義把零散的字貫串起來，此書分為天文、地理、人事、物類四大部，共四十卷，在友人的贊助下，於乾隆四十年刻印面世。不久，就被人告發，說他蔑視康熙皇帝，江西巡撫海成經辦此案，便奏請乾隆，先革去其舉人，再審議定罪。這時大貪官和珅得到了一本《字貫》，發現在「凡例」中康熙、雍正的廟諱、乾隆的名字均以本字悉數開列，立即向乾隆報告，乾隆大怒，降旨將王錫侯處斬，子孫六人亦處死，女眷及幼童撥給旗人為奴。海成因辦事不力，革去職務交刑部治罪；兩江總督高晉也遭革職處分。

乾隆四十三年，又發生了《一柱樓詩集》案。江蘇東台舉人徐述夔去世後，他的兒子徐懷祖為了紀念亡父而刻印了他的《一柱樓詩集》，其中有「舉杯忽見明天子，且把壺兒抛半邊」之語，「壺兒」與「胡兒」同音，這在當時是犯禁的。又有「江北久無安靜土」、「乾坤何處可為家」、「舊日天心原夢夢，近來世事益非非」等句。徐懷祖的仇家蔡嘉樹得到這本詩集，便向官府檢舉說詩中辱罵朝廷。乾隆聞奏，大為震怒，認為徐述夔在詩中「明朝期振翮，一舉去清都」兩句，實際上是以朝夕之「朝」暗指朝代的「朝」，不說「上清都」、「到清都」而說「去清都」，顯然是寄予了興明滅清的意思。他批示道：徐述夔身為舉人，乃喪心病狂，所作《一柱樓詩集》暗肆詆譏，謬妄悖逆，實為罪大惡極！雖其人已死，仍當剖棺戮屍，以伸國法。最後，徐述夔、徐懷祖（已死）均開棺梟首示眾；兩個孫子雖然攜書自首，但仍以私藏逆詩論死；乾隆的寵臣沈德潛（已死）因給徐述夔寫過傳記，也被「革其職，奪其名，撲其碑，毀其祠，碎其屍」。

令人意想不到的是，徐述夔的兩個學生徐首髮、徐成濯本來在詩集刻印時擔任了校對工作而受牽連，卻又因名字有反叛朝廷之意而被處決。原來二人的名字連起來是「首髮成濯」，而「濯濯」是光禿是意思，那麼二人的名字連起來就是「頭髮成了光禿」之意，因此被認為是譏諷和嘲笑清朝的剃髮之制。

乾隆四十四年四月，直隸一個叫智天豹的，本想討好乾隆，向皇帝獻了一本《萬年曆》，其中寫道「周朝只有八百年天下，如今大清國運，比周朝更久」，但其中編年只到乾隆五十七年為止，這一下又惹惱了乾隆，他認為智天豹心存險惡，詛咒皇帝早死，實屬「罪大惡極，人人髮指」，遂下令將其處斬。

乾隆四十六年，曾經官至大理寺卿現已離休的尹嘉銓上疏給乾隆，要求聖上恩准其父從祀文廟，奏本中自稱「古稀老人」，不料這一下惹惱了乾隆：我稱古稀老人，已佈告天下，他如何竟敢以此自稱？當即判其死罪。此案被稱為「古稀罪」案。

河南登封縣生員李一因科場失意，對朝廷不滿，他自號「半癡先生」，又寫詩文批評現實，在《糊塗詞》中有「天糊塗，地糊塗，帝王帥相，無非糊塗」之語，在《民為貴篇》中，指評「任官之刻削其民，不許民之詰告其官」的現象。他把自己寫的詩文送給好友喬廷英，喬廷英連連稱讚。李一之子看到了這些詩文稿件，深以為患，建議燒毀，李一也意識到事情的嚴重性，便向喬廷英索回稿件。後來二人產生了矛盾，乾隆四十八年，喬廷英向官府揭發了李一，原來他把李一的稿件抄錄了一份。於是李一被捕下獄，但在調查的過程中，官府發現喬廷英也寫了一些「反詩」，如「千秋臣子心，一朝日月天」，被判定「日月」二字合而為「明」，是盼望明朝復辟；「壯士終當營大業」一句，「營大業」是指「做帝王」。結果兩個人均被凌遲處死，兩家子孫坐斬，妻女為奴。

乾隆晚年，一方面由於怠政，一方面因為各地紛紛發生農民起義，也就顧不上埋頭於紙堆去搜索文人的罪狀了，因而文字之獄便有所鬆動。然而，到乾隆五十三年，湖南耒陽一個屢試不第的老秀才賀世盛把乾隆的這根神經又挑起來了，他寫了一本《篤國策》，書中指評朝廷不用飽學之士卻讓有錢人捐納官職，又揭露地方官對百姓層層勒索的卑劣行徑，乾隆吃不住勁了，特頒諭旨，大談自己若干年來豁免錢糧的輝煌德政，又申辯賣官捐納之必要性，最後說：「此等狂悖之人，若竟從寬典，俾安坐囹圄，勢必更肆狂吠，又如曾靜之罪大惡極，寸磔不足蔽辜。」於是，斬其首，毀其書。

乾隆朝的文字之獄無法一一列舉，歸納起來，有以下幾個特點：其一，從程度和範圍上看，超過了康熙朝和雍正朝，達到登峰造極的地步；其二，神經過敏，對號入座，深文周納，牽強附會。其三，一觸即怒，一怒即跳，嗜殺成性，草菅人命，在挑剔文字方面，乾隆的表現有些變態，不問動機，不究情節，一味地殺戮，全然不像一個會寫詩、懂書法的文雅帝王，倒像是一個目不識丁的屠夫或山大王。其四，冤獄愈酷，士人的反抗就愈烈，我們從數不清的落難者中，看到了一股不畏強暴、視死如歸的凜然正氣。

八、強弩之末

史學界稱康、雍、乾三朝為「盛世」，的確是這樣。到乾隆末年，中國經濟總量占世界第一位，農業、手工業、貿易、城市建設均達到世界先進水準：全國耕地面積達十億多畝，糧食總產量為兩千多億斤；手工業也相當發達，廣東的冶煉業、京西的採煤業、江南的紡織業、雲南的銅礦業、松江的染色業、景德鎮的制瓷業等等，都生氣勃勃；在對外貿易方面，出口商品主要有茶、絲、土布，其中茶占世界第一位，關稅收入每年盈餘達八十五萬兩；城市發展也居世界先進行列，十九世紀初，世界有十個擁有五十萬人口以上的城市，中國就占了六個，即北京、江寧（南京）、揚州、蘇州、杭州、廣州。乾隆末年，中國的人口達到三億，占世界人口的三分之一。

這種昌盛局面使西方人望洋興嘆，法國學者伏爾泰稱讚說，中國是「舉世最優美、最古老、最廣大、人口最多而治理最好的國家」。另一位法國學者狄德羅也說，「中國民族，其歷史之悠久，文化、藝術、智慧、政治、哲學的趣味，無不在所有民族之上」。德國學者萊布尼茨則認為，在生活、倫理、政治實踐等方面，歐洲人「難以和中國人相抗衡」。

康雍乾所創建的盛世確實是值得驕傲的，也是值得炫耀的！

但是，陶醉在盛世氛圍中的清王朝君臣卻不知道、也不關心大清疆土以外的人在做些什麼。

早在清崇德五年，英國就爆發了資產階級革命；到乾隆朝，西方世界可謂日新月異：

一七六五年，英國人發明了珍妮紡紗機，一個人工作可抵八個人；

一七六四年，英國人瓦特發明蒸汽機，西班牙爆發資產階級革命；

一七七四年，美國發生獨立戰爭，到一七八三年取得了勝利；
一七七九年，英國人克倫普吞發明紡棉機，一個人工作可抵三十人；
一七八五年，英國人發明了水利織布機，同年，瓦特改良蒸汽機；
一七八九年，法國爆發資產階級大革命，發表《人權宣言》；
一七九一年，美國通過《人權法案》；
一七九二年，法國成立共和國，判處路易十六死刑，將其斬於斷頭臺……

正當西方社會發生翻天覆地的劇變時，大清王朝卻躺在封建專制的溫床上沾沾自喜，照樣攤丁入畝，照樣耗羨歸公，照樣開科取士，照樣稱孤道寡，以「天朝上國」自命！飽讀中國古代經典的乾隆將「物壯則老」（老子語）這樣膾炙人口的警語居然忘得一乾二淨，因而對清帝國龐大的支架下面早已暴露的千瘡百孔渾然不覺……

首先是他本人的奢侈揮霍，對官場造成了極大的負面影響。歷次巡遊耗資巨大，前面已經說過。乾隆的奢華作風決定了他無力整肅吏治。乾隆朝，官場腐敗愈演愈烈，在本章第二節中我們列舉的貪污案例已經能夠看出，儘管乾隆嚴加懲處，並且三令五申、苦口婆心地發出警告和訓誡，但各種違法犯罪行為仍然層出不窮，花樣翻新，為什麼？因為整個統治機構已經齷齪不堪、不可救藥了。

其次，在治國方略上，乾隆已經沒有也不可能有新的建樹，而在對外關係上，就更是逆歷史潮流而動，採取閉關鎖國的政策。此時，中國的手工業產品在世界上已經沒有競爭力了，中國出口到外國的主要貨物無非是茶葉和一些農產品而已。

最後，乾隆到了晚年，志驕意滿，故步自封，夜郎自大，惟喜歌舞昇平，患上了諱疾忌醫、頭上有蝨子不讓人家說的毛病。

乾隆五十五年，內閣學士兼禮部侍郎尹壯圖對「議罪銀」制度提出批評，他認為官員犯罪，用錢贖罪，不會使他們產生愧疚之心，只能滋生玩忽之念，現在各省督撫聲名狼藉，吏治廢弛，商民半皆蹙額興歎，各省風氣，大致皆然。尹壯圖說的是實情，當時議罪銀數額不定，從資料看，少者一萬五千五百兩，多者三十八萬四千兩，看起來數字很大，但是受罰者卻心甘情願，因為交出去的罰金越多，皇帝越高興，罪過也就越減輕，甚至還可能升遷，只要官職保住了，錢就可以再賺回來。議罪銀制度確實迅速加劇了官場的腐敗。

但乾隆不管這些，看到尹壯圖的奏疏，不問青紅皂白，就先對號入座。尹壯圖明明說的是各級官吏，乾隆卻認為尹壯圖是對皇帝的仁政業績進行惡毒的誹謗和攻擊，於是便喋喋不休地陳述自己的赫赫功德，說自己如何豁免天下錢糧、賑濟水災旱災，這些事無不家喻戶曉，百姓感戴都來不及，何至於「蹙額興歎」？

怎樣懲治尹壯圖呢？乾隆左思右想，絞盡腦汁，最後竟是其父雍正的遺傳基因在他身上起了作用，他效仿雍正對付曾靜和錢名世的辦法，命戶部侍郎慶成帶著尹壯圖到各地盤查倉庫。慶成是官差，一路費用由官方支付，而尹壯圖則不同，官方只供驛馬，食宿自理。這一下可苦了尹壯圖，皇命不可違，只得跟著上路。那慶成自然懂得乾隆的用意，他帶著尹壯圖到了大同後，先是與地方督撫混吃混喝，然後遊山玩水，等地方官告訴他倉庫的錢糧已經挪借完畢，便與尹壯圖煞有介事地進行檢查，結果當然是毫無短缺。尹壯圖知道自己闖下了大禍，只好上疏，高唱吏治清明，承認自己的過錯，並要求回京。乾隆哪裡肯甘休，讓他們繼續到山東、直隸、江南檢查，所到之處，庫存均無短缺現象，這時已經到了次年二月，乾隆把尹壯圖折騰得差不多了，總算饒了他，免於治罪，以示寬宏。

從此，再也沒有人敢對官場的污濁現象提出批評了，相反，阿諛頌揚之聲在紫禁城上空繚繞不絕……

其實，稍有正視現實的勇氣，就能看到所謂的「太平盛世」並不太平：乾隆四年，蘇州王言享等領導了反對布商克扣工價的罷工鬥爭；乾隆六年，北京鑄錢工匠集體罷工；乾隆九年，湖廣、江西、江南等地發生搶米案件，一邑中竟有搶至百案者；乾隆三十九年，山東清水教首領王倫發動了反對官府「額外加征」的起義；乾隆四十一年，浙江永嘉縣佃農胡挺三組織抗租起義；乾隆四十六年，甘肅發生了蘇四十三領導的回族、撒拉族人民反清起義，屢屢重創清軍；乾隆四十九年，甘肅又爆發了田五、馬四圭、張文慶領導的起義；乾隆五十一年，林爽文在臺灣領導了以「安民心，保農業」為口號的農民起義；乾隆六十年，貴州銅仁發生了石柳鄧領導的苗民起義，清廷調動七省十餘萬兵力進剿，一直打到嘉慶十一年……

乾隆朝是由盛而衰的轉捩點，「十全武功」、不停歇的巡遊、對付各地農民起義，把本來充盈的國庫幾乎掏得一乾二淨。雍正朝，國庫年收入曾達到五千萬兩，乾隆朝也曾高達七千萬兩，但到乾隆末年，年存銀僅剩兩百萬兩。

乾隆將大清帝國折騰成這般窮模樣，然後把一大堆麻煩作為禮物留給了兒子嘉慶！不用說對天下黎民，就是對自己的子孫，乾隆也是有愧的！

九、巨貪和珅

封建社會，權臣和貪官是兩種普遍現象，權臣與貪官集於一身，也很平常，但權勢之隆、貪污之巨達到和珅這般地步的，亙古未有第二例也。

這個天下第一巨貪，恰恰出現在如日中天的乾隆盛世，就有些奇怪了！

和珅，字致齋，原名善保，滿洲正紅旗人。祖上給他留下了一個三等輕車都尉的世職，其父常保曾任福建副都統。和珅童年在咸安宮宮學讀過書，因天資聰穎，又刻苦勤奮，學業長進很快，不但熟讀四書五經，而且掌握了滿、漢、蒙、藏四種語言文字。

二十歲時，和珅在內務府鑾儀衛混了個拜唐阿（執事人）的小差事，這年他參加順天府的鄉試，落第。二十二歲時升三等侍衛，負責皇帝出行的儀仗事宜。這份差事很不起眼，卻有機會接近皇帝。

但皇帝身邊從來都是嘍囉成群、前呼後擁的，其中絕對不乏乖巧伶俐之輩，想捷足先登，得到皇帝的青睞，是相當不容易的。

但和珅卻是一個特例。乾隆四十年，二十五歲的和珅升為乾清門侍衛，到第二年年底，他依次被晉升為御前侍衛並授正藍旗滿洲副都統、戶部右侍郎、軍機大臣、總管內務府大臣、鑲黃旗滿洲副都統、國史館副總裁、總管內務府三旗官兵事務，在一年多的時間裡，從一個普通的侍衛一路飆升，進入了最高權力機構，這在歷代官吏史上是十分罕見的。

和珅何以能夠獨享恩寵呢？在陳康祺《郎潛紀聞》中寫到了一則故事：乾隆一次看奏章，得知有要犯逃亡，大怒，說：「虎兕出於柙。」眾侍衛均不知何意，和珅道：「皇上是說，管此事者，當負此責。」乾隆大為驚奇，見和珅英俊瀟灑、儀表堂堂，又有知識，當即就提拔了他。

原來乾隆說的話出自《論語．季氏》，原文是：「虎兕出於柙，龜玉毀於櫝中，是誰之過與？」意思是：老虎犀牛從籠子裡跑了出來，（貴重的）龜甲美玉在匣子裡爛掉了，是誰的過錯呢？乾隆只說了「虎兕出於柙」這半句話，意思是說犯人逃跑了，是誰的責任呢？如果不熟讀《論語》，不可能知道其中含義，而充當侍衛者，沒幾個識字的，因此和珅就更顯得出類拔萃了。

乾隆四十二年到四十九年，和珅更是官運亨通，先後任步兵統領、崇文門稅務監督、御前大臣、戶部尚書、議政大臣、正白旗領侍衛內大臣、四庫全書館正總裁、太子太保、經筵講、國史館正總裁兼文淵閣提舉事、理藩院尚書、鑲藍旗和正白旗滿洲都統、清字經館總裁、吏部尚書等。

和珅之所以能夠如此飛黃騰達、扶搖直上，原因很多，但主要有兩個方面：一方面，他辦事精明幹練。比如，大學士雲貴總督李侍堯深受乾隆信賴，歷任要職，他看不起和珅，和珅因而懷恨在心，他探知李侍堯有貪污行為，便唆使貴州按察使海寧參劾他，乾隆得奏，派和珅前往雲南辦案。和珅到了雲南，先拘審李侍堯的管家，取得了證據，然後再審訊李侍堯，結果李侍堯不得不交代。案子只辦了兩個月就水落石出了，乾淨利索。他在回京的途中，就被任命為戶部尚書了。

在大臣中，沒有幾個懂藏文的，和珅卻算一個。清廷用兵西藏和廓爾喀時，所有的諭旨都用滿、漢兩種文字下達，而頒發給達賴喇嘛和廓爾喀的敕書，則用藏文和蒙古文書寫，這項工作只有和珅做得得心應手；和珅還多次接待朝鮮、英國、安南、緬甸的使臣，在外交活動中，顯示出一定的才能，所有這些，乾隆頗覺滿意。英國使臣馬戛爾尼也曾誇讚過和珅，說他英俊瀟灑，處事周全，靈活機敏，大有宰相風度。

但光憑辦事幹練還不行，在乾隆身邊，傅恒、劉統勳、於敏中、福康安、阿桂等人，不論學識還是能力都遠遠超過了和珅，卻沒有像和珅這樣受到特殊的恩寵，其緣由還在於第二個方面，那就是和珅善於揣摩乾隆的心思，並且能夠在最大的程度上滿足皇上的需要。

和珅對乾隆的侍奉可以說無微不至，從興趣愛好到日常起居，他都能做到乾隆的心裡去。比如，乾隆喜歡詩，和珅也吟詩誦賦，附庸風雅，以「騷人」自居；乾隆喜歡書法，和珅也弄墨揮毫，模仿乾隆的筆跡，竟至於達到以假亂真的程度，後來乾隆為匾額題字，乾脆讓和珅代筆；乾隆喜歡古董文物，和珅就千方百計地搜集名貴珍玩，獻給乾隆；乾隆信奉喇嘛教，和珅就苦讀佛書，並與乾隆一起修煉密宗（佛教派別之一）；乾隆貪圖享樂，和珅就陪同主子巡遊……

在日常起居方面，沒有一個大臣能像和珅對乾隆照顧得那樣細微和周到。每當乾隆咳嗽時，和珅就立即端起痰盂走到乾隆身邊將痰接住；在乾隆面前，他從來不自稱「臣」或「微臣」，只稱「奴才」。

要滿足一個皇帝的享樂，是相當不容易的，這需要有一套不動聲色的斂財本領，這偏偏是一般大臣不能辦到或者不願去辦的，但是和珅，卻辦到了，而且辦得很漂亮。

和珅怎樣斂財？曰：不擇手段。索要、賣官、受賄、放債、收稅、開店……他的本領是，錢源源不斷地流到他的手中，卻沒有支取國庫中的銀兩。

他把持崇文門稅關，勒索商民和官員；他開設糧店，出租房屋、私開煤礦、設立當鋪，放高利貸等等，多方搜刮平民財富；他以「議罪銀」的名目，讓犯了罪過的官吏繳納罰銀，以免處分，少則數千兩，多則幾十萬兩；乾隆八十大壽時，宮中舉行萬壽大典和千叟宴，和珅趁機命令三品以上的大員捐獻奉銀，兩淮鹽商則要捐銀四百萬兩……所有這些進項，都不入國庫，一部分納入內務府以供皇帝揮霍，另一部分自己私吞了。儘管和珅毫不客氣的將這些巧設名目而得來的錢財據為己有，但本來入不敷出的內務府卻因他的操作而扭虧為盈了，這樣能幹的大臣到哪裡找去？

然而，和珅辦事並不是沒有紕漏的。乾隆四十六年，甘肅發生了蘇四十三起義，乾隆命正在河南的大學士阿桂前往處理，又派和珅帶著欽差大臣關防（印信）赴甘肅督師。乾隆本想給和珅一個立功的機會，就囑咐阿桂延遲行期。誰知和珅指揮不當，吃了敗仗。不久，阿桂趕到，戰局立刻反敗為勝。乾隆無奈，只得將和珅調回。打了勝仗的阿桂沒有受到任何褒獎，但鎩羽而歸的和珅呢，不但沒受到任何處分，而且這年的十一月，兼任了兵部尚書。

和珅與乾隆的關係越走越近，竟至於成了兒女親家。乾隆給和珅六歲的兒子賜名豐紳殷德，「豐紳」二字為滿語，意謂「福澤」。乾隆又把自己最疼愛的小女兒和孝固倫公主許配給豐紳殷德。到乾隆五十四年，和孝固倫公主與豐紳殷德完婚，乾隆所賜的嫁妝超過數百萬金。

和珅除了竭盡投機鑽營之能事以外，還通過打擊異己來鞏固自己的地位。

乾隆四十七年，御史錢灃參劾和珅的親信、山東巡撫國泰營私舞弊，勒索屬員，致使曆城等縣各虧空六七萬至八九萬，乾隆命和珅、左都御史劉墉率錢灃前往山東清查庫帑。和珅急忙向國泰通風報信，國泰到處借挪，把虧空全部補齊。錢灃料到了這一手，就先行一步，在半路上將國泰派出來給和珅送回信的人捉住，得到了真憑實據。等到和珅一行到達曆城時，庫銀並無短缺。但市銀與帑銀的規格不一樣，帑銀每五十兩為一錠，市銀輕重不一，而曆城庫帑中有許多市銀。錢灃當即向曆城市民宣佈，凡借銀給官府者作速取回，否則封庫入官。結果商人紛紛領回，再一清查，發現虧空四萬兩，接著查其他地方，最後統計，全省庫銀虧空多達兩百餘萬兩。此事和珅無法包庇，眼巴巴地看著乾隆將國泰和山東布政使于易簡（和珅的親信）賜死。和珅從此對錢灃懷恨在心。

錢灃接著又參了和珅一本，說和珅身為軍機大臣不去軍機處辦公，而獨坐「內右門」，乾隆沒有處置和珅，只是讓錢灃兼任「稽查軍機處」，不到一年，錢灃無病暴死。

另一個御史管世銘在一次宴會上揚言要參劾和珅，當天晚上暴卒。

沒有確鑿的證據說錢灃和管世銘是和珅害死的，但和珅很難擺脫作案的嫌疑。

乾隆五十一年五月，御史曹錫寶彈劾和珅的家人劉禿子「用服奢侈，器具完美，借主人名目招搖撞騙」等罪，奏摺送出之前，他先徵求好友吳省欽的意見，吳省欽賣友求榮，告訴了和珅，和珅急忙令劉禿子毀掉豪華的住宅，藏匿車馬、器具、珍寶。後來乾隆派人查實，結果認定是曹錫寶謊報案情，給了他革職留任的處分。

浙江巡撫福崧得罪了和珅，和珅就陷害他，乾隆五十八年，福崧忽然被捕，罪名是兩淮鹽運使柴禎向他賄賂一千兩。實際情況卻是，柴禎帳簿上的「福公」指的是戶部尚書福長安。但和珅有意混淆真相，因此福崧被押解京師時，對人說：我見了皇上，要把和珅的老底兒揭出來。和珅得知，就篡改了福崧的供詞，加了幾句反朝廷的話，乾隆當即降旨，在半路上將福崧賜死。

乾隆越到晚年，就越發離不開和珅。其中的緣由是非常微妙的，白新良等人合著的《正說乾隆》一書中對此作了中肯的分析：

乾隆已年近古稀，精力時或不濟。這樣，通過代理人以對包括軍機處在內的政權中樞進行控制便成了惟一可行的「好」辦法。為了加強代理人對自己的依附，在乾隆看來，這種代理人，既不需要有什麼資歷功勳，也不必講什麼家族門第，與此相反，倒是越不具備這些條件越好。但是，他必須是一個頭腦清醒、辦事伶俐而又效忠自己的高級奴才。換言之，只要隨時將軍機大臣在內的各級官吏的舉止言行報告自己，起到一種耳目作用即算稱職。正是乾隆的這一政治需要，使並無寸功而巧言令色、善窺人主意旨的和珅登上了政治舞臺，並且成了一個權傾朝野的大人物。

就乾隆而言，一位的盛世「明君」，竟然被巨型貪官和珅糊弄了半輩子，實在是一出大悲劇；就和珅自身而言，偌大一個國家，任憑這樣一個跳樑小丑肆意妄為、作威作福，真乃一出大鬧劇。不論悲劇還是鬧劇，都是獨裁制度下必然產生的現象！

十、所謂「禪位」

早在乾隆三十七年，六十二歲的乾隆就告訴諸皇子，自己將在八十六歲退位歸政，因為自己在位的時間不敢超過祖父康熙（康熙做了六十一年皇帝）。次年，便祕密立儲，藏於正大光明殿匾額之上，此事只通知軍機大臣，但儲君是誰，卻只有他一人心知肚明。

按乾隆本來的觀念，是主張沿用中國古代嫡長制的，因此在他登基不久，曾經立皇后富察氏所生的皇二子永璉為儲君，但永璉九歲夭折；他又立富察氏所生的皇七子永琮為儲君，但永琮兩歲時早逝了。於是，乾隆就把立儲的事擱置下來。

後來，他對嫡長制的弊病作出深入的反思，終於選擇了父親雍正的祕密立儲制。由於許多臣下不知道乾隆立儲之事，因此有人就提出，要求立儲。乾隆對此做了耐心的解釋，他說：以前各朝代立了太子之後，往往幻端百起，因皇子眾多，便生出是非，強者設計謀算，污蔑栽贓，於是釀成禍變，致使父子之間，慈孝兩虧。他還列舉了嫡長制的謬誤和教訓：漢文帝最賢，卻非嫡子，倘若漢高祖（劉邦）讓他繼位，何至於有呂后之患？又如唐太宗（李世民）為群雄所依附，明代永樂皇帝（朱棣）以勇略著稱，倘若唐高祖（李淵）不立建成而立太宗，明太祖（朱元璋）不立建文而立永樂，那麼唐代的玄武門之變、明代的金川門之變就不會發生了，嫡長制的危害不是很明顯嗎？於是，乾隆突破了歷代王朝嫡長制的藩籬，提出立賢的原則，其思路是正確的。

祕密立儲的好處，我們在上一章已經談到，此外，它還有一個優點，那就是立儲以後可以根據情況的變化作出修改。乾隆是否對儲君有過修改，只有他一個人知道，我們只能從儲君揭曉之時判來分析、評判他選擇的理由。

乾隆說到做到，乾隆六十年九月初三，他果然召集皇子皇孫、王公大臣，命人將藏於正大光明殿匾額上的密詔取下，遍示眾人，宣佈立皇十五子永琰為太子，為了避諱，乾隆將永琰的名字改為「顒琰」；改明年為嘉慶元年。嘉慶，取嘉勉、慶賀之意。這年，乾隆八十五歲，嘉慶三十六歲。

正式禪位儀式於嘉慶元年正月初一在太和殿舉行，顒琰登基，這就是嘉慶皇帝；乾隆將皇帝之寶交給了顒琰，宣佈歸政，做了太上皇，自此，宮中仍用乾隆年號，而外省則改為嘉慶年號，於是就有了兩個年號。

初四日，宮中舉行了規模盛大的「千叟宴」。千叟宴以前舉行過兩次，第一次是康熙五十二年康熙六十壽辰時舉行的，第二次在乾隆五十年乾隆七十五歲誕辰時舉行，這是第三次，赴宴者多達三千餘人。君臣觥籌交錯，笑聲滿堂，談說盛世，皆大歡喜。

在如此吉慶的氣氛中主動禪位的，這在中國帝王史上實屬罕見。

乾隆所選的儲君永琰，是魏佳氏之子，魏佳氏的父親是內管統領清泰，本屬漢軍，後入滿洲旗，因出身比較低微，故魏佳氏入宮時只是一個貴人，又升為嬪，乾隆二十五年生下了永琰，五年後才被晉升為貴妃。永琰的母親不論是出身還是在宮中的名分都很平平，而他又排行第十五，既非嫡，又非長，乾隆為什麼選中了他呢？

乾隆後妃共四十一人，所生子女二十七人，子十七人，女十人。永琰排行十五，他出生時，前面的十四個兄長已有八個夭折。後來又有了皇十六子，也夭折了；還有皇十七子永璘。在活著的八個皇子中，乾隆很賞識皇五子永琪，永琪少年就「習騎射，嫻國語」，乾隆說：「朕觀視皇五子於諸子中更覺貴重，且漢文、滿洲、蒙古語、馬步射及演算法等事，並皆嫻習，頗屬意於彼。」、「頗屬意於彼」，指有意將皇位傳給他。可惜永琪在二十六歲的時候病死了。

這樣，乾隆的十七個兒子就只剩下七個，即皇四子永珹、皇六子永瑢、皇八子永璿、皇十一子永瑆、皇十二子永璂、皇十五子永琰、皇十七子永璘。皇四子永珹、皇六子永瑢已過繼給別人，當然不在立嗣之列；皇十二子永璂的母親是第二任皇后烏拉那拉氏，乾隆三十年，因不滿於乾隆迷戀杭州女子而在南巡期間剪髮，從此乾隆對她絕情，不久她就抑鬱而死，永璂自然被乾隆疏遠，也就被排除在儲君候選人的範圍之外，他憂鬱成疾，年僅二十五歲就離世了。剩下的四人中，皇八子永璿沉湎於酒色，癡迷於書畫，不是做皇帝的料；皇十一子永瑆聰慧異常，但也像永璿一樣癡迷於書畫，難以繼承大統；至於皇十七子永璘，「喜音樂，好遊嬉」而無大志。

惟一能夠勤學苦讀、守規仁孝的皇子就是永琰了。於是乾隆選擇了他。

按說，乾隆的選擇沒有錯，因為他是遵循優選的原則。但問題是，後來的事實證明，永琰（嘉慶）是個十分平庸的皇帝，清朝就是從他開始，轉了個大彎走上下坡路的。這不能不引起人們關注一個問題：乾隆在立儲問題上有沒有過失？

我認為，有。康熙所培養的皇子，一個個都是生龍活虎、才識超群的，也正是因為這樣，才演出了眾皇子競爭儲位的、驚心動魄的多幕劇；乾隆卻相反，他的皇子中，有才華的，遠離政治，有心從政者，卻是庸碌之輩。這是什麼原因呢？

乾隆和康熙一樣，都是大權獨攬。但康熙是事業型的帝王，他把主要精力用於開拓大清基業，權力是他達到這一願望的手段；乾隆是事業型與擺譜型相混雜的帝王，權力在他手裡，是目的大於手段的。因此，康熙培養皇子朝人才的方向發展，而乾隆卻培養皇子朝奴才的方向行進。結果導演出不同的劇情：康熙把皇子們培養成人才，之後發現皇子們威脅著他的皇位，就打擊這些人才；乾隆則省事得多，他一開始就嚴密地防範著皇子們，因此皇子中略有才資者都看出宮廷爭鬥的險惡，躲得遠遠的，只剩下了對他惟命是聽的永琰。

皇子們在乾隆的權力陰影之下生活，心境的壓抑感是可想而知的。皇長子永璜的母親出身卑微，因此他從來不抱非分之想，終日小心翼翼，瞻前顧後，唯恐引起父皇的猜忌。但也無濟於事，乾隆處處看他不順眼。乾隆十三年，皇后富察氏病故，乾隆以永璜迎喪時不夠悲痛為由，對他大加指責，並說他心懷僥倖，希望按無嫡立長之例得到儲位，永璜憂悶成疾，兩年以後就死去了，死時才二十三歲。皇三子永璋的命運跟永璜一樣，乾隆以皇后富察氏病故迎喪時不夠悲痛為由，斥之為不孝，此後他便心灰意冷，萎靡不振，二十六歲死去。前面提到的皇十二子琪永也是抑鬱而死的。有才華的皇八子永璿、皇十一子永琰、皇十七子永璘恐怕也是最受乾隆猜忌的，他們之所以擺出一副乖張的、遠離儲位的姿態，多半是一種自我保護的手段。

乾隆歸政以後的表現，很能說明他嗜權如命的秉性。

退位之前，乾隆就說過：不但歸政之前不允許政事馬虎，即使歸政之後，也不能置天下之事於不顧，「若臣下等敢於嘗試，更當重治其罪，決不因歸政而稍存寬貸也」。從這段話嚴厲的措辭上可以看出，乾隆是寸權不讓的。

禪位典禮剛舉行之後半個月，就出了一碼子事兒：湖廣總督畢沅在奏摺中出現了大錯誤。按乾隆的規定，臣下的奏章凡有「天」、「祖」等字，均抬高四格書寫，太上皇抬高三格，皇帝抬高兩格，太上皇生日稱萬萬歲，皇帝生日寫萬歲。太上皇與皇帝的高下尊卑分得一清二楚。畢沅卻疏忽了，居然有「仰副聖主宵旰勤求，上慰太上皇注盼捷音」等語，他把皇帝（聖主）寫在前面，把太上皇寫在後面，結果大大地惹惱了乾隆，立馬給他一點兒顏色看看，將他交刑部議處。

那以後，不論是官員任免，還是軍事要務，抑或庫銀支配，乾隆無不大權獨攬。那嘉慶不是傻子，父親的心思豈能看不出來？因此凡事從不自作主張，每每請示其父，不敢越出雷池一步，實際上就是一個傀儡皇帝。

而乾隆，對權柄越來越迷戀，事無巨細，都必過問，都要插手，而且樂此不疲。嘉慶二年，江西巡撫陳淮因罪被乾隆革職；福建巡撫姚棻因病開缺，乾隆命田風儀補授；乾隆還任命了福建布政使、江西巡撫、江西按察使、廣東巡撫、廣東按察使等官員；又將營私舞弊的參贊大臣額勒春革職治罪；盧溝橋操演大炮，親王綿恩未親自到場，被乾隆罰了半年薪俸等等。到嘉慶三年，苗民在湖南、貴州起義，白蓮教在川陝一帶起義，乾隆也親自調兵遣將，把持軍事大權，他說：「一切軍務機宜，俱朕斟酌指示。」

在專制制度的機構系統中，權力真是個好東西，難怪乾隆這麼一大把年紀，仍然不願放棄它！

有乾隆這個包攬百事的父親頂著，嘉慶應該是很舒坦的，至少落得個輕鬆省心。其實不然，最要命的，是乾隆晚年幾乎天天遊宴不斷，甚至一日之內，數次宴飲，每次宴飲，必定要嘉慶陪同。這種沒完沒了的、百無聊賴的日子是一般人都難以忍受的，但嘉慶卻以超常的耐心應付著這一切，問安護駕，督儀視膳，迎來送往，還要密切觀察太上皇的臉色，生怕萬一有所疏漏。朝鮮使臣將這一切看在眼裡，留下了這樣的文字記載：嘉慶「侍坐太上皇，上（指太上皇）喜則亦喜，笑則亦笑」，「侍坐上皇之側，只視上皇之動靜，而一不轉矚」。乾隆將嘉慶調理成這般可憐的模樣，是為社稷著想乎？是為已經登基的兒子著想乎？都不是！他只是為了自己，這樣一來可以擺譜兒，以皇帝襯托太上皇的至高無上；二來把嘉慶拴在宴會上，無法從事任何政務，也就拿不走一寸權柄。

到嘉慶三年，乾隆竟然把「歸政」二字忘到腦後了，提出了「訓政」。他如此貪戀權柄，「培養接班人」的大事全不放在心上，相反，他總是折磨、壓制自己的兒子。

不幸的是，訓政的時間很短暫，嘉慶四年，老人家就撒手人寰了。乾隆享年八十九歲，實際掌權的時間是六十四年，是中國皇帝中壽命最高、執政年限最長的皇帝。

乾隆朝是清帝國發展的鼎盛時期，而乾隆皇帝則可以算得上是本王朝帝業和統治經驗的集大成者。政治上，中央集權的系統已經成熟與鞏固；經濟上，農工商均得到長足的發展，呈現出空前的繁榮局面；文化上，則築建起《四庫全書》這樣規模宏大的標杆……這一切，都是先前五位帝王的精心勞作的積累，又是乾隆發揚和光大的成果，同時，也是他留給後代的豐碩遺產。

Do歷史52　PC0549

最後的王朝

——大清帝國的崛起

作　　者／于培杰
責任編輯／李冠慶
圖文排版／周政緯
封面設計／楊廣榕

出版策劃／獨立作家
發 行 人／宋政坤
法律顧問／毛國樑　律師
製作發行／秀威資訊科技股份有限公司
地址：114 台北市內湖區瑞光路76巷65號1樓
電話：+886-2-2796-3638　傳真：+886-2-2796-1377
服務信箱：service@showwe.com.tw
展售門市／國家書店【松江門市】
地址：104 台北市中山區松江路209號1樓
電話：+886-2-2518-0207　傳真：+886-2-2518-0778
網路訂購／秀威網路書店：https://store.showwe.tw
國家網路書店：https://www.govbooks.com.tw

出版日期／2016年01月　BOD一版　**定價**／370元

|獨立|作家|
Independent Author

寫自己的故事，唱自己的歌

最後的王朝：大清帝國的崛起 / 于培杰著. -- 一版. -- 臺北市：獨立作家, 2016.1
面； 公分. -- (Do歷史；52)
ISBN 978-986-92257-7-9 (平裝)

1. 清史

627 104022277

國家圖書館出版品預行編目

讀者回函卡

感謝您購買本書，為提升服務品質，請填妥以下資料，將讀者回函卡直接寄回或傳真本公司，收到您的寶貴意見後，我們會收藏記錄及檢討，謝謝！如您需要了解本公司最新出版書目、購書優惠或企劃活動，歡迎您上網查詢或下載相關資料：http:// www.showwe.com.tw

您購買的書名：＿＿＿＿＿＿＿＿＿＿＿＿＿＿＿＿＿＿＿＿

出生日期：＿＿＿＿年＿＿＿＿月＿＿＿＿日

學歷：□高中（含）以下　□大專　□研究所（含）以上

職業：□製造業　□金融業　□資訊業　□軍警　□傳播業　□自由業

□服務業　□公務員　□教職　□學生　□家管　□其它＿＿＿

購書地點：□網路書店　□實體書店　□書展　□郵購　□贈閱　□其他

您從何得知本書的消息？

□網路書店　□實體書店　□網路搜尋　□電子報　□書訊　□雜誌

□傳播媒體　□親友推薦　□網站推薦　□部落格　□其他＿＿＿＿＿

您對本書的評價：（請填代號　1.非常滿意　2.滿意　3.尚可　4.再改進）

封面設計＿＿　版面編排＿＿　內容＿＿　文／譯筆＿＿　價格＿＿

讀完書後您覺得：

□很有收穫　□有收穫　□收穫不多　□沒收穫

對我們的建議：＿＿＿＿＿＿＿＿＿＿＿＿＿＿＿＿＿＿＿＿

請貼
郵票

11466
台北市內湖區瑞光路 76 巷 65 號 1 樓
獨立作家讀者服務部 收

（請沿線對折寄回，謝謝！）

姓　　名：____________　年齡：______　性別：□女　□男

郵遞區號：□□□□□

地　　址：____________________

聯絡電話：(日) ____________ (夜) ____________

E-mail：____________________